WOLFGANG KERSTING

JEAN-JACQUES ROUSSEAUS „GESELLSCHAFTSVERTRAG“

WERKINTERPRETATIONEN

WOLFGANG KERSTING

JEAN-JACQUES ROUSSEAUS „GESELLSCHAFTS-VERTRAG“

WISSENSCHAFTLICHE BUCHGESELLSCHAFT

Einbandgestaltung: Neil McBeath, Stuttgart

Die Deutsche Bibliothek – CIP-Einheitsaufnahme
Ein Titelsatz für diese Publikation ist bei
Der Deutschen Bibliothek erhältlich.

Gedruckt auf säurefreiem und alterungsbeständigem Papier
Printed in Germany

Besuchen Sie uns im Internet: www.wbg-darmstadt.de

ISBN 3-534-14502-X

Inhalt

Vorbemerkung zur Zitationsweise 9

Einleitung 11

I. Das Programm der Herrschaftslegitimation 15
1. Naturzustand und Vertrag im „Diskurs über die Ungleichheit unter den Menschen" 19
2. Der Betrugsvertrag der Reichen 22
3. Der ideologische Charakter der zeitgenössischen Vertragslehre 27

II. Die Vertragslehre im „Gesellschaftsvertrag" 32
1. Falsche Legitimationstheorien 32
2. Systematischer Grundriss des Kontraktualismus 36
a) Hobbes' Vertrag 39
b) Lockes Vertrag 42
c) Rousseaus Kritik der kontraktualistischen Überlieferung 44
3. Das Freiheitsrecht und das staatsphilosophische „problème fondamental" 47
4. Die Struktur des Gesellschaftsvertrags 55
5. Souveränitätstheoretischer Hobbesianismus 58
6. Äquivoker Kontraktualismus: Das rechtlich-ethische Doppelgesicht des Gesellschaftsvertrages 62
7. Externalistischer Institutionalismus und internalistischer Moralismus 68

III. Volkssouveränität und „volonté générale" 74
1. Die „volonté générale" in Diderots Naturrechts-Artikel . 74
2. Der Gemeinwille in Rousseaus „Abhandlung über die Politische Ökonomie" 76
3. „Aliénation totale" 79
4. Die Eigenschaften der Souveränität 80
a) Unveräußerlichkeit 81
b) Unrepräsentierbarkeit 83
c) Unteilbarkeit 86
d) Unfehlbarkeit 89
e) „Legibus absolutus" 93

5. Allgemeinheitsbegriffe 97
a) „Volonté générale“ und Sittlichkeit 103
b) „Volonté générale“ und neuhegelianischer Volkswille . 105
c) Rousseaus Republik ist keine Kommunikationsgemeinschaft 112
d) Die „volonté générale“ ist nicht universalistisch . . . 115
6. Allgemeinwille, Gesetz und Gemeinwohl bei Rousseau und Kant 117
7. Allgemeinwille, Wille aller, Mehrheitswille 122
a) Zum Verhältnis von „volonté générale“ und „volonté de tous“ 122
b) „Volonté générale“ und Mehrheitsprinzip 127
8. Zwei Mehrheitsprinzipien 130
9. Rousseaus Lehre vom Allgemeinwillen, thesenförmig zusammengefasst 134
10. Eigentum und Allgemeinwille 136

IV. Souverän und Regierung 140
1. Locke über die Regierung 143
2. Die Konzeption der Regierung in Rousseaus „Abhandlung über die Politische Ökonomie“ 145
a) Gesetzesanwendung 145
b) Bürgererziehung 147
c) Güterverwaltung 150
3. Politische Arithmetik und Regierungsform 155

V. Die Verwirklichung der Republik 159
1. Zwei Gesetzgeber 159
2. Die Menschen, wie sie sind, und die Menschen, wie sie sein sollen 160
3. Der „Législateur“ 163
a) Geschichte und „Législateur“ 166
b) Die Figur des Gesetzgebers bei Machiavelli 168
c) Machtlosigkeit und ethische Exzellenz 173
d) Rousseau und Schumpeter 174
e) Genie des Partikularen 179
4. „Finanzsysteme machen die Seelen käuflich“ 182
5. Kleinstaatlichkeit und Konföderation 185
6. Zivilreligion 189
7. „Die menschliche Natur geht nicht rückwärts“ 201

Zusammenfassung 204

Anmerkungen 211

Literaturverzeichnis 221

Namen- und Sachregister 225

Vorbemerkung zur Zitationsweise

Rousseau-Zitate werden – soweit möglich – mit einer doppelten Stellenangabe versehen. Die Stellenangaben vor dem Semikolon beziehen sich stets auf die Pléiade-Ausgabe der *Œuvres complètes de Jean-Jacques Rousseau*, Paris 1959 ff. Die Stellenangaben nach dem Semikolon beziehen sich auf entsprechende deutsche Übersetzungen.

Näherhin habe ich auf folgende deutsche Übersetzungen zurückgegriffen:

Für den *Discours sur les sciences et les arts* auf: Jean-Jacques Rousseau, Über Kunst und Wissenschaft, in: ders.: Schriften zur Kulturkritik. Eingeleitet, übersetzt und herausgegeben von Kurt Weigand, Hamburg 1971;

für den *Discours sur l'origine et les fondements de l'inégalité* auf: Jean-Jacques Rousseau: Diskurs über die Ungleichheit. Discours sur l'inégalité, Kritische Ausgabe des integralen Textes. Mit sämtlichen Fragmenten und ergänzenden Materialien nach den Originalausgaben und den Handschriften neu ediert, übersetzt und kommentiert von Heinrich Meier, Paderborn 1984;

für *Émile ou de l'éducation* auf: Jean-Jacques Rousseau: Emil oder Über die Erziehung. Vollständige Ausgabe. In neuer deutscher Fassung besorgt von Ludwig Schmidts, 4. Aufl. Paderborn 1978;

für die *Lettres écrites de la montagne* auf: Jean-Jacques Rousseau, Briefe vom Berge, in: ders: Schriften Bd. 2, hrsg. v. Henning Ritter, München 1978;

für den *Discours sur l'Économie politique* auf: Jean-Jacques Rousseau: Abhandlung über die Politische Ökonomie, in: ders.: Politische Schriften, Bd. 1. Übersetzung und Einführung von Ludwig Schmidts, Paderborn 1977;

für das *Projet de Constitution pour la Corse* und die *Considérations sur le governement de Pologne* auf: Jean-Jacques Rousseau: Sozialphilosophische und Politische Schriften, München 1981.

Zitate aus dem *Contrat social/Gesellschaftsvertrag* werden im Text ausgewiesen. Dabei geben die Zahlen vor dem ersten Semikolon Buch und Kapitel an; die folgende Seitenangabe bezieht sich auf den dritten Band der *Œuvres complètes de Jean-Jacques Rousseau*; die abschließende Seitenangabe bezieht sich auf die deutsche Übersetzung des *Contrat social* in: Jean-Jacques Rousseau, Politische Schriften, Bd. 1, Paderborn 1977.

Zumeist konnte ich mich den erwähnten deutschen Übersetzungen anschließen; gelegentlich habe ich sie aber auch korrigiert. Die Orthographie der Zitate wurde behutsam der neuen Rechtschreibung angeglichen.

Thomas Hobbes' *Leviathan* zitiere ich nach der Ausgabe Frankfurt/M. 1976, hg. v. Iring Fetscher; der Seitenangabe wird dabei stets eine Angabe des Kapitels vorangestellt.

Einleitung

Rousseau hat nicht das Leben eines Gelehrten geführt; er hat an keiner Universität studiert; selbst seine Schulerziehung war dürftig; nahezu alles hat er sich auf autodidaktischem Wege angeeignet. Rousseaus Leben war das eines Künstlers, Literaten und Intellektuellen, skandalträchtig, unstet und abenteuerlich, viele Jahre auf der Flucht vor dem Haftbefehl des Pariser Parlaments und der Genfer Behörden. Seinen Lebensunterhalt bestritt er mit Autorenhonoraren, mit dem Kopieren von Noten und vor allem mit Hilfe adeliger Gönnerinnen und Mäzene. Er war empfindlich, eitel und streitsüchtig, in späteren Jahren wurde sein Gemüt durch krankhaftes Misstrauen und Verfolgungswahn verdüstert. Seine Überzeugungen trug er mit missionarischem Eifer vor. Jede Kritik erfuhr eine ausführliche Replik. Seine kränkliche Konstitution hinderte ihn nicht daran, sich mit allen Großen seiner Zeit zu überwerfen. Er wies das ganze Zeitalter in die Schranken. Indem er der selbstsicheren und fortschrittsstolzen Moderne die moralischen und sozialen Kosten der politischen, kulturellen und ökonomischen Modernisierungsprozesse vorrechnete, wurde er zum Erfinder moderner Gesellschafts-, Zivilisations- und Fortschrittskritik. Allen nachfolgenden Generationen des Protests hat er die Motive, Begriffe und Empfindungen vorgegeben. Mit seinem Evangelium der Authentizität begeisterte Rousseau das junge, der erstarrten höfischen Kultur und einengender Konventionen überdrüssige Bürgertum und verschaffte ihm ein neues Selbstverständnis und Weltgefühl. Er wurde der Prophet eines neuen, innengesteuerten Menschentyps, der der gesellschaftlichen Korruption trotzt und sensibel und in moralischer Lauterkeit nach seiner eigenen inneren Wahrheit zu leben sucht. Seine Entdeckungen im unbekannten Land der Privatheit, Intimität und Erziehung, aufgeschrieben im *Émile* und der *Nouvelle Héloise*, fesselten das gebildete Publikum Europas. Sein Subjektivismus autobiographischer Selbst- und Lebensinszenierung inspirierte die Sturm-und-Drang-Bewegung und die Romantik. Die jakobinischen Revolutionäre von Paris erblickten in ihm einen Vorläufer ihres Egalitarismus und ihrer Tugendstrenge, und Robespierre feierte ihn als „Lehrer des Menschengeschlechts".

Noch heute gilt Rousseaus republikanisches Bekenntnis im *Contrat social* zur Volkssouveränität und zum Allgemeinwillen als radikaler demokratieethischer Grundtext, aus dem sich die Kritik an der Bürgerferne der repräsentativen, parlamentarischen Demokratie und der parteipolitischen

Verstümmelung des Gemeinwohls immer wieder von neuem versorgt. Kaum ein Denker der Neuzeit war einflussreicher und wirkmächtiger als Rousseau; alle haben aus ihm geschöpft, Philosophen wie Dichter. Und kein Denker hat das spannungsvolle Antlitz der Moderne nachhaltiger geprägt. Die Denkmotive, Affekte und Einstellungen dieses Philosophen der Emphase sind längst zu einem anonymen Bestandteil des kollektiven Bewusstseins der Moderne, zu einer kognitiv-affektiven Formation der modernen Kultur selbst geworden.

Der *Gesellschaftsvertrag* ist ein schwieriges Buch. Nicht, weil es in äußerster Konzentration eine ebenso abstrakte wie komplexe Argumentation entwickelte, die nur im Rahmen einer sorgfältigen, jeder logischen Verästelung folgenden Rekonstruktion verstanden und geprüft werden kann. Kants *Kritik der reinen Vernunft* etwa ist ein solches Werk, das eine Satz-für-Satz-Lektüre verlangt, das Satzkolonnen und Abschnitte besitzt, denen man sich nur mit Bleistift und Lineal nähern kann, weil ohne eine genaue Ermittlung ihrer syntaktisch-kompositorischen Struktur keine Aussicht besteht, ihre Semantik zu erfassen und dadurch einen Zugang zu ihrem philosophischen Sinn zu erhalten. Die Schwierigkeit des *Contrat social* ist von anderer Art.

Rousseaus politikphilosophisches Hauptwerk ist uneinheitlich, spannungsvoll und widersprüchlich. Sein Stil ist ein Konglomerat aus unterschiedlichen Elementen. Der behauptende Gestus überwiegt, kaum Argumentation und Explikation; häufig werden die thetischen Passagen durch historische Abschweifungen in das Verfassungsleben der Antike angereichert. Im *Gesellschaftsvertrag* wird eine Republikkonzeption entwickelt, die, obwohl mit den Lesefrüchten aus der republikanischen Überlieferung garniert, eher an die Gemeinden puritanischer Sektierer erinnert als an die Bürgergemeinschaft des politischen Aristotelismus oder das Rom der *Discorsi* Machiavellis und in ihrer individualistischen Fundierung und egalitaristischen Ausrichtung modernen Zuschnitts ist, jedoch zugleich einer kulturellen Homogenisierung das Wort redet, die den neuzeitlichen Tendenzen der Individualisierung und Pluralisierung direkt entgegengesetzt ist. Ihr begründungstheoretisches Fundament wird durch den Kontraktualismus bereitgestellt, aber nichts könnte dem neuzeitlichen Vertragsstaat und der durch ihn geschützten liberalen Gesellschaft fremder sein als die Rousseau'sche Republik des Gemeinwillens. Der durch die kontraktualistische Begründungsfigur entwickelte Grundlagenliberalismus wird durch einen ethischen Republikanismus überformt; der Staat des Rechts versinkt in einer Gemeinschaft des Guten.

Der *Contrat social* enthält keinen einzigen originären Begriff, alle konzeptuellen Angelpunkte der in ihm entworfenen Theorie entstammen der klassischen und der neuzeitlichen Überlieferung. Und doch ist es ein einzigartiges Werk, das in der ganzen neuzeitlichen politischen Philosophie nicht seinesgleichen hat. Denn alle Begriffe, vom Vertrag bis zum Gesetzgeber, vom Gemeinwillen bis zum Gesetz werden uminterpretiert, gewinnen eine neue, zumeist schillernde, alte Bedeutungsschichten mit neuem Firnis überziehende Bedeutung. Die das ganze Werk prägende Liberalismus-Republikanismus-Spannung färbt sie ein und gibt ihnen eine doppelte Lesart. Diese Widersprüchlichkeit ist nicht dem Umstand geschuldet, dass der *Gesellschaftsvertrag* von Rousseau als Teil eines größeren Projekts gedacht war, das eine erschöpfende Behandlung aller politischen Institutionen bieten sollte und nicht ausgeführt wurde. Es ist kein Kontext, keine Vervollständigung denkbar, die das Knäuel einander widersprechender Motive, Gedanken und Lehrstücke entwirren könnte. Der Grund für die Zwiespältigkeit des *Contrat social* zeigt sich erst dann, wenn wir das Werk in einen modernitätstheoretischen Zusammenhang stellen, sein Verhältnis zur Moderne betrachten.[1] Der *Contrat social* bietet keine konstruktive politische Philosophie, die sich mit Aussicht auf Zukunft der Entwicklungsdynamik der Moderne anpasst. Der *Contrat social* ist ein durchweg kritisches, sich in der Kritik erschöpfendes Werk, das die Vormoderne gegen die Moderne in Stellung bringt. Aufgrund dieser modernitätskritischen Funktionalisierung der Vormoderne ist der *Contrat social* aber zugleich auch ein durch und durch modernes Werk.

Die Idee des einheitlichen Gesamtwerks besitzt für viele Interpreten eine rätselhafte Attraktivität. Brüche, Verwerfungen, Widersprüche scheinen ihnen anrüchig. Der große Zusammenhang, die konsequente Fortentwicklung ist ihr hermeneutisches Ideal. Als ob philosophische Schriftstellerei einer heimlichen Entelechie folgen würde, sich in ihr, dem Organischen verwandt, ein Keim durch mehrere Entwicklungsstadien bis zur rundenden Vollendung entfalten wolle. Auch in der Rousseau-Forschung hat das Einheitsprinzip Anhänger. Viele sehen zwischen dem Ungleichheits-Diskurs und dem *Gesellschaftsvertrag* eine innere Verbindung, erblicken keine entscheidenden Differenzen zwischen den Vertragsmodellen der explanativen Geschichtsphilosophie und der normativen Politikphilosophie. Auch den *Gesellschaftsvertrag* selbst unterwerfen sie einer vereinheitlichenden Interpretation, stören sich weder an der Spannung zwischen dem Grundlagenliberalismus und der tugendethischen Inneneinrichtung der Vertragsrepublik noch an dem Widerspruch zwischen der Volkssouveränitätskonzeption des Begründungsteils und dem Auftritt des menschenbildenden Gesetzgebers im Verwirklichungsteil des Buches.

Ich bin kein Freund der vereinheitlichenden, konziliatorischen Interpretationsperspektive. Die Herausstellung von Unterschieden und Brüchen, von Verwerfungen und Mehrdeutigkeiten scheint mir allemal größeren Erkenntnisgewinn abzuwerfen. Differenz und innere Spannung verdienen daher vorrangig hermeneutische Aufmerksamkeit. Das gilt insbesondere für das Rousseau'sche Werk, das einer bruchstellensensitiven, auf Unterschiede pochenden hermeneutischen Strategie ein reiches Betätigungsfeld bietet. Um diese Spannungen herausarbeiten zu können, muss die textimmanente Betrachtungsperspektive zugunsten einer kontextuellen Zugangsweise verlassen werden. Näherhin versuche ich die Vorzüge der werkgeschichtlichen und der ideengeschichtlichen Kontextualisierung zu verbinden. Denn zum einen ist es hilfreich, den Ort des *Contrat social* innerhalb des Entwicklungsgangs des Rousseau'schen Denkens zu bestimmen und darum zu den beiden Diskursen, der *Abhandlung über die Politische Ökonomie* und seinem ersten Entwurf, dem Genfer Manuskript, in Beziehung zu setzen. Zum anderen ist es unumgänglich, die einschlägigen Lehrstücke und Begriffe in ihren ideengeschichtlichen Zusammenhang zu stellen. Nur dann, wenn man den Rousseau'schen Vertrag mit der Vertragskonzeption Hobbes', Lockes und Pufendorfs vergleicht, erschließt sich seine Besonderheit. Ebenfalls ist es notwendig, einen Blick auf Machiavellis Vorstellung vom politischen Gründungsheros und Verfassunggeber zu werfen, um dem Rousseau'schen *Législateur* Kontur zu verleihen. Und erst recht verlangt der schwierige Hauptbegriff des *Contrat social*, die *volonté générale*, einen komparatistischen Zugriff, der nicht nur den Unterschied zum Diderot'schen Verständnis des Gemeinwillens herausstellt, sondern auch nach-rousseausche Varationen des Gemeinwillens heranzieht, um eine genaue semantische Abgrenzung zu erreichen.

I. Das Programm der Herrschaftslegitimation

„Der Mensch wird frei geboren, aber überall liegt er in Ketten [...] Wie ist es zu diesem Wandel gekommen? Ich weiß es nicht. Was kann ihn rechtmäßig machen? Ich glaube, dass ich dieses Problem lösen kann“ (1.1; 351; 61). Das Problem, von dem Rousseau hier spricht, ist das Problem der Herrschaftslegitimation. Wie lässt sich angesichts des natürlichen Freiheitsrechts der Menschen Herrschaft rechtfertigen? Unter welchen Bedingungen ist es legitim, dass Menschen über Menschen herrschen? Welche Bestimmungen müssen Gesetze erfüllen, damit sie als rechtmäßige Einschränkungen der natürlichen Freiheit der Menschen Verbindlichkeit beanspruchen dürfen? Denn nicht um private, in natürlichen Unterschieden und kontingenten Abhängigkeiten wurzelnde zwischenmenschliche Machtbeziehungen geht es, sondern um politische Herrschaft, um staatliche Herrschaft. Daher kann die Frage der Herrschaftslegitimation nicht unabhängig von der Frage der Rechtmäßigkeit der Existenz des Staates behandelt werden. Im Zentrum aller Herrschaftslegitimation steht darum der Staatsbeweis. Denn die Entwicklung, von der Rousseau spricht, ist die Entstehung staatlicher Verhältnisse, ist die Vergesellschaftung der Menschen unter dem Dach staatlicher Herrschaft. Und nach den Rechtmäßigkeitsbedingungen dieses in der Geschichte entstandenen Staates zu fragen heißt darum: die Bedingungen zu benennen, die staatliche Herrschaftsausübung legitimieren, die den vorfindlichen Staat zu einem rechtmäßigen Staat, die seine Gesetze zu gerechten Gesetzen machen. Denn „man muss wissen, was sein soll, um das, was ist, richtig beurteilen zu können [...] Vor der Beobachtung muss man Regeln für seine Beobachtung aufstellen. Man muss einen Maßstab aufstellen, um die Maße, die man nimmt, daran auszurichten. Unsere Prinzipien des Staatsrechts sind dieser Maßstab. Und unsere Maße sind die politischen Gesetze jedes Landes.“[2]

Das Problem der Herrschaftslegitimation ist das Zentralproblem der politischen Philosophie der Neuzeit. Denn in der Neuzeit wird Herrschaft als solche für die politische Philosophie zum Problem. Das unterscheidet sie von der klassischen Zeit und vom Mittelalter. Vor Thomas Hobbes beschäftigte sich die politische Philosophie nicht mit der Rechtfertigung von Herrschaft, sondern mit den Kriterien, mit deren Hilfe sich gute Herrschaft von schlechter Herrschaft unterscheiden lässt. Herrschaft selbst war keinesfalls rechtfertigungsbedürftig. Dass Herrschaft aufgrund der Natur des Menschen sein müsse, war für die Philosophen selbstverständlich. Die politische

Philosophie der klassischen Zeit und des Mittelalters war darum im Wesentlichen Theorie der guten Herrschaft. Gleichgültig, ob sie in der Tradition des politischen Aristotelismus stand, dem Naturrechtsgedanken anhing oder mit tugendethischem Eifer Fürstenspiegel schrieb, immer ging es ihr darum, durch die Formulierung von Kriterien einer vorzugswürdigen Herrschaftsform und einer exzellenten Herrscherpersönlichkeit die gute Herrschaft zu unterstützen und dem tyrannischen, despotischen Regime entgegenzutreten.

Unter den Bedingungen der Neuzeit wird dieses normative Erkenntnisprogramm der politischen Philosophie radikalisiert. Die neuzeitliche politische Philosophie geht einen rechtfertigungstheoretischen Schritt hinter die normative Differenz von guter und schlechter Herrschaft zurück und macht die Rechtmäßigkeit von Staat und Gesellschaft selbst zum Problem. Damit tritt das bislang philosophisch unauffällige Faktum der Herrschaft in den Mittelpunkt des Interesses. Der Grund für diese Problemvertiefung ist das veränderte Selbstverständnis des modernen Menschen. Die Radikalität des neuzeitlichen politikphilosophischen Problembewusstseins ist eine Konsequenz der Abstraktheit der anthropologischen Voraussetzungen. Der moderne Mensch versteht sich als autonomes, aus allen vorgegebenen Natur-, Kosmos- und Schöpfungsordnungen herausgefallenes, allein auf sich gestelltes Individuum. Dieses Individuum ist aller sittlichen Bindungen beraubt, lebt jenseits aller sozialen Kontexte in uneingeschränkter natürlicher Freiheit. Der einzelne Mensch gewinnt nicht mehr durch Integration in übergreifende und von Natur aus frühere oder geschichtlich vorgegebene Gemeinschaften Wert und Sinn. Das Individuum ist zu einer absoluten Prämisse geworden, die allen Sozialbeziehungen und politischen Strukturen den Status des Abgeleiteten und Sekundären verleiht. Nur dann können die gesellschaftlichen und politischen Einrichtungen Legitimität beanspruchen, wenn sie die unmediatisierbare, absolute Vorausgesetztheit des Individuums respektieren, wenn sich in ihren Funktionen die Interessen, Rechte, Glücksvorstellungen der Individuen spiegeln. Und was für jede einzelne freiheitseinschränkende Institution gilt, gilt auch für die Institution aller Institutionen, gilt auch für die Institution, ohne die es keinerlei Institution und Struktur gäbe, gilt auch für den Staat. Der Staat muss sich vor dem Individuum rechtfertigen. Politische Philosophie muss unter neuzeitlichen Bedingungen daher mit einem Staatsbeweis beginnen.

Indem Rousseau den *Gesellschaftsvertrag* als Traktat über die Rechtmäßigkeit politischer Herrschaft versteht, stellt er sich in die Tradition der neuzeitlichen politischen Philosophie. Und wie bereits der Titel kenntlich macht, teilt er auch die rechtfertigungstheoretische Grundüberzeugung der Moderne, dass weder Natur, noch Geschichte, noch Gott Herrschaft zu begründen vermögen, sondern nur menschliche Einwilligung Herrschaftsberechtigung verleihen kann.[3] Der philosophische Nomothet der Neuzeit ist kein platonischer Ideenkenner, auch kein Naturrechtler, er ist ein Kontraktualist. Nur dann kann es eine rechtmäßige politische Herrschaft von Menschen über Menschen geben, wenn Menschen sie vereinbart haben, wenn sie einer vertraglichen Einigung entspringt. Nur dann gibt es einen legitimen Staat, wenn dieser sich auf einen Gesellschaftsvertrag gründet. Der Kern dieses voluntaristischen Legitimationskonzepts ist die Idee der Autorisierung und Herrschaftslegitimation durch freiwillige Selbstbeschränkung aus eigenem Interesse unter der Rationalitätsbedingung strikter Wechselseitigkeit.

Um das unendlich freie Individuum zum legitimationsstiftenden Verzicht auf die natürliche Freiheit zu motivieren und das Theorieziel gerechtfertigter Herrschaft und begründeter, in selbst auferlegter Verpflichtung fundierter politischer Obligation zu erreichen, entwickelt die Vertragstheorie das Naturzustandstheorem. Es hat die Einsicht in das *exeundum e statu naturali* zu vermitteln, den Nachweis zu liefern, dass ein Zustand, in dem alle staatlichen Ordnungs- und Sicherheitsleistungen fehlen und jeder seine Interessen mit allen ihm geeignet erscheinenden und verfügbaren Mitteln zu verfolgen berechtigt ist, zu einem virtuellen Krieg eines jeden gegen einen jeden führen müsste und daher für jedermann gleichermaßen unerträglich wäre. Sodass es also in jedermanns fundamentalem Interesse läge, den gesetzlosen vorstaatlichen Zustand zu verlassen, die sich als aporetisch entdeckende absolute Ungebundenheit aufzugeben und eine Koexistenz verbürgende, politische, machtbewehrte Ordnung zu etablieren. Die zur Einrichtung des staatlichen Zustandes notwendige individuelle Freiheitseinschränkung ist allerdings nur möglich auf der Basis eines Vertrags, in dem die Naturzustandsbewohner sich wechselseitig zur Aufgabe der natürlichen Freiheit verpflichten und zugleich für die Einrichtung einer mit Gewaltmonopol ausgestatteten Vertragsgarantiemacht sorgen.

Der staatsphilosophische Kontraktualismus liefert so eine vertragstheoretische Legitimation staatlicher Herrschaft in Gestalt einer rationalen Rekonstruktion der Entstehung des Staates aus dem vereinten Willen der Bürger. Das kontraktualistische Argument weist dem Vertrag die Rolle der sichtbaren staatsgründenden Hand zu. Die Ausgangssituation der Vertragstheorie ist ein natürlicher, vorstaatlich-anarchischer Zustand.[4] Die ihn charakterisierende, seine Unerträglichkeit bewirkende Konfliktträchtigkeit mag wie bei Hobbes in der Endlichkeit der Menschen und der Knappheit der Güter ihren Grund haben oder wie bei Locke auf der mangelhaften Handlungskoordinations- und Konfliktregulierungsleistung der Menschenrechtsnormen beruhen, immer ist der Naturzustand von der Art, dass nur die Etablierung staatlich organisierter Herrschaft eine Besserung der Situation verspricht. In der Naturzustandsschilderung präsentiert der Kontraktualist seine Problemsicht, und mit der von ihm entwickelten Vertragsgestalt offeriert er die passende Lösung. Lösungen können aber nur dann überzeugen, wenn sie dem Problem gerecht werden. Nur dann kann der vertragsbegründete Staat Anspruch auf die vernünftige Zustimmung aller erheben, wenn sich das Ausgangsproblem in seiner institutionellen Physiognomie und seinem Leistungsprofil spiegelt. Naturzustand und Staat verhalten sich im Kontraktualismus zueinander wie Negativ und Positiv, wie Mangel und Kompensation. Ein anderer Mangelbefund verlangt nach anderen Kompensationsstrategien. Für das Gelingen der kontraktualistischen Argumentation ist aber nicht nur wichtig, dass eine interne Entsprechungsbeziehung zwischen Naturzustand und Vertragsstaat besteht, sondern auch, dass die in der Naturzustandsschilderung vorgetragene Problemsicht einleuchtet und die ihr zugrunde liegende Anthropologie akzeptiert werden kann. Das Naturzustandskonzept entscheidet also in hohem Maße über das Schicksal der kontraktualistischen Theorie. Daher ist es kein Wunder, dass in den Schriften der Kontraktualisten die Erörterung des Naturzustandes, des menschlichen Zusammenlebens ohne jeden institutionellen Außenhalt, ohne Gesetz und Ordnung, von großer Wichtigkeit ist.[5]

Rousseau jedoch weicht von diesem Theorieprogramm des Standardkontraktualismus ab. Im *Gesellschaftsvertrag* findet man keine ausgearbeitete Naturzustandstheorie. Seine Argumentation wird nicht durch die Polarität von Naturzustand und Rechtszustand strukturiert. Damit fällt auch die plausibilisierende Einbettung des staatsgründenden Vertrages in eine empirische Problemsituation fort. Der Staat gewinnt sein Legitimationsprofil nicht mehr vor einem konflikterzeugenden anarchistischen Hintergrund. Der Naturzustand wird im *Gesellschaftsvertrag* zu einem bloßen Zitat. Kontraktualistische Argumente haben vor Rousseau immer eine genealogische Gestalt. Zwar erzählen sie keine empirischen Staatsentstehungsgeschichten. Doch liefern sie eine rationale Rekonstruktion der Entstehung des Staates. Sie lassen den Staat gleichsam in der Gedankenretorte entstehen, entwerfen ihn als Produkt kollektiver, rationaler Entscheidung der Menschen unter bestimmten, als unstrittig angesehenen empirischen Bedingungen. Dadurch wird der geschichtlichen Kontingenz staatlicher Existenz eine rationale Struktur übergeworfen, die zum einen – herrschaftslegitimierend – der immer schon bestehenden Staatlichkeit nachträglich einen vernünftigen Existenzgrund verschafft und zum anderen – herrschaftslimitierend – einen normativen Maßstab für die legitimationstheoretische Bewertung der politischen Wirklichkeit bereitstellt.

Durch diese genealogische Einbettung des Vertrages in eine rationale Staatsentstehungsgeschichte wird der kontraktualistische Legitimationsbeweis für staatliche Herrschaft natürlich eng mit den Motiven verknüpft, den Naturzustand zu verlassen. Die durch den Vertrag gestiftete Rechtsgrundlage staatlicher Herrschaft gerät in Abhängigkeit von den Interessen, die die Menschen bewegen. Im Rechtsgrund des Staates spiegelt sich das Motiv für den Staat. Die *quaestio juris* ist von einem Kranz von *quaestiones facti* umgeben. Das ist der Preis des Voluntarismus: Da erst die Einwilligung Legitimität, moralische Autorität und verbindliches Recht schafft, die Einwilligungshandlung aber ihrerseits auch plausibel gemacht werden muss und darum von dem Kontraktualisten in einer rationalen – und das heißt: interessegeleiteten und vorteilssuchenden – Überlegung verankert wird, muss das vertragstheoretische Argument die legitimierende Einwilligung immer von empirischen Randbedingungen abhängig machen. Diese Abhängigkeit findet ihren Ausdruck in einer merkwürdigen rationalitätstheoretischen Zwielichtigkeit des klassischen Vertragskonzepts. Denn da der Vertrag zum einen Normativität stiftet, zum anderen kausale Ursache der Staatsentstehung ist, verschafft er dem von ihm begründeten Staat eine moralisch-instrumentelle Doppelnatur: Zum einen ist der Staat eine moralische Wirklichkeit eigenen Rechts, durch die Einwilligung der Vertragspartner zum Herrschen ermächtigt, zum anderen ist er ein Instrument, erfunden, um das Naturzustandsproblem zu lösen; das eine Mal geht es um seine Legitimität, das andere Mal geht es um seine Effizienz.

Mit dem Naturzustandsfundament verliert Rousseaus Vertragsargument auch seinen genealogischen Zuschnitt. *Damit tritt sein normativer Charakter rein hervor.* Die Rechtmäßigkeitsuntersuchung wird nicht mehr durch die narrativ-genealogische Struktur der rationalen Rekonstruktion der Staatsentstehung überlagert. Der durch den Vertrag begründete Staat ist bei Rousseau eine freitragende normative Konstruktion, eine absolute Norm, ein ausschließlich aus der normativen Freiheitsprämisse herausgesponnenes absolutes politisches Ideal ohne jeden empirischen Außenhalt. Dass gerade Kant, der aprioristische Vernunftrechtler und methodologisch versierteste Kontraktualist, im Rousseau'schen Bürgerbund sein philosophisches Vorbild erblickt, hat seinen Grund nicht zuletzt in dieser normativen Verabsolutierung des Rousseau'schen Gesellschaftsvertrags, in seiner Unabhängigkeit von jeder empirischen Naturzustandskonstruktion. – Um dem allgemeinen methodologischen Profil der im *Gesellschaftsvertrag* vorgetragenen Konzeption zusätzliche Kontur zu geben, werde ich im Folgenden einen vergleichenden Blick auf Rousseaus *Diskurs über die Ungleichheit unter den Menschen* werfen.

1. Naturzustand und Vertrag im „Diskurs über die Ungleichheit unter den Menschen“

„Der Mensch wird frei geboren, aber überall liegt er in Ketten [...] Wie ist es zu dieser Veränderung gekommen? Ich weiß es nicht.“ „Ich weiß es nicht"? Hier muss man Einspruch erheben. Natürlich weiß Rousseau es. Die Ironie ist hier ein wenig dick aufgetragen. Denn sein zweiter Diskurs von 1755 handelt von nichts anderem als eben diesem Wandel, bietet eine überaus eindringliche Schilderung von dem Verlust der Freiheit und der Entstehung von Herrschaft. Er entwirft eine Geschichtsphilosophie, die die Menschheitsgeschichte als einen Drei-Stadien-Prozess rekonstruiert. Das erste Stadium ist ein vorsozialer und vorgeschichtlicher Zustand, in dem die Menschen als einander meidende Einzelne leben, mit sich und der Natur in Übereinstimmung. Seine Schilderung erinnert an den Paradiesmythos. Erstaunlich ist, dass Rousseau diese prälapsarische Idyllik dadurch erreicht, dass er den Hobbes'schen Individualismus auf die Spitze treibt; denn der geschichtsphilosophische Naturzustand wird nicht als Sozialidylle, sondern als Individualidylle entworfen. Sein *homme de la nature* ist nicht minder asozial, nicht minder amoralisch als der Hobbes'sche Naturzustandsbewohner. Nur hat der Naturzustand in der Rousseau'schen Vergesellschaftungsgeschichte eine ganz andere Funktion als bei Hobbes. Es geht nicht darum, einen Staatsbeweis vorzubereiten. Den Naturzustand muss man aus der Hobbes'schen Perspektive ja verlassen, weil die unvermeidlichen Strategien der Machtakkumulation und des offensiven Misstrauens das Leben für alle gleichermaßen unerträglich machen.[6] Rousseau hingegen treibt die Vereinzelung des Naturmenschen so weit, dass die Menschen einander aus den Augen verlieren und darum nicht zu der komparativen und kompetitiven Existenzweise gezwungen werden können, die Güterknappheit und Machtwettbewerb rationalen Individuen unweigerlich aufnötigen. Die Rousseau'schen Solitäre sind so sehr vereinsamt, dass sie keinerlei Anstrengungen unternehmen müssen, sich physisch und sozial gegen ihresgleichen zu behaupten. Daher wird ihnen das Glück unverfälschten, authentischen Selbstgenusses zuteil.

Mit der Beendigung des Naturzustandes tritt der Naturmensch in die Geschichte ein. Das sich gleich bleibende natürliche Leben löst sich in einem Prozess der Vergesellschaftung auf. Immer komplexere Formen des Zusammenlebens und der Abhängigkeit folgen aufeinander. Die Menschen verändern sich und lernen, sich zu verändern. Sie verlieren ihre Seelenruhe und ihre Selbstgenügsamkeit. Sie betrachten sich durch die Augen der anderen; ihr Leben ist durch die Ruhelosigkeit des Vergleichszwangs gezeichnet. Der Vergesellschaftungsprozess kulminiert in der Errichtung eines staatlichen Zustandes, durch den der konfliktträchtige, durch immer größere Ungleichheit zerrissene Gesellschaftszustand beruhigt wird. Die Gesamtgesellschaft unterstellt sich politischer Herrschaft. Die vielen gesellschaftlichen und wirtschaftlichen Ungleichheiten werden durch diese größte unter Menschen denkbare Ungleichheit, durch die Ungleichheit zwischen Herren und Untertanen, zwischen Machthabern und Ohnmächtigen überwölbt und festgeschrieben. Mit dieser dritten Phase ist die Geschichte in der Gegenwart Rousseaus angekommen. Der Diskurs bietet eine historische Erklärung des zeitgenössischen Zustandes; er zeigt, wie das, was ist, geworden ist. Und in dem Naturmenschen besitzt er einen Maßstab, um festzustellen, was dieser Vergesellschaftungsprozess dem Menschen angetan hat. Er schärft unsere Beobachtung, sodass uns die Ketten unter den Blumengirlanden der kulturellen Verfeinerung und zivilisatorischen Errungenschaften nicht entgehen.[7]

Angesichts der vom *Contrat social* aufgeworfenen Verständnisprobleme ist nun von großem systematischem Interesse, dass sich Rousseaus geschichtsphilosophischer Diskurs ebenfalls der kontraktualistischen Begrifflichkeit bedient. Er dynamisiert das kontraktualistische Argument. Sein sozialevolutionäres Geschichtspanorama spannt wie die Vertragstheorie einen Entwicklungsbogen von einem Naturzustand zu einem staatlichen Zustand und verbindet beide durch einen Prozess fortschreitender Vergesellschaftung. Wie verhält sich aber nun der geschichtsphilosophisch integrierte Kontraktualismus zum kontraktualistischen Legitimationsmodell im *Gesellschaftsvertrag*? Besteht zwischen beiden Schriften ein systematischer Zusammenhang? Tritt der geschichtsphilosophische Naturzustand, der Ausgangszustand des Vergesellschaftungsprozesses, in die systematische Lücke der kontraktualistischen Argumentation im *Gesellschaftsvertrag*? Kann Rousseau im *Gesellschaftsvertrag* auf den Naturzustandssockel verzichten, weil er diesen in seinem geschichtsphilosophischen Diskurs längst bereitgestellt hat?

Im *Diskurs über den Ursprung und die Grundlagen der Ungleichheit unter den Menschen* stellt Rousseau das kontraktualistische Argument in den Rahmen einer geschichtsphilosophischen Rekonstruktion der Entstehung von Gesellschaft und Herrschaft. Dadurch bekommt es den Zuschnitt einer sozialevolutionären These, die die begriffliche Trias von Naturzustand, Vertrag und staatlich gefestigter Gesellschaft in eine zeitliche Abfolge markanter Vergesellschaftungsetappen auf einem Weg zunehmender gesellschaftlicher Komplexität verwandelt. Und weil für Rousseau die Vergesellschaftung des Menschen Abfall von der Natur bedeutet und eine selbstzerstörerische Entfremdungsdynamik freisetzt, die sozialevolutionäre These von ihm also dekadenzgeschichtlich ausgelegt wird, verändert sich auch das interne Wertgefälle des kontraktualistischen Arguments vollständig. Die ihm von den neuzeitlichen Vertragstheoretikern eingeschriebene Geschichte des Übergangs von einem maximal negativen politischen Zustand zu einem maximal positiven politischen Zustand verliert ihre optimistische Färbung, wenn sie in ein geschichtliches Dekadenzpanorama eingefügt wird, das die historische Entwicklung als zunehmende Entfernung von einem maximal positiven Ausgangszustand menschlicher Existenz deutet. Will der Kontraktualist die rationale – und im Fall Kants auch: normative – Vorzugswürdigkeit des *status civilis* beweisen, so offenbart sich dem Geschichtsphilosophen der Staat als Kulmination sittlicher Depravation. Der für das kontraktualistische Argument wesentliche Gegensatz zwischen natürlich-gewaltbedrohter und politisch-rechtlicher Existenzweise wird relativiert, der Unterschied zwischen kontraktualistischem Naturzustand und *status civilis* zu einem nur noch graduellen herabgestuft. Die beiden Angelpunkte der Vertragstheorie, Naturzustand und *status civilis,* sind bei Rousseau nur noch zwei Phasen innerhalb der *einen* menschlichen Sozialisationsgeschichte. Der bürgerliche Zustand liefert nur eine Befestigung und Sicherung der den kontraktualistischen Naturzustand prägenden Vergesellschaftungsprozesse. Insofern gipfelt in ihm die Entfremdung. Das in ihm wirklich werdende Recht ist nichts anderes als die legalisierte Gewalt des Naturzustandes, die alte Gewalt des vorvertraglichen Zustandes, die nicht überwunden ist, sondern sich in der Form des Rechts reproduziert. Und der Vertrag selbst ist das symbolische Konstitutionsereignis der staatlich gesicherten bürgerlichen Konkurrenzgesellschaft, betrügerisch, widerrechtlich und unsittlich wie diese selbst.[8]

Überblickt man die Gesamtstruktur der geschichtsphilosophischen Abhandlung, dann zeigt sich, dass Rousseau mit zwei Naturzustandskonzepten operiert. Da ist zum einen die vorgeschichtliche Idylle des Naturmenschen, die ihm den Maßstab liefert, um das Ausmaß der sittlichen Depravation des vergesellschafteten Menschen zu erkennen. Da ist zum anderen der geschichtliche Zustand fortschreitender Vergesellschaftung, der nach dem Vorbild des kontraktualistischen Naturzustandes gedeutet wird. Beide Naturzustandskonzeptionen fügen sich jedoch nicht in den normativen Kontraktualismus des *Contrat social*: der Paradieszustand nicht, weil er als Vollkommenheitszustand nichts zu wünschen übrig lässt, in Sonderheit keinen Grund liefert, ihn zu verlassen und einen Staat zu gründen; der Zustand der Vergesellschaftung ebenfalls nicht, weil ihm nicht die normativen Bestimmungen innewohnen, aus denen dann kontraktualistisch die Prinzipien des Staatsrechts entwickelt werden könnten. Es gibt keine Brücke zwischen dem explanativen Kontraktualismus der Gesellschaftskritik des Ungleichheits-Diskurses und dem normativen Kontraktualismus des Gesellschaftsvertragsbuches.

2. Der Betrugsvertrag der Reichen

Paradiese sind nicht von Dauer. Der Sündenfall ist unvermeidbar. In der Rousseau'schen Geschichtsphilosophie übernehmen kontingente, naturverursachte Überlebensrisiken die Rolle des Sündenfalls. Die Geschichte entsteht durch Naturkatastrophen. Eine feindselige Natur verwehrt den selbstgenügsamen Solitären, auf gewohnte Weise weiterzuleben; sie müssen zueinander finden, sich gegen die Widrigkeiten verbünden, kooperieren. Damit beginnt die Vergesellschaftung, die im Zuge der Entstehung von Eigentum und der Entwicklung von Ackerbau, Viehzucht, Bergbau und Metallurgie die Menschen immer weiter von der heilen und naturharmonischen Welt der Vorgeschichte entfernt. Im Kontext des gesellschaftlichen Zusammenlebens wird die Knappheitserfahrung auffällig und verhaltensbestimmend. Dem friktionslosen Nebeneinander in der Urzustandsidylle folgt ein Zustand des polemischen Gegeneinanders, der Konkurrenz, des Verteilungskampfes, der Selbstbehauptungsanstrengungen. Ein sich unaufhörlich steigerndes Konfliktpotenzial entsteht. Die ursprüngliche Gleichheit weicht einer sich stetig vertiefenden Ungleichheit. Der gute *homme de la nature* mutiert allmählich zu einem bösen Gesellschaftswesen. Die unschuldigen Selbsterhaltungsinteressen der *amour de soi* werden duch die skrupellosen Selbstermächtigungsstrategien der *amour-propre* überlagert. Der Zustand der natürlichen Tugend geht in einen Zustand des gesellschaftlichen Lasters über. Denn durch den Prozess der Vergesellschaftung wurden die Menschen

„geizig, ehrsüchtig und böse. Zwischen dem Recht des Stärkeren und dem Recht des ersten Besitznehmers erhob sich ein fortwährender Konflikt, der nur mit Kämpfen und Mord und Totschlag endete. Die entstehende Gesellschaft machte dem entsetzlichsten Kriegszustande Platz: Das Menschengeschlecht, herabgewürdigt und niedergeschlagen, nicht mehr in der Lage, auf seinem Weg umzukehren oder auf die unglückseligen Errungenschaften, die es gemacht hat, zu verzichten, und durch den Missbrauch der Fähigkeiten, die es ehren, nur an seiner Schande arbeitend, brachte sich selbst an den Rand seines Ruins.“[9]

Es ist offenkundig, dass Rousseau den Prozess der Vergesellschaftung nach dem Alphabet des Hobbes'schen Naturzustands buchstabiert. Der natürliche Mensch des *Leviathan* wird zum Modell des gesellschaftlichen Menschen der Rousseau'schen Geschichtsphilosophie. Sein vergesellschafteter Mensch weist genau die asozial-kompetitive Physiognomie auf, die die szientistisch angeleitete Anthropologie Hobbes' dem Menschen als Menschen zuschreibt. Konsequenterweise wirft Rousseau Hobbes dann auch vor, das Natürliche und Gesellschaftliche verwechselt und gesellschaftliche Verhaltensmuster als Gattungsprädikate missverstanden zu haben. „Hobbes' Irrtum besteht nicht darin, zwischen den unabhängigen und soziabel gewordenen Menschen einen Kriegszustand erblickt zu haben, sondern diesen Zustand als Gattungszustand, zur menschlichen Natur gehörig, verstanden und damit als Ursache eben der Laster angesehen zu haben, deren Wirkung er ist.“[10]

Dieser Fehler ist nicht nur Hobbes anzulasten. Auch die anderen Kontraktualisten haben in ihren Naturzustandskonstruktionen gesellschaftliche Prägungen als natürliche Eigenschaften ausgegeben: „Sie sprachen vom wilden Menschen und beschrieben den bürgerlichen Menschen.“[11] Sie haben allesamt den Abstraktionsprozess nicht weit genug getrieben und sind nie in dem Naturzustand angekommen, den Rousseau im Auge hat. Wie aber kann dieser erreicht werden? Rousseau ist sich darüber im Klaren, dass die Natur des Menschen schwer erkennbar ist, da der Mensch im Laufe seiner geschichtlichen und gesellschaftlichen Entwicklung seine ursprüngliche Beschaffenheit erheblich verändert hat, diese von kulturell erworbenen Eigenschaften und Verhaltensmustern immer stärker überlagert worden ist. Der gesellschaftliche Mensch ist daher nach Rousseau der Gestalt des Meergottes Glaukos vergleichbar[12], die, durch die Wucht der Wogen entstellt und mit einer dichten Kruste aus „Muscheln, Meertang und Steinen“ überzogen[13], unerkennbar geworden ist. Rousseau bezieht sich mit diesem Gleichnis auf eine berühmte Stelle in der *Politeia*, in der Platon seinerseits die Entstellungsgeschichte des Meergottes benutzt, um die Schwierigkeiten zu illustrieren, mit denen die empirische menschliche Selbstbeobachtung bei ihrem Bemühen, die wahre, durch die körperliche Umwelt nicht verdorbene Seelennatur zu erfassen, konfrontiert ist. Rousseau benötigt die wahre Menschennatur als normativen Maßstab, um die verderblichen Auswirkungen der Vergesellschaftung bestimmen zu können, um das Ausmaß der zivilisationsverursachten Verderbnis sichtbar machen zu können, um auch die sittlich unbedenkliche empirische Ungleichheit der Menschen von der sittlich bedenklichen gesellschaftlich produzierten Ungleichheit an ökonomischer, sozialer und politischer Macht, an Ansehen, Ruhm und Erfolg unterscheiden zu können.

Die Verwirklichung dieses gesellschaftskritischen Programms wirft aber ein großes Problem auf, da die Wahrheit der Kritik ihre eigene Unmöglichkeit impliziert: Die normative Vergleichsgröße steht aufgrund der erfolgreichen Vergesellschaftung nicht mehr zur Verfügung. Wie kann in einer Zeit der totalen Vergesellschaftung ein gesellschaftsexterner, ein vorgeschichtlicher Standort eingenommen werden? Wie kann die archäologische Suche nach den Umrissen der authentisch-lauteren Anfangsgestalt je erfolgreich sein? Woher soll diese Scheidekunst stammen, die den Naturmenschen aus den gesellschaftlichen Verwucherungen herauszutrennen weiß, die zu „entwirren“ vermag, „was an der jetzigen Natur des Menschen ursprünglich und was künstlich ist, und einen Zustand richtig zu erkennen, der nicht mehr existiert, der vielleicht nie existiert hat, der wahrscheinlich niemals existieren wird und von dem zutreffende Begriffe zu haben dennoch notwendig ist, um über unseren gegenwärtigen Zustand richtig zu urteilen“[14]? Insgeheim war sich Rousseau darüber im Klaren, dass der Standpunkt der Unmittelbarkeit eine gesellschaftliche Konstruktion ist, dass nichts vermittelter ist als das gesellschaftskritische Ideal der Unmittelbarkeit.

In einer wichtigen Hinsicht weicht der gesellschaftliche Kriegszustand Rousseaus von dem Hobbes'schen *status naturalis* ab: Es ist kein Zustand der Gleichheit, sondern ein Zustand der Ungleichheit, und zwar einer sozio-ökonomisch verursachten, einer menschengemachten Ungleichheit. Folglich wird auch der Konfliktcharakter dieses Zustandes von Rousseau nicht als ein *bellum uniuscuiusque contra unumquemque* beschreiben, sondern sozio-ökonomisch interpretiert und auf einen fundamentalen Antagonismus zwischen Armen und Reichen zurückgeführt. Entsprechend ändert sich das Motiv, den Naturzustand zu verlassen, ändert sich auch die für die Naturzustandsmängel vorgesehene Therapie: Will bei Hobbes sich der Mensch vor den Menschen schützen, so wird bei Rousseau die staatliche Festigung der Gesellschaft mit dem Klasseninteresse der Reichen in Verbindung gebracht. Und ist bei Hobbes der Staat als Naturzustandsprävention für jedermann gleichermaßen von Vorteil, so gerät bei Rousseau der Staat vornehmlich als Selbstschutzvereinigung der Reichen, als Trutzburg des Eigentums in den Blick. Denn für die Reichen bedeutet die Unsicherheit des Naturzustandes die größte Gefahr, zumal ihnen ja nicht nur die Kräfte für eine ausreichende und dauerhafte Verteidigung ihrer Besitzungen fehlen, sondern ihre Besitztitel selbst ja auch nur auf den schwankenden Boden der Gewalt gegründet sind. Rousseau gibt den Appropriateuren nicht die soliden Rechtfertigungsmittel an die Hand, die ihnen von der naturrechtlichen Eigentumstheorie Lockes angeboten werden. In dieser Situation der Gefahr nun

„ersann der Reiche, von der Notwendigkeit gedrängt, […] den ausgeklügeltsten Plan, der dem menschlichen Geist jemals eingefallen ist. Er bestand darin, die Kräfte selbst jener, die ihn angriffen, zu seinen Gunsten einzuspannen, aus seinen Widersachern seine Verteidiger zu machen, ihnen andere Maximen einzuflößen und ihnen andere Institutionen zu geben, die für ihn ebenso günstig wären. In dieser Situation erfand er – nachdem er seinen Nachbarn die Entsetzlichkeit einer Situation dargestellt hatte, die sie alle die Waffen gegeneinander ergreifen ließ, die ihnen ihre Besitztümer ebenso zu einer Last machte wie ihre Bedürfnisse und in der keiner, weder in der Armut noch im Reichtum seine Sicherheit fand – leicht Scheingründe, um sie zu diesem Ziel hinzuführen. „Vereinigen wir uns", sagt er ihnen, „um die Schwachen vor der Unterdrückung zu schützen, die Ehrgeizigen in Schranken zu halten und einem jeden den Besitz dessen zu sichern, was ihm gehört: Lasst uns Vorschriften der Gerechtigkeit und des Friedens aufstellen, denen nachzukommen alle verpflichtet sind, die kein Ansehen der Person gelten lassen und die in gewisser Weise die Launen des Glücks wieder gutmachen, indem sie den Mächtigen und den Schwachen gleichermaßen wechselseitigen Pflichten unterwerfen. Mit einem Wort: Lasst uns unsere Kräfte, statt sie gegen uns selbst zu richten, zu einer höchsten Gewalt zusammenfassen, die uns nach weisen Gesetzen regiert, alle Mitglieder der

Assoziation beschützt und verteidigt, die gemeinsamen Feinde abwehrt und uns in einer ewigen Eintracht hält […] Dies war, oder muss der Ursprung der Gesellschaft und der Gesetze gewesen sein, die dem Schwachen neue Fesseln und dem Reichen neue Kräfte gaben, die natürliche Freiheit unwiederbringlich zerstörten, das Gesetz des Eigentums und der Ungleichheit für immer fixierten, aus einer geschickten Usurpation ein unwiderrufliches Recht machten und um des Profites einiger Ehrgeiziger willen fortan das ganze Menschengeschlecht der Arbeit, der Knechtschaft und dem Elend unterwarfen.“[15]

Rousseau verteidigt seine Erklärung der Staatsentstehung mit der Cui-bono-Maxime: Es sei nur „vernünftig anzunehmen, dass eine Sache eher von denen erfunden worden ist, denen sie nützt, als von jenen, welchen sie schadet“[16]. Daher können vertragliche Vergesellschaftung und Staat keinesfalls auf das Interesse der Armen zurückgeführt werden: „Da die Armen nichts zu verlieren hatten als ihre Freiheit, wäre es eine große Torheit von ihnen gewesen, freiwillig das einzige Gut herzugeben, das ihnen blieb, um im Austausch dafür nichts zu gewinnen.“ Rousseau stellt damit die bekannte Staatsentstehungsthese der Sophisten auf den Kopf. Die Sophisten hatten Vergesellschaftung und Staatsentstehung auf ein Schutzbündnis der Schwachen zurückgeführt, das die Starken in die Knie zwingen sollte. Aber diese Gegensätzlichkeit ist nur scheinhaft, denn die beiden Oppositionen Starke–Schwache und Reiche–Arme sind nicht parallel geordnet. Die Reichen sind – bei Licht betrachtet – nicht den Starken im Naturzustand gleichzusetzen; sie werden zu den Starken erst durch den Vertrag. Im Naturzustand sind sie die Schwachen, und die Starken sind die Armen, die sich von den schwachen Reichen freilich hinters Licht führen und über ihre Stärke täuschen lassen und darum in Bedingungen einwilligen, die ihnen für immer ihre Stärke nehmen und sie für alle Zeit zu den gesellschaftlich Schwachen machen.

Dieser Gesellschaftsvertrag, in den die Reichen die Armen listig hineingelockt haben, ist nur die erste Stufe eines gesellschaftlich-politischen Institutionalisierungs- und Konstitutionalisierungsprozesses, der mit der Etablierung eines Systems gesetzlicher Regeln beginnt und mit der Errichtung einer staatlichen Herrschaftsorganisation endet. Rousseaus kontraktualistische Rekonstruktion dieser Entwicklung folgt dabei der „allgemeinen Meinung“ über diese Dinge[17], und das heißt der polemisch gegen Hobbes gerichteten und überaus einflussreichen Doppelvertragslehre von Pufendorf, die dem Gesellschaftsvertrag noch einen Unterwerfungsvertrag folgen lässt, der, zwischen dem Volk und einem Herrscher als gleichberechtigten Rechtssubjekten geschlossen, durch absorptive Vereinigung der Willen aller in dem einen Willen des Herrschers den gesellschaftsvertraglich konstituierten politischen Körper, der Einheit der Kräfte, Handlungs- und Entscheidungsmächtigkeit, Zielstrebigkeit und Effizienz verschaffen soll.[18]

Mit der Herrschaftserrichtung endet jedoch nicht der Prozess der Ungleichheitsvermehrung. Der Vertrag kann der freiheitszerstörenden Dynamik der Zivilisation keinen Widerstand entgegensetzen. Kulminationspunkt dieser Zersetzung der politischen Welt ist ein „Despotismus", in dem der latente Gewaltcharakter des gesellschaftlichen Zustandes offen zum Ausbruch kommt. Der Zivilisationsprozess hat mit ihm den Tiefpunkt seines sittlichen Niedergangs erreicht. Der Staat versinkt in der Gewalt. „Hier ist das letzte Stadium der Ungleichheit und der äußerste Punkt erreicht, der den Kreis schließt und den Punkt berührt, von dem wir ausgegangen sind. Hier werden alle Einzelnen wieder gleich, weil sie nichts sind; und da die Untertanen kein anderes Gesetz mehr haben als den Willen des Herrn und der Herr keine andere Regel als seine Leidenschaften, verschwinden die Begriffe des Guten und die Prinzipien der Gerechtigkeit aufs Neue. Hier läuft alles auf das alleinige Gesetz des Stärkeren hinaus und folglich auf einen neuen Naturzustand, der sich von jenem, mit dem wir begonnen haben, darin unterscheidet, dass der eine der Naturzustand in seiner Reinheit war, und dieser letzte die Frucht eines Exzesses der Korruption ist."[19]

3. Der ideologische Charakter der zeitgenössischen Vertragslehre

Die Integration des zeitgenössischen Kontraktualismus in den geschichtsphilosophischen Rahmen einer gesellschaftskritischen Entfremdungsgeschichte entlarvt die Vertragstheorie als Ideologie einer ungerechten, unpolitischen Gesellschaft, welche die sich im sich beschleunigenden Prozess differenzvertiefender Vergesellschaftung verflüchtigende substanzielle Allgemeinheit durch die Surrogate des formalen Rechts und der rationalen Herrschaft ersetzt und zur Bildung eines wahren Gemeinwillens nicht fähig ist. Auch wenn Rousseaus Äußerungen zu *pactum unionis* und *pactum subjectionis* sehr gedrängt und nicht immer klar sind, lassen sich in ihnen doch vier kontraktualismuskritische Motive unterscheiden. Das erste, noch am deutlichsten herausgearbeitete, bezieht sich auf den Gesellschaftsvertrag und stellt seinen ungerechten und daher unsittlichen Charakter heraus. Der Vertrag zwischen den Reichen und Armen vertieft die Ungleichheits- und Ungerechtigkeitsordnung des gesellschaftlichen Naturzustandes durch formale Verrechtlichung. Es ist ein Täuschungs- und Betrugsvertrag, den die Reichen als raffiniertes Instrument ihrer Interessen handhaben, der die Armen, die objektiv nicht das geringste Interesse an der Institutionalisierung der sozio-ökonomischen Ungleichheit und damit an ihrer sozialen Deprivilegierung haben können, mit einer bewusst falschen Darstellung der Interessenlagen einwickelt und so zu einer Stabilisierung einer ihrem Interesse diametral entgegengesetzten Macht- und

Güterverteilung benutzt. Die von den Reichen fingierte Allgemeinheit bemäntelt ihre partikulare Interesssenlage, bemäntelt den tief greifenden Interessenkonflikt zwischen Arm und Reich.

Welch sittliche Ungeheuerlichkeit, welch gerechtigkeitsethische Perversion Rousseau in dem Betrugsvertrag der Reichen erblickt, macht folgende sarkastische Illustrierung seines Inhalts deutlich. Sie findet sich in seiner *Abhandlung über die Politische Ökonomie,* die 1755, im selben Jahr wie der Ungleichheitsdiskurs, im 5. Band der *Enzyklopädie* veröffentlicht wurde. Ungeschminkt und voller Hohn verkündet hier der Reiche: „Sie haben mich nötig, denn ich bin reich und Sie sind arm. Schließen wir einen Vertrag: Ich erlaube, dass Sie die Ehre haben, mich zu bedienen, unter der Bedingung, dass Sie mir das Wenige geben, das Ihnen bleibt; und ich biete Ihnen als Gegenleistung dafür die Mühe, die ich habe, Ihnen zu befehlen."[20] Blickt man von dieser grell-zynischen Formel auf das berühmte Titelkupfer der Erstausgabe des *Leviathan* von 1650, dann will man nicht recht glauben, dass es sich in beiden Fällen um ein und dieselbe Sache handeln soll, dass für Rousseau kein nennenswerter Unterschied zwischen dem Betrugsstaat der Reichen und dem sich friedensstiftend über Stadt, Land und Meer erhebenden Vertragsstaat Hobbes' besteht. Aber genau so ist es. Die Erzählung vom Betrugsvertrag der Reichen ist eine geschichtsphilosophisch verbrämte ideologiekritische Abrechnung mit dem zeitgenössischen Kontraktualismus, gleichgültig ob dieser Hobbes'scher, Locke'scher oder Pufendorf'scher Provenienz ist. Rousseau liest den Kontraktualismus als Ausdruck seiner Zeit, als Selbstrechtfertigung des liberalen Zeitalters. Seine Begriffe bieten ein getreues Abbild der Unsittlichkeit der gesellschaftlichen Verhältnisse und der Illegitimität ihrer politischen Strukturen. Beginnt mit dem Vergesellschaftungsprozess selbst bereits der Prozess des sittlichen Abstiegs, dann kann die argumentationslogische Konsequenz der Vertragstheorie gegen sie selbst gekehrt werden. Da Rousseaus Bewertungsprämissen einem Naturzustand vor dem kontraktualistischen Naturzustand entnommen sind, der kontraktualistische Naturzustand hingegen ein Spiegelbild sich vertiefender gesellschaftlicher Entfremdung ist, muss das interne Entsprechungsverhältnis zwischen naturzustandstheoretischer Problemdiagnose und kontraktueller Problemtherapie zum Ausdruck sozialevolutionärer Folgerichtigkeit werden. Im Vertrag findet die Unwahrheit der gesellschaftlichen Verhältnisse symbolisch verdichteten Ausdruck.

Der Vertrag der Reichen hat die fundamentale metakontraktualistische und vertragsmoralische Bedingung der Gleichheit verletzt[21]: Nicht nur müssen sich die Vertragspartner als gleiche und freie Personen wechselseitig anerkennen, auch ihre Ausgangslage muss hinreichend gleich sein, damit der Vertrag sittlich unbeanstandet bleibt. Wenn die Lebensumstände und die Interessen nicht in die gleiche Richtung weisen, kann der Vertrag keine Ordnung entwickeln, die vernünftigerweise von allen Beteiligten als Verbesserung des vorvertraglichen Zustandes angesehen und folglich gewollt werden kann. Dabei ist es offensichtlich wichtig, den für die legitimationsverschaffende Gleichheitsbedingung relevanten Referenzbereich vollständig und einvernehmlich zu bestimmen. Natürlich haben die Rousseau'schen Reichen ein Argument vorzubringen: nämlich das Sicherheitsargument. Ohne Zweifel gilt, dass auch für den Ärmsten ein Zustand des Rechts und der Gewaltlosigkeit einem Zustand der Gewalttätigkeit und der Rechtlosigkeit vorzuziehen ist.[22] Aber um einen Zustand der rechtlichen Sicherheit zu erreichen, ist es keinesfalls notwendig, die kontingente Besitzverteilung des vorvertraglichen Zustandes unkorrigiert zu übernehmen und rechtlich fest- und fortzuschreiben. Insofern der Kontraktualismus der Reichen gerechtigkeitsrelevante Ungleichheitsbestände einer Korrektur duch die neue vertragliche Ordnung entzieht und damit den Vertrag zur Zementierung eines ungerechten Status quo einsetzt, ist der Vertrag ein Instrument der Ungerechtigkeit.

Es ist instruktiv, einen Seitenblick auf die Rawls'sche Vertragskonzeption zu werfen.[23] Rawls lässt die Naturzustandsbewohner hinter einem Schleier des Nichtwissens agieren, der den Individuen alles Wissen über sich selbst nimmt und so garantiert, dass die gewählten Prinzipien auch allgemein anerkennungsfähig sind. Gerechtigkeit durch Verschleierung allen ungerechtigkeitsrelevanten Differenzwissens: das ist das Rawls'sche Rezept; Ungerechtigkeit durch Verschleierung allen gerechtigkeitsrelevanten Ungleichheitswissens, das ist das Rezept der Reichen. Bei Rawls dient der Schleier der Unwissenheit dazu, alle Beurteilungsperspektiven abzublenden, die nicht von allen anderen rationalen Individuen geteilt werden können. Bei den Reichen dient der „Verschleierungsvertrag"[24] dazu, den Referenzbereich der gerechtigkeitsrelevanten Gleichheitsbedingung einzuschränken, die faktischen Ungleichheitsbestände zu verhüllen und damit die ihnen korrespondierende Interessenungleichheit zu verdecken. Sie tun so, als ob der Vertrag zwischen Menschen, und nicht zwischen Reichen und Armen geschlossen würde. Die menschenrechtliche formale Gleichheit wird jedoch zu einem Ideologem, wenn sie materiale Ungleichheit verhüllt. Der Begriff des Menschen wird selbst zu einem Ideologem, wenn mit seiner Hilfe die über Lebenschancen entscheidende sozio-ökonomische Verteilungsstruktur als gerechtigkeitsirrelevant erklärt wird.

Gerecht kann eine vertragsbegründete Ordnung nur dann sein, wenn sie samt ihrer Verteilung gesellschaftlicher Lebenschancen einmütig von allen Beteiligten gewählt werden kann, wenn also die unterschiedlichen Interessenlagen von Reichen und Armen keine urteilsprägende Rolle spielen können. Und das ist nur unter zwei Voraussetzungen denkbar: entweder wenn die Prinzipienwähler nicht wissen, ob sie zu den Reichen oder zu den Armen gehören, oder wenn es keine Reichen und Armen gibt, wenn sich die Vertragspartner unter der Bedingung annähernder sozio-ökonomischer Gleichheit zusammenfinden. Den ersten Weg hat Rawls gewählt: Er führt ihn zu den Prinzipien einer gerechten, wohl geordneten Gemeinschaft. Den zweiten Weg hat Rousseau im *Contrat social* eingeschlagen; er führt ihn zu einer sozialen, material gerechten Lebensordnung, in der der wahre gemeinschaftliche Wille das allgemeine Leben bestimmt.

Man kann Rousseaus Kritik des Betrugsvertrags der Reichen in vielfältige gesellschaftskritische Zusammenhänge rücken. Man kann sie als Kapitalismuskritik, als Kritik am formalen Recht, an abstraktiver Rationalisierung, am ideologischen Charakter formaler Betrachtungsweisen lesen. Man kann sie als kontextualistische Kritik lesen, die den Zusammenhang zwischen Rationalität und Abstraktion herausstellt und im Gegenzug den Umriss einer unverkürzten Vernunftkonzeption andeutet; die alle materiellen und geistigen Voraussetzungen des gesellschaftlichen Zusammenhalts in ihre Überlegungen über den Aufbau und die Kontinuitätsbedingungen einer gerechten politischen Ordnung einzubeziehen verlangt und einer rational-universalistischen Verfassung äußerer Freiheit, die von all diesen sozio-ökonomischen und ethischen Komponenten systematisch absieht, alle Vernünftigkeit abspricht.

Stellen wir Rousseaus Kritik jedoch in den hier interessierenden vertragstheoretischen Kontext, lesen wir sie als vertragstheoretische Selbstkritik und nicht als ethische Kritik an der formalen vertragstheoretischen Rationalität, dann können wir ihr folgende allgemeine metakontraktualistische Fassung geben: Die vertragliche Konstituierung einer Rechtsordnung kann nur dann sittlich überzeugen, wenn sie unter der Bedingung vollständiger Gleichheit zustande gekommen ist. Und das meint: Nicht nur die Regeln der Handlungsfreiheit und die Regeln der Herrschaftsorganisation müssen sich einer einmütigen Entscheidung aller Beteiligten verdanken, auch die Prinzipien der Eigentumsordnung müssen vertraglich festgelegt werden. Grundsätzlich kann ein Vertrag nicht als konstitutionelles Fundament einer rechtlich-politischen Gesamtordnung dienen, wenn freiheits- und glücksrelevante Ungleichverteilungen von materiellen Gütern der Gestaltung durch vertragsförmige politische Entscheidungsprozesse von vornherein entzogen sind.

Die anderen kontraktualismuspolemischen Motive des zweiten *Discours* sollen hier nur noch genannt werden; sie treten bei weitem nicht so deutlich hervor wie die Verurteilung des Betrugsvertrags. Da ist die Kritik am Herrschaftsvertrag, der die vertragliche Begünstigung der Ungleichheit fortsetzt und dem gesellschaftlichen Gegensatz zwischen Armen und Reichen die politische Kluft zwischen Mächtigen und Ohnmächtigen zugesellt.

Systematisch eng verbunden mit diesem Einwand ist natürlich die Kritik an der Verdoppelung der Verträge selbst, die der politischen Selbstorganisation der Gesellschaft den Weg verlegt und die politische Selbstenteignung der Gesellschaft paradoxerweise in vertragliche Form gießt. In einer interessanten Überlegung bezweifelt Rousseau zudem die ordnungspolitische Effizienz des durch Doppelvertrag konstituierten Herrschaftsverbandes. Die beidseitige Kündbarkeit des Vertrages, die Rousseau hier unterstellt, macht angesichts des Fehlens einer vertragsjenseitigen Schiedsinstanz jede Partei zum autonomen Interpreten ihrer Vertragspflicht und damit zum Herrn des Vertrages. Würde man nicht Gott als Garantiemacht bemühen, wäre der Unterwerfungsvertrag von Beginn an wirkungslos.[25]

Rousseau kehrt hier das souveränitätstheoretische Argument Hobbes' gegen den Hobbes-kritischen Doppelvertrag Pufendorf'schen Zuschnitts. Das antiabsolutistische Motiv der Doppelvertragstheoretiker, die vertragseigentümliche Verpflichtungswechselseitigkeit durch einen – dem Gesellschaftsvertrag nachgeordneten und ihn rechtlich voraussetzenden – Unterwerfungsvertrag zu retten, ist mit einem untragbaren Instabilitätsrisiko behaftet, nimmt man die Vertragsstruktur denn ernst und entschärft sie nicht durch die Ad-hoc-Klausel der Unkündbarkeit[26] oder eben durch die Einbettung in einen religiösen Sanktionsmechanismus. Das Schiedsrichterargument, das die Notwendigkeit einer unangefochtenen letzten Instanz herausstellt, verlegt dem Doppelvertrag den Weg und spricht sich für den souveränitätstheoretischen Absolutismus des Leviathan aus. Rousseau hat dieses Argument nie revidiert und immer an der souveränitätstheoretischen Logik des Absolutismus festgehalten. Auch die Vertragslehre des *Contrat social* vertritt, wie noch zu zeigen sein wird, einen souveränitätstheoretischen Hobbesianismus.

II. Die Vertragslehre im „Gesellschaftsvertrag“

Während Rousseau im zweiten *Discours* eine geschichtsphilosophische Untersuchung über die menschliche Vergesellschaftung vorgenommen hat, die das gesellschaftliche Leben als fortgesetzte und sich steigernde sittliche Depravation deutete, gleichwohl jenseits dieses groben geschichtsphilosophischen Dualismus von Heilszustand und Entfremdung keinerlei normative Argumentation entwickelte, verfolgt er im *Contrat social* ein normatives Erkenntnisprogramm, das die fundamentalen Prinzipien des Staatsrechts entwickeln und die Verfassung legitimer Herrschaft beschreiben will. Den begrifflichen Rahmen der Ermittlung der Regeln des Staatsrechts liefert das kontraktualistische Argument. Während Rousseau den Kontraktualismus in seinem geschichtsphilosophischen Diskurs als Interpretationsschema für die maßgeblichen Entwicklungs- und Verrechtlichungsschritte einer liberalen Gesellschaft benutzt hat, dient ihm der Kontraktualismus jetzt als im weiteren Sinne gerechtigkeitstheoretisches, im engeren Sinne staatsrechtliches Erkenntnisverfahren.

„Der Mensch wird frei geboren, aber überall liegt er in Ketten.“ Das ist nicht der Aufschrei eines Anarchisten. Die Berufung auf die angeborene Freiheit des Menschen dient nicht der Illegitimierung staatlicher Herrschaft, nicht der Zurückweisung politischer Institutionen. Das normative Erkenntnisprogramm des *Contrat social* geht von der Unerlässlichkeit der Errichtung einer Herrschaftsordnung aus. Nimmt man die Menschen, „wie sie sind“ (I; 351; 59), dann wird man auf eine spontan-moralische, auf alle Autoritäts- und Zwangselemente verzichtende Lösung aller auftauchenden Koordinationsprobleme nicht hoffen dürfen. Anarchie ist keine anthropologische Option. Während im *Discours sur l'inégalité* der Naturzustand noch das gesellschaftskritische Kontrastbild lieferte, während hier die Gesellschaftsentwicklung den Charakter eines Sündenfalls besaß, teilt der *Contrat social* die allen staatsphilosophischen Vertragstheorien der Neuzeit gemeinsame Einsicht, dass der Naturzustand zu verlassen ist.

1. Falsche Legitimationstheorien

Gibt es einen rechtmäßigen Weg von der angeborenen Freiheit des Einzelnen zur politischen Herrschaft? Gibt es legitime „Ketten“? Um den Weg für die richtige Antwort auf diese Frage vorzubereiten, räumt Rousseau erst einmal gescheiterte Lösungsversuche beiseite. Der *Gesellschaftsvertrag* beginnt nicht mit der Ausarbeitung einer Naturzustandstheorie, sondern stellt eine knappe Auseinandersetzung mit der Geschichte philosophischer Herrschaftslegitimation an den Anfang. Er gibt sich damit den Charakter einer kritischen, die gesamte Geschichte ihrer Äußerungen umfassenden legitimationsphilosophischen Selbstreflexion. Natürlich haben auch Rousseaus kontraktualistische Vorgänger Kritik an alternativen Konzeptionen geübt; sowohl Pufendorf als auch Locke haben an polemisch gegen Hobbes gerichteten Bemerkungen nicht gespart. Gleichwohl hat keiner eine methodologische Selbstreflexion an den Anfang seiner kontraktualistischen Erörterung gestellt. Indem Rousseau Derartiges tut, die Darstellung des zu verlassenden Naturzustandes durch eine Darstellung der zu verwerfenden Naturzustands- und Vertragstheorien ersetzt, siedelt er seine Konzeption genau eine Reflexionsebene oberhalb der Theorien seiner Konkurrenten an.

Rousseau unterscheidet in seinen sehr gedrängten, wenig homogenen und mit Sarkasmen durchsetzten Ausführungen über falsche Wege der Herrschaftslegitimation drei Klassen von Legitimationstheorien. Da sind einmal die *patrimonialen Legitimationstheorien*, die sich an den Autoritätsverhältnissen innerhalb des Familienverbandes orientieren und politische Herrschaft nach väterlichem Vorbild verstehen. Sie sind häufig, insbesondere im Geltungsbereich biblischer Überlieferung, mit dynastisch-geneaologischen Überlegungen verknüpft. Das verleiht dann der Abstammung von einer der mythologisch ausgezeichneten Urfamilien, von Adam oder Noah, dem Vater aller Väter, dem König aller Könige beträchtliche Bedeutung: „Denn", so macht sich Rousseau über diese adamitischen Legitimationstheorien des vulgären Monarchismus lustig, „da ich in direkter Linie von einem dieser Fürsten abstammte […] wer weiß, ob meine Erbansprüche mich nicht zum rechtmäßigen Herrscher des Menschengeschlechts machen würden?" (1.2; 354; 64). Um die legitimationstheoretische Verwendung der Familienstruktur für Monokratien zu unterbinden, macht Rousseau geltend, dass die Familie in eine Naturalfamilie und Konventionalfamilie zerfällt. Sobald keine Erhaltungsabhängigkeit der Kinder mehr besteht, „löst sich das natürliche Band", schulden die Kinder dem Vater somit auch keinen Gehorsam mehr. Gehorsam ist lediglich eine funktionsgerechte Verhaltensweise für die Phase biologischer Abhängigkeit. Sie wird obsolet, sobald die Kinder selbsterhaltungsfähig geworden sind. Diese versorgungstechnische Reduktion der Familie macht sie als Muster monarchischer Herrschaft unbrauchbar. Wenn schon die Familie selbst mit dem Erreichen der Selbsterhaltungsfähigkeit der Kinder nur noch auf Vereinbarung beruht, wird politische Herrschaft sich legitimatorisch nicht auf ein natürliches Obligationsgefälle in parentalen Beziehungen berufen können. Rousseau schließt sich in jeder Hinsicht der Kritik Lockes an Robert Filmers *Patriarchia* an: Die legitimationstheoretische Maxime des Monarchismus, der Staat sei eine Familie in Großformat, ist unhaltbar.

Interessant ist in diesem Zusammenhang auch Rousseaus *Discours sur l'Économie politique*. Wie Aristoteles versucht Rousseau eingangs dieses *Enzyklopädie*-Artikels die Eigentümlichkeit des Bürgerlich-Staatlichen durch die Gegenüberstellung von *oíkos* und *pólis*, von Familie und Staat, von Vater und Herrscher zu bestimmen. Und wie Aristoteles macht er deutlich, dass die für den Familienkreis zuständigen Kategorien und die die politische Welt bestimmenden Grundbegriffe höchst unterschiedlich sind und nicht verwechselt werden dürfen: Die Abhängigkeitsverhältnisse des Hauses sind kein Muster für den Herrschaftsaufbau im Staat. Genau diese Einsicht macht Aristoteles zum Begründer der Politologie.[27] Aber da sich Rousseau trotz seines gespannten Verhältnisses zu den Lebensverhältnissen seiner Zeit nie den modernen Denkverhältnissen entziehen konnte, gibt er diesem Unterschied zwischen der Sphäre des Hauses und der Sphäre des Staates noch einen weitaus schärferen Ausdruck. Die häusliche Welt, so sagt er, wurzele in der Natur; die die Familienbeziehungen prägenden Abhängigkeitsverhältnisse seien ebenso in den Gegebenheiten der Natur begründet wie die väterliche Macht. In der staatlichen Gemeinschaft jedoch, „deren Mitglieder von Natur aus gleich sind, kann die politische Autorität, deren Einrichtung allein willkürbestimmt ist, sich nur auf Übereinkünfte stützen, und ein Beamter kann anderen Leuten nur aufgrund von Gesetzen befehlen"[28]. Daher bietet die Natur auch dem Herrscher nicht die geringste Unterstützung bei seinen Regierungsgeschäften. Die Natur ist unpolitisch; sie hat für diese Form von Tätigkeit, für das Herrschen über Freie und Gleiche, keinerlei Verhaltensprogramm parat. Der Vater ist mit der Natur im Bunde und muss nur auf die Stimme seines Herzens achten, kann sich allein von seiner Liebe leiten lassen. Der Herrscher hingegen „wird ein Verräter, sobald er auf sein Herz hört. Selbst sein Verstand muss ihm verdächtig sein. Er darf keiner anderen Regel folgen als der öffentlichen Vernunft, die das Gesetz ist. So hat die Natur unendlich viele gute Familienväter gemacht, aber es ist zweifelhaft, ob die menschliche Weisheit seit Anbeginn der Welt auch nur zehn Männer hervorgebracht hat, die fähig waren, ihre Mitmenschen gut zu regieren."[29]

Und genauso wenig, wie sich der politische Herrscher den natürlichen Vater zum Muster nehmen kann, kann er den natürlichen Despoten zum Vorbild erklären. Denn die Natur kennt keine Scheidung der Menschen in Herren und Sklaven. Erst der gegen die Natur gerichtete, Gleichheit zerstörende erfolgreiche Gewalteinsatz etabliert Herrschaftsverhältnisse, erzeugt Herren und Sklaven. Ausdrücklich wendet sich Rousseau gegen das seit alters Aristoteles zugeschriebene Diktum, dass es Sklaven von Natur aus gebe.

Der zweite legitimationstheoretische Typ bietet machttheoretische Lösungen des Rechtfertigungsproblems. Machttheoretische Lösungen sind allesamt Variationen der dem Sophisten Kallikles zugeschriebenen These von dem Recht des Stärkeren. Wollte der Machttheoretiker nur eine empirische These über die Entstehung von Recht aufstellen, bestünde kein Grund, ihm zu widersprechen. Denn in der geschichtlichen Welt verdankt sich das Recht der Übermächtigkeit, der obsiegenden Gewalt. Beansprucht der Machttheoretiker jedoch, eine zufrieden stellende Antwort auf das Problem der Herrschaftslegitimation zu geben, muss er entschieden zurückgewiesen werden. Stärke, Überlegenheit, Übermächtigkeit verleiht keinen Rechtstitel. *Der normative, geltungstheoretische Übergang von der Gewalt zum Recht kann von der Gewalt selbst nicht hergestellt werden.* Herrschaft lässt sich weder durch Rekurs auf eine überlegene physische Macht noch unter Hinweis auf bereits bestehende Herrschaftsverhältnisse legitimieren. Allein schon aus logischen Gründen vermögen weder der krude Kallikleismus noch der subtilere Rechtspositivismus eine zufrieden stellende legitimationstheoretische Antwort zu offerieren: Aus Tatsachen lassen sich keine normativen Bestimmungen ableiten. Es gibt physische Überlegenheit, aber kein Recht des Stärkeren; es gibt rechtsdurchsetzende Unwiderstehlichkeit, aber der, der Rechtsregeln durchzusetzen vermag, ist darum nicht auch gleichzeitig mit der rechtlichen Kompetenz versehen, Recht zu setzen. Die Rede vom Recht des Stärkeren ist redundant, da, wie Rousseau zu Recht bemerkt, „das Wort *Recht* der Macht nichts hinzufügt" (I.3; 354; 65). Die Sätze „Ich bin der Stärkere" und „Ich habe aufgrund meiner Übermächtigkeit ein Recht, deinen Willen zu bestimmen" sind bedeutungsgleich. Und das heißt: Keiner, der sich zum Zeitpunkt t_1 dank seiner Übermächtigkeit eine Rechtsposition verschafft hat, kann sich unter Berufung auf diese Rechtsposition gegen die Herrschaftsansprüche eines noch Stärkeren zum Zeitpunkt t_2 wehren. Folglich zeichnet der Rechtsbegriff in dieser ebenso weit verbreiteten wie gedankenlosen Redewendung nur die kontingente Gewaltgeschichte nach. Daher ist die Formel von dem Recht des Stärkeren nicht nur redundant, sondern in ihr wird der Rechtsbegriff selbst denaturiert. Denn ein unverzichtbarer Bedeutungsbestandteil des Rechtsbegriffs ist seine Gegensätzlichkeit zur Gewalt. Hier aber nimmt das Recht die Farbe der Gewalt an, fällt der Rechtsbegriff mit dem der Gewalt zusammen.

Kallikleismus und Positivismus setzen sich über die notwendige Bedingung hinweg, die Legitimationstheorien erfüllen müssen, über die Konsensbedingung. Nur vor dem Hintergrund der Zustimmung der Herrschaftsunterworfenen lassen sich die Umrisse einer legitimen Herrschaftsordnung wahrnehmen. „Die gesellschaftliche Ordnung ist ein geheiligtes Recht, das allen anderen Rechten zur Grundlage dient. Gleichwohl entspringt es nicht der Natur; es ist also auf Vereinbarungen gegründet“ (I.1; 352; 62). Freilich ist nicht jede Vereinbarung, nicht jede Übereinkunft legitimationstheoretisch gleichwertig. Auch in der Tradition der Vertragstheorie gibt es unzureichende Lösungen des Problems der Herrschaftslegitimation. Zwar gebührt der kontraktualistischen Rechtfertigungsmethode ein struktureller legitimationstheoretischer Vorzug gegenüber der kurzschlüssigen Machttheorie, jedoch droht dieser verspielt zu werden, wenn die vertraglichen Vereinbarungen ihrerseits rechtlich und sittlich unannehmbar sind. Es kommt also alles darauf an, in den Gedankenexperimenten des Kontraktualismus rechtlich zulässige Vereinbarungen von rechtlich unzulässigen Vereinbarungen zu unterscheiden. Der Kontraktualismus ist eine notwendige, aber als solcher nicht zugleich auch schon die hinreichende legitimationstheoretische Bedingung. Es gibt Verträge, die selbst eine delegitimierende Wirkung haben. Mit dem Betrugsvertrag der Reichen aus dem geschichtsphilosophischen Diskurs, der deutlich auf die staatsrechtliche Tradition des Kontraktualismus anspielte, hat Rousseau ja bereits selbst ein Beispiel eines unzulässigen Kontraktualismus gegeben.

2. Systematischer Grundriss des Kontraktualismus

Als Vertragstheorien bezeichnet man moral-, sozial- und politikphilosophische Konzeptionen, die die moralischen Prinzipien menschlichen Handelns, die rationale Grundlage der institutionellen gesellschaftlichen Ordnung und die Legitimationsbedingungen politischer Herrschaft in einem hypothetischen, zwischen freien und gleichen Individuen in einem wohldefinierten Ausgangszustand geschlossenen Vertrag erblicken und damit die allgemeine Zustimmungsfähigkeit zum fundamentalen normativen Gültigkeitskriterium erklären. Vertragstheorien basieren wie die ihnen eng verwandten Konsenstheorien auf einem *rechtfertigungstheoretischen Prozeduralismus*. Sie stellen die systematische Ausarbeitung der modernitätstypischen Überzeugung dar, dass sich die gesellschaftlichen Rechtfertigungsbedürfnisse nicht mehr durch Rekurs auf den Willen Gottes oder eine objektive natürliche Wertordnung decken lassen. Das Verblassen der theologischen Weltsicht, das Verschwinden der traditionellen qualitativen Naturauffassung unter dem nüchternen Tatsachenblick der modernen Wissenschaften, der Zerfall der fest gefügten und wertintegrierten Sozialordnung unter dem wachsenden Ansturm der Verbürgerlichung und Ökonomisierung der gesellschaftlichen Verhältnisse verlangten eine Neuorganisation der kulturellen Rechtfertigungspraxis, die mit den neu erschaffenen geistigen Grundlagen der Welt der Moderne, mit den neu geprägten Selbst- und Weltverhältnissen der Menschen in Übereinstimmung stand. Die objektivistischen Legitimationstheorien der Tradition, das stoisch-christliche Naturrecht, der theologische Absolutismus, die teleologische Ontologie hatten ihre Geltung eingebüßt und konnten nicht mehr herangezogen werden, um die gesellschaftlichen Begründungsgewohnheiten metaphysisch zu untermauern.

Diese neuzeittypische individualistische Fundierung aller gesellschaftlichen und politischen Organisationsformen krempelt das traditionelle Verhältnis von Individuum und Gemeinschaft gründlich um. Zum einen schreibt sie dem Individuum *rechtfertigungstheoretische Absolutheit* zu, die verlangt, es dem Bereich des Besonderen zu entziehen und jenseits aller geschichtlich entwickelten und kulturell formierten Gemeinschaftlichkeit zu situieren. Nur als entweder naturalisiertes oder universalisiertes Individuum, nur als Bewohner einer vor-sozialen Natur oder einer gesellschaftsjenseitigen Vernunftallgemeinheit vermag es die Rolle zu übernehmen, die ihm eine Rechtfertigungstheorie zuweist, die alles Vertrauen in die Leistungskraft der traditionellen objektivistischen Legitimationsinstanzen verloren hat, gleichwohl aber an dem Allgemeingültigkeitsziel festhalten will. Als gerechtfertigt können gesellschaftliche und politische Institutionen daher nur gelten, wenn sie generellen Präferenzen der menschlichen Natur oder universellen normativen Bestimmungen menschlicher Persönlichkeit entsprechen. Zum anderen führt die individualistische Fundierung zur Auszeichnung des Legitimationstyps des *prozeduralen Konsentismus*. Da menschliche Individuen unterschiedliches normatives Gewicht nur im Rahmen vorgegebener normativ verbindlicher Ordnungen besitzen können, diese aber rechtfertigungstheoretisch nicht mehr in Betracht kommen, zählt ein Individuum so viel wie jedes andere, hat jedes Individuum also gleiches Recht, im Legitimationsdiskurs gehört zu werden. Die rechtfertigungstheoretische Absolutsetzung des Individuums führt also notwendig zum *Egalitarismus*; und dieser hinwiederum verlangt, die fällige Rechtfertigung *konsensgenerierenden Verfahren* zu übertragen. Das ruft den Vertrag auf den Plan, denn der Vertrag ist das konsensgenerierende Verfahren *kat' exochen*.

Der Vertrag des philosophischen Kontraktualismus lebt nicht aus sich selbst, ist nicht autark. Er ist verbindlichkeitstheoretisch abhängig, seine interne obligationstheoretische Struktur kann nur dann wirksam werden, wenn er sich in den externen obligationstheoretischen Rahmen seiner moralischen Gültigkeitsbedingungen einfügt. Wir stoßen auf diese moralischen Bedingungen vertraglicher Einigungen, wenn wir uns fragen, ob es sittliche Einwände gegen vertragliche Übereinkünfte geben kann und wie diese gegebenenfalls gerechtfertigt werden können. Es zeigt sich dann, dass wir überhaupt nicht bereit sind, das voluntaristische Motto *„volenti non fit iniuria“* ohne zusätzliche moralische Qualifikationen zu akzeptieren, dass wir bestimmte vertragsmoralische Überzeugungen haben, denen Verträge gerecht werden müssen, um die ihnen begrifflich innewohnende Normativität entfalten zu können. Da ist einmal die Bedingung der Freiwilligkeit. Es ist freilich nicht zu erwarten, dass eine genaue und für alle möglichen Zweifelsfälle kriteriell befriedigende Grenzziehung zwischen freiwilligen Zustimmungen und unfreiwilligen Zustimmungen möglich ist. Hier ist nur wichtig zu vermerken, dass die Vertragsmoral allgemeine Zumutbarkeitsbedingungen formuliert, die in der Verhandlungssituation – und das heißt im Theoriekontext des philosophischen Kontraktualismus: im Naturzustand – erfüllt sein müssen, damit die Zustimmung zum Vertrag auch als freiwillig geleistet bewertet werden kann, und deren Verletzung – beispielsweise durch Zwangsanwendung und Erpressung oder durch eine die persönliche Entscheidungsfreiheit drastisch einschränkende und somit eine Freiheits- und Machtasymmetrie zwischen den Vertragspartnern bewirkende Notlage – eine sittliche Ungültigkeitserklärung des Vertrages legitimieren. Da ist zum anderen die Bedingung einer hinreichend symmetrischen Ausgangsposition der Vertragspartner und eines fairen Austauschs der vertraglichen Leistungen. Beide Bedingungen sind Varianten des Reziprozitätsprinzips. In ihnen artikuliert sich gleicherweise die Überzeugung, dass ein sittlich gültiger Vertrag fundamentale Gerechtigkeitsauflagen zu erfüllen habe. Die Moralität des Vertrags prägt nicht nur die vertraglichen Einigungen in der Gesellschaft und die vertragsrechtlichen Entscheidungen ihrer Gerichte, sie bestimmt auch die Argumentation des philosophischen Kontraktualismus. Die politische Philosophie des Gesellschaftsvertrages muss beiden vertragsmoralischen Bedingungen gerecht werden. Nur ein Vertrag, der beide Bedingungen zusammen erfüllt, kann die ihm von der Theorie übertragene rechtfertigungstheoretische Rolle spielen.

Die Moralitätsdimension des Vertrages hat entscheidende Auswirkungen auf das Begründungsprogramm des philosophischen Kontraktualismus. Denn die Gerechtigkeits- und Fairnessregeln der Vertragsmoral, mit denen sich der Vertrag in Übereinstimmung bringen muss, um in rechtfertigungstheoretischen Kontexten als Erkenntniskriterium des Legitimen und Gerechten verwendet werden zu können, können nicht ihrerseits mit Hilfe des Vertragsmodells gerechtfertigt werden. Der Kontraktualismus ist nicht letztbegründungskompetent. Die Reichweite des kontraktualistischen Begründungsarguments ist prinzipiell begrenzt. Denn das, was vertragliche Einigungen zu sittlich zulässigen Einigungen macht, kann seinerseits nicht durch vertragliche Einigungen gewonnen werden. Der Vertrag ist also rechtfertigungstheoretisch sekundär. Als philosophische Rechtfertigungstheorie bedarf der philosophische Kontraktualismus stets fremder systematischer

Unterstützung, sei es durch eine Menschenrechtstheorie, die die Gleichheits- und Fairnessvoraussetzungen unmittelbar aus der These des menschenrechtlichen Egalitarismus gewinnt, sei es durch eine kohärenztheoretische Begründungsfigur, die die normativen Vertragsvoraussetzungen interpretativ aus den vorfindlichen moralischen Überzeugungen entwickelt.

a) Hobbes' Vertrag

Hobbes ist der Begründer des staatsphilosophischen Kontraktualismus. Die von ihm entwickelten Argumentationsmuster und Begriffsformen bilden den verbindlichen Rahmen, in dem bis in Kants Zeiten über Recht, Staat und Herrschaft reflektiert wurde. Und obwohl Rousseau's kontraktualistischer Demokratismus das genaue Gegenteil von Hobbes' kontraktualistischem Absolutismus zu sein scheint, wird sich zeigen, dass auch Rousseau in hohem Maße der Hobbes'schen politischen Philosophie verpflichtet ist. Der Hobbes'sche Vertrag ist ein Vertrag eines jeden mit einem jeden. Seine Gestalt korrespondiert genau der individualistischen Konfliktstruktur des Naturzustandes. So wie der Naturzustand ein Zustand des Krieges eines jeden gegen einen jeden war, muss auch der ihn beendende Vertrag ein Vertrag eines jeden mit einem jeden sein. Er ist Gesellschaftsvertrag und Staatsvertrag in einem. Die durch ihn herbeigeführte Errichtung des bürgerlichen Zustandes ist in derselben logischen Sekunde Errichtung einer Herrschaftsordnung und Herstellung einer Gesellschaft. Denn Vergesellschaftung und Herrschaftsetablierung sind unabhängig voneinander nicht denkbar: der Vertrag ist Grund der Vergesellschaftung der Individuen nur, insofern er auch zugleich Grund der Herrschaftserrichtung ist, und er besitzt diese herrschaftsbegründende Funktion nur als eine die Individuen assoziierende und wechselseitig bindende Rechtsfigur. Der vertragliche Zusammenschluss enthält das Modell der individualistischen, modernen, bürgerlichen Gesellschaft, deren Bestand durch den Leviathan garantiert werden soll.

Einzig das Recht eines jeden auf alles und alle erweist sich in der Analyse des Naturzustandes als eine Konfliktursache, die menschlicher Veränderung zugänglich ist: die menschliche Natur kann nicht verändert werden, auch das Regiment der Knappheit kann nicht abgeschüttelt werden, jedoch kann die unbegrenzte menschliche Handlungsfreiheit Regeln unterworfen werden. Der erste Schritt auf dem Weg aus dem Naturzustand muss also der wechselseitige Verzicht auf das *ius in omnia et omnes* sein. Allerdings wäre mit einem wechselseitigen Verzicht auf das *ius in omnia et omnes* allein noch nicht die erhoffte Verbesserung des Zustandes erreicht. Zusätzlich ist die Existenz eines Macht habenden Willens erforderlich, der den Freiheitsgebrauch der Individuen koordiniert und die divergierenden Willen der vielen in seinem Willen vereinigt. Wie aber kann die Handlung des wechselseitigen Rechtsverzichts Souveränität konstituieren, ein Herrschaftsrecht erzeugen, einen Willen hervorbringen, der alle in eine politische Einheit einbindet? Wie kann auf der Grundlage der wechselseitigen Selbstentwaffnung aller Naturzustandsbewohner ein mit Gewaltmonopol ausgestatteter allgemeiner Wille entstehen?

Hobbes' Antwort auf diese Frage nach dem Legitimationsgrund der staatlichen Autorität ist das kontraktualistische Autorisierungsargument des *Leviathan*:

„Der alleinige Weg zur Errichtung einer solchen allgemeinen Gewalt, die in der Lage ist, die Menschen vor dem Angriff Fremder und vor gegenseitigen Übergriffen zu schützen und ihnen dadurch eine solche Sicherheit zu verschaffen, dass sie sich durch eigenen Fleiß und von den Früchten der Erde ernähren und zufrieden leben können, liegt in der Übertragung ihrer gesamten Macht und Stärke auf einen Menschen oder eine Versammlung von Menschen, die ihre Einzelwillen durch Stimmenmehrheit auf einen Willen reduzieren können. Das heißt so viel wie einen Menschen oder eine Versammlung von Menschen bestimmen, die deren Person verkörpern sollen, und bedeutet, dass jedermann alles als eigen anerkennt, was derjenige, der auf diese Weise seine Person verkörpert, in Dingen des allgemeinen Friedens und der allgemeinen Sicherheit tun oder veranlassen wird, und sich selbst als Autor alles dessen bekennt und dabei den eigenen Willen und das eigene Urteil seinem Willen und Urteil unterwirft. Dies ist mehr als Zustimmung oder Übereinstimmung: Es ist eine wirkliche Einheit aller in ein und derselben Person, die durch Vertrag eines jeden mit jedem zustande kam, als hätte jeder zu jedem gesagt: Ich autorisiere diesen Menschen oder diese Versammlung von Menschen und übertrage ihnen mein Recht, mich zu regieren, unter der Bedingung, dass du ihnen ebenso dein Recht überträgst und alle ihre Handlungen autorisierst. Ist dies geschehen, so nennt man diese zu einer Person vereinte Menge Staat, auf Lateinisch civitas. Dies ist die Erzeugung jenes großen Leviathan oder besser, um es ehrerbietiger auszudrücken, jenes sterblichen Gottes, dem wir unter dem unsterblichen Gott unseren Frieden und Schutz verdanken. Denn durch diese ihm von jedem Einzelnen im Staate verliehene Autorität steht ihm so viel Macht und Stärke zur Verfügung, die auf ihn übertragen worden sind, dass er durch den dadurch erzeugten Schrecken in die Lage versetzt wird, den Willen aller auf den innerstaatlichen Frieden und auf gegenseitige Hilfe gegen auswärtige Feinde hinzulenken. Hierin liegt das Wesen des Staates, der, um eine Definition zu geben, eine Person ist, bei der sich jeder Einzelne einer großen Menge durch gegenseitigen Vertrag eines jeden mit jedem zum Autor ihrer Handlungen gemacht hat, zu dem Zweck, dass sie die Stärke und Hilfsmittel aller so, wie sie es für zweckmäßig hält, für den Frieden und die gemeinsame Verteidigung einsetzt."[30]

Durch die vertraglichen Akte der Übertragung des Rechts auf Selbstregierung wird die Menge zu einer politischen Einheit, die durch den Souverän verkörpert wird; oder genauer: durch diese Akte der Rechtsübertragung und Autorisierung wird die Menge zu einem politischen Körper, der durch den Souverän beseelt wird. Hobbes hat die Souveränität ja selbst in der berühmten Einleitungs-Passage des *Leviathan* als „künstliche Seele" bezeichnet, „die dem ganzen Körper Leben und Bewegung gibt"[31]. Der Autorisierungsakt ist das Fiat der politischen Welt, die Beseelung des politischen Körpers. Der Wille des Souveräns regiert und bewegt den politischen Körper so, wie die Menschen im Naturzustand unter Wahrnehmung ihres Rechts auf Selbstregierung ihren Körper regiert und zu Handlungen bestimmt haben. Und jeder aus der Menge der Vertragsschließenden hat sich durch den Autorisierungsakt zum moralisch-rechtlichen Autor der Handlungen des Souveräns gemacht. Eine Menge kann nur zu einer politischen Einheit werden, wenn eine wirkliche Willensvereinigung stattfindet. Eine wirkliche Willensvereinigung kann aber nur stattfinden, wenn entweder alle Individuen dasselbe wollen oder wenn sie das, was einer will, als von ihnen selbst gewollt anerkennen. Hobbes' Konzept der politischen Einheit beruht auf der zweiten Möglichkeit. Durch die Autorisierung macht sich jedes Element der Menge zum Autor der Handlung des Souveräns; sie schafft so die Grundlage für ein absorptiv-identitäres Repräsentationsverhältnis: *Rex est populus*. Rousseau hingegen wird bei seiner Konzeption der politischen Einheit auf die erste Möglichkeit zurückgreifen. Die Vorstellung einer fiktiven Anwesenheit der Willen der Einzelnen im aktuell herrschenden Willen des Souveräns weist er zurück. Hobbes' staatsphilosophische Identitätskonstruktion ist in seinen Augen freiheitswidrig und widerrechtlich. Freiheit ist nur denkbar als erlebte unabhängige Betätigung des Eigenwillens. Daher sind alle Identitätsfiktionen und förmlichen Repräsentationsverhältnisse illegitim. Daher bedarf es der unmittelbaren Anwesenheit aller bei der Konstitution der Souveränität und der Wahrnehmung ihrer Rechte. Rousseau muss darum das Hobbes'sche Motto umkehren. Die Quintessenz seines staatsphilosophischen Kontraktualismus lautet: *Populus est rex*.

Hobbes' Vertrag ist ein Herrschaftsbegründungsvertrag, kein Herrschaftsbegrenzungsvertrag. Der Verzicht auf das Recht auf alles, die Aufgabe der natürlichen Freiheit und die Autorisierung und Übertragung des Rechts auf Selbstregierung sind allesamt vorbehaltlose Entäußerungen, die keinerlei Freiheit und keinerlei Recht auf Seiten der Vertragsparteien zurückbehalten. Dieses Vertragskonzept steht in der Geschichte des Kontraktualismus einzig da. In der Zeit nach Hobbes ist der Vertrag immer auch zu Zwecken der Herrschaftsqualifizierung verwandt worden. Der Locke'sche Vertrag etwa wird auf der Grundlage unveräußerlicher individueller Grundrechte geschlossen und überträgt dem Souverän nur die Befugnis, für den Schutz dieser seiner Disposition gänzlich entzogenen Grundrechte zu sorgen. Bei Locke errichtet der Vertrag also explizit die individuellen Grundrechte als Herrschaftsgrenze. Bei Kant wird dann die Struktur des Vertrages sogar selbst zu einer herrschaftseingrenzenden Verfassung. Hobbes' Vertragsstaat besitzt jedoch absolute Macht; er ist weder durch liberale Grundrechte noch durch Menschenrechte, weder durch eine vernunftrechtliche noch durch eine naturrechtliche Verfassung in seiner Herrschaftsbefugnis eingegrenzt. Hobbes' politische Philosophie bietet das merkwürdig-paradoxe Bild einer radikalindividualistischen Begründung absoluter Macht, einer Legitimierung des Staatsabsolutismus aus dem rückhaltlosen Selbstbindungswillen der Individuen.

b) Lockes Vertrag

Anders als bei Hobbes sind die nach dem Staat rufenden Naturzustandskonflikte bei Locke Rechtskonflikte, in denen sich die Verwirklichungsschwierigkeiten der unveräußerlichen Grundrechte in einem institutionell ungefestigten Zustand spiegeln. Die Durchsetzung des natürlichen Gesetzes und der in ihm gründenden Individualrechte verlangt wie die Durchsetzung positiven Rechts dreierlei: erstens eine Interpretation und rechtliche Bestimmung des natürlichen Gesetzes, die als Urteils- und Begründungsgrundlage dient; zweitens die richterliche Anwendung dieser Urteilsgrundlage auf den besonderen Fall und die Bestimmung der Strafe, der Strafart, Entschädigung oder Kriminalstrafe, und des Strafmaßes; drittens die Vollstreckung dieses Strafurteils. Im Naturzustand werden diese drei Durchsetzungsfunktionen in private Hände gelegt; jeder hat gleichermaßen das Recht, immer und zu jeder Zeit, unabgestimmt mit anderen und auf eigene Faust diese drei unerlässlichen und von der Sache her notwendigen Durchsetzungsfunktionen wahrzunehmen. Diese distributiv-allgemeine Verwirklichungsstrategie des natürlichen Gesetzes hingegen scheitert: die Defizienz des Naturzustandes lässt sich geradezu als Resultat der distributiv-allgemeinen Verwirklichungsstrategie des natürlichen Gesetzes beschreiben. Um die Defizienz des Naturzustandes aufzuheben, muss die distributiv-allgemeine Verwirklichungsstrategie durch eine kollektiv-allgemeine Verwirklichungsstrategie ersetzt werden, durch eine Strategie also, in der die alle betreffende und für alle gültige Verwirklichung des natürlichen Gesetzes nicht mehr von jedem Einzelnen, sondern von allen gemeinsam wahrgenommen wird. Dies geschieht dadurch, dass sich die Menschen durch ein Netz wechselseitiger Verträge zu einer bürgerlichen Gesellschaft vereinigen. Durch diesen Vertragsschluss entsteht eine politische Einheit, die als neues Rechtssubjekt auftritt. Das Recht dieses politischen Subjekts ist nicht ein originäres Recht, sondern ein abgeleitetes

Recht, es ist das der Gemeinschaft von jedem Einzelnen zwecks effektiver Wahrnehmung übertragene Recht auf Naturrechtsdurchsetzung und Grundrechtsschutz.

„Da aber keine politische Gesellschaft bestehen kann, ohne dass es in ihr eine Gewalt gibt, das Eigentum zu schützen und zu diesem Zweck die Übertretungen aller, die dieser Gesellschaft angehören, zu bestrafen, so gibt es nur dort eine politische Gesellschaft, wo jedes einzelne ihrer Mitglieder seine natürliche Gewalt aufgegeben und zugunsten der Gemeinschaft in all denjenigen Fällen auf sie verzichtet hat, die ihn nicht davon ausschließen, das von ihr geschaffene Gesetz zu seinem Schutz anzurufen. Auf diese Weise wird das persönliche Strafgericht der einzelnen Mitglieder beseitigt, und die Gemeinschaft wird nach festen, stehenden Regeln zum unparteiischen und einzigen Schiedsrichter für alle. Durch Männer, denen von der Gemeinschaft die Autorität verliehen wurde, jene Regeln zu vollziehen, entscheidet sie alle Rechtsfragen, die unter den Mitgliedern dieser Gesellschaft auftreten können, und bestraft jene Vergehen, die von irgendeinem Mitglied gegen die Gesellschaft begangen werden, mit den vom Gesetz vorgesehenen Strafen. Daran kann man leicht beurteilen, welche Menschen in einer politischen Gesellschaft zusammenleben und welche nicht. Diejenigen, die zu einem einzigen Körper vereinigt sind, eine allgemeine feststehende Gesetzung und ein Gerichtswesen haben, das sie anrufen können und das genügend Autorität besitzt, die Streitigkeiten unter ihnen zu entscheiden und Verbrecher zu bestrafen, bilden zusammen eine bürgerliche Gesellschaft."[32]

Die Defizite des Naturzustandes – keine autoritative Auslegung und gesetzliche Fortbestimmung des natürlichen Gesetzes, keine unparteiliche, allgemein zuständige richterliche Autorität, keine zentrale und unwiderstehliche Macht zur Durchsetzung der Gesetze und der Gerichtsurteile – enthalten *e contrario* die Funktionsbeschreibung des Locke'schen Staates. Die politische Herrschaft dient der Durchsetzung des natürlichen Gesetzes, der Sicherung und Verwirklichung der vorstaatlichen, individualrechtlich konstituierten gesellschaftlichen Ordnung freier und gleicher Individuen. Der Staat ist für Locke wesentlich organisierte Grundrechtspflege, er ist das geordnete und zweckdienliche Zusammenspiel der Institutionen der Legislative, der Jurisdiktion und der Exekutive; in ihm wird durch eine öffentliche Gesetzgebung, in der die natürliche Rechtsordnung der individuellen Grundrechte der Freiheit, Gleichheit und des Eigentums positiviert, konkretisiert und rechtlich bestimmt wird, festgelegt, was im Allgemeinen, und durch öffentliche Justiz entschieden, was im besonderen, strittigen Fall rechtens ist und wo die Entscheidungen beider, die politischen Gesetze und die richterlichen Urteile mit unangefochtener Wirksamkeit durchgesetzt werden.

Lockes Vertrag hat eine zugleich herrschaftslegitimierende und herrschaftslimitierende Funktion. Er begründet die politische Gewalt der bürgerlichen Gesellschaft und gibt damit der in ihrem Namen ausgeübten

Herrschaft von Menschen über Menschen eine konsentische Grundlage; ohne offen erteilte oder stillschweigend gegebene Zustimmung kann von Menschen keine Herrschaft über Menschen ausgeübt werden, muss politische Herrschaft als Missachtung des individuellen Freiheits- und Selbstbestimmungsrechts angesehen werden und mit legitimem Widerstand seitens der Individuen rechnen. Zugleich schränkt der Vertrag die Herrschaftsausübung auf die Freiheitsbereiche ein, auf welche die Individuen ausdrücklich im Vertrag Verzicht leisten, und richtet sie an solchen Zwecken aus, um deren effektiver Durchsetzung willen die vertragliche Vereinigung überhaupt erfolgt ist. Damit sind die nicht vertraglich überantworteten Rechte dem staatlichen Zugriff entzogen. Der Vertrag bindet die politische Herrschaft, die funktionsgerechte Wahrnehmung der politischen Gewalt, an die Bedingungen der Entstehung des *body politic,* macht den fundamentalen Vereinigungszweck, Rechtssicherung, Eigentumsschutz, Erhaltung der politischen Gemeinschaft, als legitimationsentscheidende Herrschaftsgrenze geltend. Durch ihn wird die staatliche Tätigkeit auf die rechtsbestimmende Konkretisierung und institutionell-organisatorische Sicherung der natürlichen Rechtsform der Naturzustandsgesellschaft festgelegt. Das, was man Staat nennt, ist die von der Naturzustandsgesellschaft gesuchte wirksame und für alle nützliche Kompensation ihrer Stabilitätsmängel. Damit zeigen sich im ursprünglichen Vertrag Lockes die Grundzüge des bürgerlichen Liberalismus, der Grundrechts- und Privatrechtsschutz verlangt.

c) Rousseaus Kritik der kontraktualistischen Überlieferung

Mit dem Argument von der notwendigen legitimationstheoretischen Bedingung schließt sich Rousseau dem neuzeitlichen staatsphilosophischen Kontraktualismus an. Mit dem Argument von der hinreichenden legitimationstheoretischen Bedingung freilich distanziert er sich von allen seinen kontraktualistischen Vorgängern. Keine der bislang entwickelten Kontraktualismusversionen erfüllt in seinen Augen das hinreichende legitimationstheoretische Kriterium. Die Naturrechtsjuristen Grotius und Pufendorf, die dem Gesellschaftsvertrag noch einen Herrschaftsvertrag folgen lassen, aber auch die Staatsphilosophen Hobbes und Locke, die nur einen einzigen Vertrag ins Zentrum ihrer Argumentation stellen, haben ihren unterschiedlichen Vertragskonzepten gleichermaßen moralisch unzulässige Vereinbarungen zugrunde gelegt. Weder die Doppelvertragslehre noch der kontraktualistische Absolutismus und der kontraktualistische Liberalismus haben das staatsphilosophische Fundamentalproblem rechtmäßiger Herrschaft gelöst. Grotius und Pufendorf, Hobbes und Locke haben die falschen Verträge geschlossen. Natürlich sind die Kontraktualismusversionen, die Rousseau hier über einen Kamm schert, höchst unterschiedlich. Die

Verträge von Hobbes und Locke sind philosophisch viel raffinierter als die schwerfälligen Mehrvertragskonstruktionen der Naturrechtsjuristen. Aber diese Differenzen fallen für Rousseau nicht ins Gewicht. Ob Hobbes oder Pufendorf, am Ende des Vertrages steht übermächtige, Freiheit verschlingende Herrschaft, am Ende des Vertrages steht das paradoxe Resultat einer rechtlichen Selbstvernichtung der Individuen.

„Auf seine Freiheit verzichten heißt, auf sein Menschsein, auf seine Menschenrechte verzichten [...] Für den, der auf alles verzichtet, ist keine Entschädigung möglich. Ein solcher Verzicht ist mit der Natur des Menschen unvereinbar. Wer seinem Willen alle Freiheit nimmt, nimmt seinen Handlungen jede Moralität. Darüber hinaus wäre es ein nichtiger und widersprüchlicher Vertrag, auf der einen Seite absolute Herrschaft und auf der anderen unbegrenzten Gehorsam zu vereinbaren. Ist es nicht klar, dass man demjenigen nichts schuldig ist, von dem alles zu fordern man das Recht hat, und dass diese Bedingung allein, ohne Wechselseitigkeit und ohne Tausch, die Nichtigkeit des ganzen Vorgangs nach sich zieht? [...] Die Wörter: Sklaverei und Recht widersprechen sich; sie schließen sich gegenseitig aus. Zwischen Mensch und Mensch oder zwischen einem Menschen und einem Volk ist folgende Absprache ohne Sinn: ‚Ich schließe mit dir einen Vertrag, der ganz zu deinen Lasten und ganz zu meinem Nutzen geht; ich halte ihn, solange es mir gefällt, und du musst ihn einhalten, solange es mir passt.'" (I.4; 356, 358; 67, 71)

Der Absolutismus ist die politische Version der Sklaverei und widerspricht wie diese dem elementaren Menschenrecht der Freiheit. Seine kontraktualistische Begründung ist kein Ausweg, da ein Vertrag, der auf die Abschaffung seiner eigenen rechtlichen Voraussetzungen zielt, aus logischen und sittlichen Gründen gleichermaßen ungültig ist. In Roussaus Augen ist der traditionelle Kontraktualismus eine Perversion des Rechts. Rousseau wirft seinen kontraktualistischen Vorgängern vor, die emanzipatorische Intention des Vertragsgedankens verkehrt und seine freiheitlichen Grundlagen zerstört zu haben. Eine kontraktualistische Begründung absoluter staatlicher oder fürstlicher Herrschaft ist ein hölzernes Eisen. Nur dann kann ein Vertrag legitimationstheoretisch überzeugen, wenn er seine normativen Ausgangsbestimmungen bewahrt und festigt, wenn er als Kontinuierung und Ermächtigung der Freiheit wirksam wird. Freiheit kann nicht die Freiheit zur Selbstabschaffung umfassen und die Rechtsform des Vertrages nicht zur rechtlichen Erzeugung absoluter Rechtlosigkeit dienen; ein Selbstversklavungsvertrag ist ein rechtliches Unding. Die Unterwerfungsverträge von Grotius und Pufendorf, in denen sich die Gesellschaft vorbehaltlos dem herrscherlichen Willen ausliefert, aber auch der Staatsvertrag von Hobbes, mit dem die Menschen einen absoluten Herren erzeugen, der alle Gewalt über sie hat, kommen jedoch in Rousseaus Augen einem Selbstversklavungsvertrag gleich. Sie sind darum in hohem Maße rechts- und freiheitswidrig.

Der kontraktualistische Absolutismus ist legitimationstheoretisch gescheitert. Wie Rousseau überdies – und diesmal in völliger Übereinstimmung mit John Locke[33] – hervorhebt, ist der kontraktualistische Absolutismus aber auch durch und durch irrational und keine ernsthafte Option kluger, auf Befriedigung ihrer Interessen bedachter Individuen: Welcher Mensch, der bei Sinnen ist, würde sich zu einer rechtlichen Selbstauslöschung bereitfinden und seine Freiheit ohne gesicherte Gegenleistung einfach wegschenken? Ein sich „umsonst (gratuitement)“ weggebendes Volk ist zweifellos ein „Volk von Wahnsinnigen; aber Wahnsinn schafft kein Recht“ (I.4; 356; 67). Diese Überlegung ist keineswegs abwegig, denn eine Rationalitätsprüfung des Vertrages ist alles andere als systemfremd. Verträge sind soziale Instrumente, deren sich die Vertragsbeteiligten zum Zwecke der Verbesserung ihrer Nutzenposition bedienen. Wie die Benutzung aller Instrumente steht auch die Verwendung von Verträgen unter Rationalitätsbedingungen, die sich teils auf den allgemeinen Kontext vertraglicher Praxis, teils auf die besonderen Eigenschaften des in Rede stehenden Vertrages beziehen und die teils formaler, teils inhaltlicher Natur sind. Eine Person wird dann einen Vertrag schließen, wenn die erwünschte Verbesserung der eigenen Lage auf eigene Faust nicht zu erreichen ist und man sich der Kooperation anderer versichern muss.

Rousseau zweifelt also sowohl die Moralität als auch die Rationalität der Vertragsversionen seiner kontraktualistischen Vorläufer an. Ist diese Kritik im Fall des direkt-kontraktualistischen Hobbes'schen oder des indirekt-kontraktualistischen Pufendorf'schen Absolutismus mühelos nachvollziehbar, so überrascht es doch, dass auch Locke in Rousseaus Kritik einbezogen wird. Der Grund ist Rousseaus anders gelagertes, die Grenzen des Liberalismus überschreitendes Freiheitsverständnis. Zwar errichtet Lockes Vertrag im Vorgriff auf die Menschenrechtskataloge des 18. Jahrhunderts mit der individualrechtlichen Trinität von *„life, liberty, and estate“* eine eindrucksvolle Herrschaftsschranke, doch bleibt das Individuum an der von der vertragserzeugten Konstitutionsgewalt auf ‘trust’-Basis eingesetzten Herrschaft unbeteiligt und gerät damit in den Augen Rousseaus unter Fremdbestimmung und in politische Abhängigkeit. Locke ging es ja nicht darum, aus der individuellen Autonomie aktiv-volkssouveränitäre Konsequenzen zu ziehen, sondern in den auslaufenden Verfassungskämpfen des 17. Jahrhunderts der parlamentarischen Legislative mit kontraktualistischen Mitteln den Vorrang vor der königlichen Gewalt zu sichern. Während die Argumente gegen den Subjektionsvertrag der Pufendorfianer und den kontraktualistischen Absolutismus Hobbes' teils auf einer begriffsanalytisch entwickelten immanenten Widerlegung, teils auf einem *common-sense*-Verständnis von Freiheitsrecht beruhen, macht die Zurückweisung Lockes von der für Rousseau charakteristischen Radikalisierung des Freiheitskonzepts Gebrauch, die den Postulaten der Bewahrung der Rechtspersönlichkeit und Handlungsfreiheit das den Horizont des *Common sense* beträchtlich übersteigende Postulat politischer Autonomie und Selbstherrschaft hinzufügt.

3. Das Freiheitsrecht und das staatsphilosophische „problème fondamental"

Aber nicht der Unterwerfungsvertrag, sondern der Gesellschaftsvertrag ist in Rousseaus Augen der rechtsphilosophische Schwachpunkt der „Verfechter des Despotismus" (I.5; 359; 71). Denn auch wenn man annähme, dass alle bislang vorgebrachte und sich an der Selbstversklavung entzündende Kritik gegenstandslos wäre, sei, so versichert er, der Absolutismus doch keinen Schritt weitergekommen. Denn bislang habe er noch nicht richtig erläutert, wie das, was er immer in Anspruch nimmt, überhaupt möglich ist, wie das Volk, das sich einem Herrn unterwirft, überhaupt zu einem Volk geworden ist. Und nur dann kann eine Menge ein Volk werden, wenn sich Individuen gesellschaftlich vereinen, wenn eine Allgemeinheit entsteht, wenn nicht nur ein Gewirr von Einzelinteressen herrscht, sondern ein Allgemeininteresse besteht, das nach gemeinwohldienlichen Einstellungen und Verhaltensweisen verlangt. Schon darum bedarf es einer Ur-Vereinigung, einer allerersten Übereinkunft, damit zumindest sichergestellt werden kann, dass alle weiteren Entscheidungen dem Mehrheitsprinzips folgen dürfen. Denn nur dann kann das Mehrheitsprinzip Verbindlichkeit beanspruchen, wenn es selbst einstimmig angenommen worden ist.

Rousseau hat mit dieser Überlegung sein Gesellschaftsvertragsthema erreicht. Historisch gesehen ist sein Einwand jedoch wenig triftig. Weder den Doppelvertragstheoretikern noch Hobbes oder Locke kann er den Vorwurf machen, das Problem der politischen Vereinigung, der Konstitution des Volkes als einer rechtlichen Einheit vernachlässigt zu haben. Locke hat seinen Vertrag ausschließlich als Konstitutionsakt eines souveränen politischen Körpers verstanden. Hobbes hat der Frage der Herausbildung einer politischen Einheit allergrößte Aufmerksamkeit gewidmet. Er war nur davon überzeugt, dass ohne Etablierung einer unwiderstehlichen Herrschaft keine Einheit erreicht werden kann; daher fließen bei ihm Gesellschaftsvertrag und Herrschaftsvertrag zusammen. Und die Naturrechtsjuristen müssen sich erst recht nicht durch Rousseaus Kritik getroffen fühlen, haben sie doch die Verwandlung einer Menge von Individuen in ein mit Rechtssubjektivität ausgestattetes Volk ausdrücklich zum Gegenstand eines separaten, dem Unterwerfungsvertrag vorgelagerten Vereinigungsvertrags gemacht. Aber Rousseau kann diese unterschiedlichen Gestalten der kontraktualistischen Vereinigung ebenso wenig billigen wie den Gedanken einer Unterwerfung des Volkes unter die absolute Herrschaft eines Fürsten. Denn all diese kontraktualistischen Vereinigungsformen sind ja mit den unterschiedlichsten Herrschaftsformen vereinbar, während Rousseau davon überzeugt ist, dass nur dann eine vertragliche Vereinigung ein Volk entstehen lässt, wenn diese vertragliche Vereinigung den Weg einer rechtlich-politischen Selbstkonstitution des Volkes beschreitet. Dieser Akt, durch den das Volk sich zu einem Volk macht, durch den das Volk selbstmächtig ins Sein tritt, ist aber an die Voraussetzung politischer Autonomie gebunden. Das Volk ist nur, insofern es sich immer wieder im Medium gemeinwohlorientierter Gesetzgebung neu konstituiert. Es lebt im herrschaftlichen Handeln. Daher gehören vertragliche Selbstkonstitution, Volkssouveränität und politische Autonomie unauflöslich zusammen. Daher haben alle Kontraktualisten, die der Volkssouveränität und politischen Autonomie nicht den Status des rechtlich Unabdingbaren einräumen, auch kein angemessenes Verständnis von der vertraglichen Selbstkonstitution, keine zutreffende Vorstellung vom Ziel, vom Aufbau und den Konsequenzen des Gesellschaftsvertrags.

Im systematischen Zentrum der Rousseau'schen Kritik an den zeitgenössischen Kontraktualismusversionen steht eine bestimmte Freiheitskonzeption, die die Freiheit zur Wesensbestimmung des Menschen erklärt. Nicht die Vernunft scheidet den Menschen vom Tier, sondern die Fähigkeit, frei zu handeln (qualité d'agent libre)[34], hebt ihn aus allen Lebenwesen heraus. Frei handelt man aber nur dann, wenn man seinem eigenen Willen folgt, wenn man keinem fremden Willen unterworfen ist, wenn man stets, das ganze Leben über, in jeder Situation sein eigener Herr ist. Politische Herrschaft kann nur dann legitim sein, wenn sie mit dieser moralischen und metaphysischen Qualität des Menschen in Übereinstimmung steht, wenn sie seiner Freiheitsbestimmung gerecht wird und das Rätsel löst, politische Herrschaft als Selbstherrschaft zu organisieren. Die Freiheit wird damit in den Rang eines absoluten rechtfertigungstheoretischen Kriteriums erhoben. Verträge, die nicht Freiheit zum Inhalt haben, die nicht Freiheitssicherungsverträge sind, sind illegitim. Die Freiheit macht den Menschen zum Menschen; kommt sie ihm durch äußere Gewalt oder durch freiwilligen Verzicht abhanden, dann verliert er die ihn definierende, ihn von den Dingen und dem gesamten Rest der Welt unterscheidende Qualität, dann verdinglicht er, dann geht er aller normativen, aber auch aller metaphysischen Prädikate verlustig. Freiheit meint Unabhängigkeit von fremder Willensbestimmung, verlangt Gleichheit und damit Gesetz und Recht, verträgt nicht die Asymmetrie von Herr und Knecht, weist jede persönliche Herrschaft ab. Für den internen Egalitarismus des Rousseau'schen Freiheitskonzepts ist charakteristisch, dass in einem Herr-Knecht-

Verhältnis beide unfrei sind; die größere Handlungsmächtigkeit auf Seiten des Herren bedeutet für Rousseau also keine größere Freiheit; Freiheit ist keine Funktion der Macht wie bei Machiavelli und Thomas Hobbes. An die Stelle des „Freiheitsbegriffs des heroischen Individuums“[35] tritt der Freiheitsbegriff des demokratischen Individuums, das nicht größere Macht, sondern nur gleiche Macht haben will. Und eine Vorbedingung gleicher Freiheitsmacht ist die Herrschaft von allgemeinen Gesetzen.

> „Freiheit besteht weniger darin, seinem Willen zu folgen, als vielmehr darin, dem anderer nicht unterworfen zu sein. Sie besteht außerdem darin, den Willen anderer nicht dem unsrigen zu unterwerfen [...] Ich kenne keinen wahrhaft freien Willen als den, welchem niemand das Recht hat zu widerstehen. In der allgemeinen Freiheit hat keiner das Recht, das zu tun, was die Freiheit eines anderen ihm verbietet, und die wahre Freiheit zerstört niemals sich selbst. Die Freiheit ohne Gerechtigkeit ist also ein wahrer Widerspruch, denn man fange es an, wie man will, die Ausführung eines ordnungslosen Willens behindert alles. Es gibt also keine Freiheit ohne Gesetze, und auch dort gibt es keine, wo jemand über den Gesetzen ist.“[36]

Freiheit verlangt nach Gesetzen. Gesetze sind Freiheitsbedingungen. Gesetze können jedoch nur auf der Grundlage einer staatlichen Herrschaftsordnung wirksam werden. Freiheit verlangt den Schutz der Institutionen. Das ist eine institutionalistische Binsenweisheit, die im Zentrum jeder kontraktualistischen Konzeption steht. Der Staatsbeweis ist ja nichts anderes als der Beweis der Notwendigkeit einer allgemeinen Gesetzgebung und der Einrichtung friedenssichernder und freiheitsfestigender Institutionen. Freilich geht Rousseau über diese liberale Selbstverständlichkeit weit hinaus. Kein politischer Philosoph hat einen anspruchsvolleren Freiheitsbegriff als Rousseau, keiner hat der politischen Welt darum auch mit der Aufgabe der Freiheitsbewahrung eine drückendere Hypothek aufgebürdet. Aber es wäre völlig verfehlt, der politischen Philosophie Rousseaus deswegen einen antiinstitutionalistischen Affekt, ein Liebäugeln mit anarchischen Verhältnissen zuzuschreiben. Fraglos kultiviert das Rousseau'sche Freiheitskonzept ein beträchtliches Misstrauen gegenüber den bekannten Herrschaftsorganisationen; sie alle können den demokratischen Lackmustest der freiheitsbewahrenden Selbstherrschaft nicht bestehen. Aber dieses Misstrauen gilt nicht der Herrschaft überhaupt. Rousseau ist kein Freiheitsromantiker, der die Gewalt der Strukturen verteufelt und von den spontanen Harmonisierungsleistungen einer unstrukturierten Menschheitsgesellschaft träumt. Rousseau ist kein früher Anhänger der These vom Absterben des Staates, von der Menschenunwürdigkeit staatlich befestigter Lebensverhältnisse. Es ist weitaus verständnisförderlicher, Rousseau als einen absolutistischen Zwillingsbruder von Thomas Hobbes zu betrachten. Rousseau hat die Voraussetzungen des normativen Individualismus gewiss herrschaftsrechtlich, staatsrechtlich am weitesten ausgereizt, doch gleichwohl bleibt er dem herrschaftsorganisatorischen und souveränitätstheoretischen Paradigma der neuzeitlichen Staatsphilosophie ohne alle Abstriche verpflichtet. Seiner eigentümlichen vertragsbegründeten Republik liegt dieselbe Grammatik der Herrschaft zugrunde, die auch die absolutistische Anatomie des Leviathan bestimmt: ein absoluter, durch keinerlei vorgegebene Normen naturrechtlicher oder verfassungsrechtlicher Art eingeschränkter Souverän unterwirft alle seinem allgemeinen, gesetzgebenden Willen. Auch der Rousseau'sche Gesellschaftsvertrag entfaltet als Prozedur politischer Einigung ein absolutistisches Souveränitätsschema. Allerdings liefert er eine andere Auslegung dieses Schemas; er buchstabiert den Absolutismus demokratisch: *populus est rex*. Der Wille des Einen wird ersetzt durch den Willen Aller; an die Stelle der einsamen Entscheidung treten die Äußerungen des allgemeinen Willens.

Rousseau ist beileibe nicht der einzige neuzeitliche Philosoph, der dem Freiheitsrecht zentrale Bedeutung einräumt. Auch Lockes Liberalismus dreht sich um das individuelle Grundrecht der Freiheit, und das Vernunftrecht Kants ist ausschließlich ein Freiheitsrecht.[37] Beide verstehen den Staat darum auch als Schutz und Verwirklichung des individuellen Freiheitsrechts. Jedoch verlangt das Freiheitsrecht der Menschen in der Rousseau'schen Philosophie mehr als eine rechtsstaatliche Ordnung, die Grundrechtsschutz betreibt oder durch allgemeine, zwangsbewehrte Gesetze die Verträglichkeit der individuellen Freiheitssphären garantiert. Mit der politischen Implikation der Rechtsstaatlichkeit ist sein Bedeutungsgehalt nicht ausgeschöpft. Denn Menschen haben nach Rousseau nicht nur das Recht auf gleiche Freiheit, auf ein Leben unter allgemeinen Gesetzen. Sie haben zudem das Recht auf Autonomie und Selbstherrschaft. Während Locke und Kant sich mit der Sicherung der äußeren Freiheit, der Handlungsfreiheit der Individuen durch Gesetze und Institutionen zufrieden geben, muss Rousseau fordern, dass sich in den Gesetzen selbst das Freiheitsrecht ausdrückt. *Die Gesetze dürften nicht nur als externe Ermöglichungsbedingungen der Freiheit verstanden werden, sie müssen in einem internen Verhältnis zur Freiheit stehen, sie müssen in ihrer Freiheitsermöglichungsfunktion selbst Ausdruck der Freiheit sein.*

Schon hier wird deutlich, dass die Grundstruktur des Rousseaus'schen Kontraktualismus nicht durch die liberale freiheitsrechtliche Grammatik gebildet werden kann, dass selbst der neuzeittypische normative Individualismus bei Rousseau eine beträchtliche Modifikation erfahren muss. Denn die enge Verbindung, die die Rousseau'sche Legitimationstheorie zwischen menschlicher Wesensbestimmung und gesetzlichem Freiheitsausdruck knüpft, macht die politische Autonomie, die faktische Mitgesetzgeberschaft der Individuen zum zentralen Betätigungsfeld authentischer Freiheit. Der Mensch kann sich seiner freiheitlichen Wesensbestimmung nur als gesetzgeberisch tätiger Mitbürger sicher sein. „Wir beginnen erst eigentlich Menschen zu werden, nachdem wir Bürger geworden sind (nous ne commençons proprement à devenir hommes qu'après avoir été Citoyens).“[38] Politische Autonomie wird dadurch zur Überlebens- und Entfaltungsvoraussetzung menschlicher Freiheit und Moralität. Das ist emphatischer Aristotelismus: *ánthropos zóon politikón physei estín*. Ein Recht auf Privatheit hat im Rousseau'schen Freiheitsverständnis keinen Platz.

Unter diesen Voraussetzungen erhöhen sich die legitimatorischen Anforderungen an eine politische Ordnung beträchtlich, ist doch nichts Geringeres verlangt als einen absoluten, von allen normativen Einschränkungen freigestellten allgemein gesetzgebenden Willen zu konstituieren, ohne das unveräußerliche, wesentliche Selbstherrschaftsrecht der Individuen zu demontieren. Wie aber kann diese Forderung erfüllt werden? Wie ist der Fremdherrschaft abweisende Charakter des Freiheitsrechts mit der Notwendigkeit einer Herrschaftsordnung zu vereinbaren? Wie ist die Errichtung einer Herrschaft denkbar, durch die ein solches Recht auf materiale Selbstbestimmung unangetastet bleibt, in der Gehorsam mit Freiheit im Einklang steht? Rousseau hat diese staatsphilosophische Aufgabenstellung folgendermaßen formuliert: „Es ist eine Gesellschaftsform zu finden, die mit der gesamten gemeinschaftlichen Macht die Person und den Besitz eines jeden Gemeinschaftsmitglieds verteidigt und beschützt, und durch die gleichwohl jeder, indem er sich mit allen vereinigt, nur sich selbst gehorcht und ebenso frei bleibt wie zuvor“ (I.6; 360; 73).

Kein Vertragstheoretiker hat über den Naturzustand weniger Worte verloren als der Autor des *Contrat social*. Rückte er in der geschichtsphilosophischen Abhandlung des Ungleichheitsdiskurses als gesellschaftskritische Sittlichkeitsidylle in den Mittelpunkt der Darstellung, so begnügt sich Rousseau jetzt mit zwei, drei Sätzen, in denen das Problemprofil des hypothetischen Naturzustandes knapp und ohne alle Kriegszustandsdramatik skizziert wird.

> „Ich nehme an, dass die Menschen an jenem Punkt angelangt sind, wo die Hindernisse, die dem Verharren im Naturzustand entgegenstehen, jene Kräfte übersteigen, die der Einzelne aufbieten muss, um in diesem Zustand zu bleiben. Dann kann dieser ursprüngliche Zustand nicht mehr fortdauern. Das Menschengeschlecht würde zugrunde gehen, wenn es seine Daseins- und Lebensweise (manière d'être) nicht änderte. Die Menschen können aber nicht neue Kräfte entwickeln, sondern nur vorhandene vereinigen und lenken. Um zu überleben, bleibt ihnen kein anderes Mittel, als durch Zusammenschluss eine Summe von Kräften zu bilden, die den Widerstand überwinden könnte, und diese durch eine einzige Triebfeder in Bewegung zu bringen und gemeinsam wirken zu lassen“ (I.6; 360; 72).

Natürlich ist auch der Rousseau'sche Naturzustand ein Konfliktzustand, geprägt durch einen „Gegensatz der Einzelinteressen“ (II.1; 368; 84). Aber weder wird die Natur dieser Konflikte näher erläutert, noch macht sich das Motiv der Konfliktregulierung bei der Bestimmung des Leistungsprofils bemerkbar. Der Naturzustand ist zu verlassen; in ihm zu bleiben übersteigt die Selbsterhaltungskräfte von jedermann: Rousseau belässt es bei dieser kargen These. Es ist für ihn ausreichend, eine Situation anzudeuten, die es erforderlich macht, die Selbsterhaltung kollektiv zu organisieren, die Kräfte zu vereinigen und, wie man im deutschen Kontraktualismus sagte, dem Rousseau sich hier anschließt, ein *pactum unionis virium* zu schließen. Es genügt anzudeuten, dass die gesellschaftliche Vereinigung für jedermann von Vorteil sein wird. Freilich folgt bei Rousseau diesem *pactum unionis virium* kein separates *pactum unionis voluntatum*, das als Herrschaftsvertrag fungiert und der vereinigten Macht ein einheitliches Entscheidungsorgan verschafft, sondern Machtsummierung und Willensvereinigung fallen im Rousseau'schen Vertrag zusammen.

Das Subjektivitätsmodell, das die Leistungen politischer Organisationen nach dem Vorbild personaler Einheit, subjekter Entscheidungs- und Handlungsmächtigkeit und willentlicher Körperbenutzung expliziert, das die emblematische Darstellung der Herrschaft auf dem genialen Titelblatt der Erstausgabe des *Leviathan* von 1651 bestimmt und die Rede von einer vertraglichen Vereinigung der Kräfte und Willen ventiliert hat, prägt auch Rousseaus Darstellung. Kooperation wird nach dem Vorbild der Individualhandlung gedacht, dem Zusammenspiel von Auge, Hand und Fuß vergleichbar, das durch einen über alle drei Körperteile gleichermaßen gebietenden Willen ermöglicht wird. Diese „einzige Ursache“, die die gesellschaftliche Kooperation ermöglichen soll, unterscheidet sich strukturell nicht von dem menschenschuppigen Leviathan, dessen unangefochtener Wille den Körper der Gesellschaft beseelt und zusammenhält. Es leuchtet freilich ein, dass Rousseau sich wesentlich mehr Gedanken darüber machen muss, wie im Fall einer politischen Selbstorganisation der Gesellschaft diese handlungswirksame, weder durch allzu hohe Konsensfindungskosten erlahmende noch durch Dissensrisiken blockierte Entscheidungskausalität gesichert werden kann, als Hobbes es tun musste, der mit seiner pragmatisch begründeten Entscheidung für die Monokratie das System des politischen Handelns ja unmittelbar nach dem Vorbild der internen Einheitlichkeit von Subjektivität modelliert hat.

Die Selbsterhaltungsrisiken der natürlichen Umwelt treiben die Rousseau'schen Menschen in den Gesellschaftsvertrag. Damit knüpft Rousseau an Vergesellschaftungsgeschichten an, wie sie von den Pufendorfianern und schon von Protagoras erzählt worden sind, in denen die Vergesellschaftung als eine gegen die Unwirtlichkeit der Natur gerichtete Allianzbildung interpretiert wird. Damit greift er auch seine eigene Vergesellschaftungsgeschichte aus dem geschichtsphilosophischen Diskurs auf, gibt ihr jedoch eine ganz andere Wendung. Der Vertrag wird im *Gesellschaftsvertrag* genau in der Situation geschlossen, in der im zweiten *Discours* die Natur sich gegen die Menschen wendet und diese zur gesellschaftlichen Zusammenarbeit nötigt. Während die hypothetische Vergesellschaftungsgeschichte des *Discours* jedoch eine Geschichte zunehmender sittlicher Depravation erzählt, bietet der Vertrag des *Contrat social* das normative Alternativprogramm, eine mit dem Freiheitsrecht harmonierende Vergesellschaftung. Zudem wird diese vertragliche Assoziation jetzt als Versittlichungsgeschichte gelesen: Durch die vertraglich konstituierte Gemeinschaftlichkeit erleben die Menschen sittliche Vervollkommnung, wesenserfüllende Menschwerdung.

Diese Bedeutung kann dem Gesellschaftsvertrag zukommen, weil die Natur im *Contrat social* kein mythischer Ort des Glücks und der sittlichen Lauterkeit mehr ist, sondern ein gewöhnlicher selbsterhaltungsriskanter Lebensraum, der zu verlassen ist. Aber eben nicht, weil zwischen den Menschen ein Kriegszustand bestünde, da die Menschen um die knappen Güter konkurrierten, sich misstrauisch belauerten, aufrüsteten und sich zu präventiver Gewaltanwendung genötigt sähen. Zwischenmenschliche Konflikte sind für Rousseau allenfalls Vergesellschaftungsanlass, jedoch nicht konstitutiv für das Leistungsprofil des Staates, daher auch nicht bestimmend für die staatsrechtlichen Prinzipien. Aus der Problemlage des Naturzustands erwachsen der politischen Gemeinschaft keine besonderen Zweckbestimmungen. Der durch den Vertrag konstituierte Zustand wird nicht mit der Aufgabe der Friedenssicherung betraut. Ebenfalls geht es nicht um Grundrechtsschutz, denn Rousseau ist kein Naturrechtler; genauso wenig wie Hobbes kennt er ein aller gesellschaftlichen Vereinigung, allem staatlichen Handeln vorausliegendes Recht. Es gibt nur die Freiheitsbestimmung, die nach einer bestimmten Vereinigungsweise und einer bestimmten Herrschaftsgestaltung verlangt. Daher ist der Staatsbeweis im *Gesellschaftsvertrag* von vornherein in eine anspruchsvolle Legitimationstheorie eingebettet.

Das hat in der ersten Fassung des *Contrat social* noch anders ausgesehen. Da erblickte Rousseau das „fundamentale Problem“ in der effektiven selbsterhaltungsdienlichen Bündelung und Koordination der individuellen Kräfte und seine Lösung in der „Errichtung eines Staates“.[39] Dieses institutionalistische Argument ist hobbesianisch; es ist ausschließlich auf die koordinationspolitische Effizienz des Staates gerichtet. Der legitimationstheoretischen Bedeutung der Freiheit wird dadurch Genüge getan, dass dem Staat eine vertragliche Grundlage gegeben wird. Jenseits dieser rechtfertigungstheoretischen Inanspruchnahme entfaltet die Freiheitskonzeption jedoch keine eigenständige staatsrechtliche und politische Semantik, die die Rechtsform der Herrschaft und die Prinzipien ihrer Ausübung bestimmen würde. In der Erstfassung seines *Contrat social* folgt Rousseau noch den Bahnen eines konventionellen Etatismus: Der Staat ist ein unerlässliches Instrument, um die als nützlich erkannte Vergesellschaftung der Individuen extern zu stabilisieren. In der veröffentlichten Version des *Contrat socia*l haben sich sowohl die Problembeschreibung als auch die Lösung geändert. Jetzt geht es darum, eine Gesellschaftsform zu finden, die all die Errungenschaften institutionalistischer Rechtssicherung beibehält, doch jede Form von Fremdherrschaft vermeidet, somit das Modell moralischer Selbstherrschaft mit den koordinationspolitischen Leistungen der staatlichen Institutionen verknüpft. Dadurch tritt das institutionalistische Moment der externen Gewährleistung des sozialen Friedens, der Wirksamkeit des Rechts und der Wirklichkeit der Freiheit selbst in den Hintergrund. Entsprechend verblasst das etatistische Profil der politischen Vereinigung. Staatliche Herrschaft geht durch einen revolutionären Akt der politischen Selbstermächtigung des Volkes an die Gesellschaft über und verbleibt dort auf Dauer. An die Stelle des Staates tritt damit eine sich selbst beherrschende Gesellschaft.

Infolge seines emphatischen Freiheitsverständnisses entwickelt Rousseau im *Gesellschaftsvertrag* einen Kooperationskontraktualismus mit gesellschaftsgerichteter Gravitation; Hobbes und Locke hingegen entwickeln einen Konfliktregulierungskontraktualismus mit staatsgerichteter Gravitation. Treten bei Hobbes und Locke darum auch Staat und Gesellschaft auseinander, so fallen sie bei Rousseau zusammen. Denn nur solche Herrschaftsordnung ist mit der Wesensbestimmung der Freiheit vereinbar, die sich die Gesellschaft selbst gibt. Der Rousseau'sche Staat ist die sich politisch selbst organisierende, selbst regierende Gesellschaft; es ist der „agent libre“ im Großformat. Sein Leistungsprofil wird nicht durch bestimmte naturzustandseigene Konfliktlagen geformt. Der Zweck, dem er dient, fällt mit der Grundfunktion des Vertrages selbst zusammen: freiheitsbewahrende Vergesellschaftung. Es geht allein um den Übergang von einer asozialen, vereinzelt-atomistischen Existenzform zu einer vergesellschafteten Existenzform. Dabei ist es nicht wichtig, dass empirische Defizite und Dysfunktionen des Naturzustandes kompensiert werden. Der Rousseau'sche Naturzustand enthält keinerlei empirische Auflagen für seine erfolgreiche staatliche Überwindung, daher ist auch sein Legitimationsprofil von empirischen Problemlagen völlig unabhängig. Das ist der Grund, warum ich oben das Rousseau'sche Staatsrecht als normativ freitragende Konstruktion bezeichnet habe, die die absolute Ausgangsprämisse der Freiheitsbestimmung politisch ausbuchstabiert. Denn von Bedeutung ist im *Gesellschaftsvertrag* allein, dass die Vergesellschaftung auf richtige Weise vonstatten geht, dass sie sich auf eine vertragliche Vereinigung gründet, die in ihrem Vollzug wie in ihrem Resultat stets mit der unveräußerlichen Freiheitsbestimmung der Individuen in Übereinstimmung bleibt.

Auch der kontraktualistische Liberalismus Lockes hat den Zweck der Freiheitssicherung fest im Auge. Gleichwohl kann der von ihm offerierte Grundrechtsschutz Rousseau nicht zufrieden stellen, denn die institutionelle Verwirklichung von Rousseaus anspruchsvollem Freiheitskonzept verlangt mehr als eine Gewährleistung gleicher äußerer Freiheit, als die Sicherung der Handlungsfreiheit durch eine grundrechtsorientierte Gesetzgebung. Sie verlangt die Einrichtung einer politischen gesetzgebenden und gewalthabenden Einheit, deren Mitglieder nach wie vor frei sind und ihre eigenen Herren bleiben, sodass sich ihr rechtlicher Status, Unabhängigkeit von jedem fremden, äußeren, nicht-eigenen Willen, durch den Übergang vom *status naturae* in den *status civilis* nicht im mindesten ändert. Rousseaus Freiheitsrecht birgt ein politisches Problem, da es eine nicht auf Handlungsfreiheit reduzierbare Selbstbestimmungskomponente impliziert und diese Selbstbestimmung in Anknüpfung an die ethische Tradition als Selbstherrschaft auslegt, die freilich, in den Kontext freiheitsrechtlicher Herrschaftslegitimation gerückt, die radikale Form eines politischen Selbstherrschaftsrechtes annehmen muss. Es ist evident, dass in einer Herrschaftsordnung jedes Mitglied nur dann nach wie vor sich nur selbst gehorcht, wenn es auch nach wie vor über sich selbst herrscht, wenn die Gesetze, die Gehorsam verlangen, selbstgegebene Gesetze sind. *Wie lässt sich aber in dieses sittlich-moralische Autonomiemuster eine gesellschaftsvertragliche Herrschaftserrichtung eintragen? Wie vermag eine politische Herrschaft des Allgemeinen zugleich das Postulat der Selbstherrschaft zu erfüllen?*

Die Antwort auf diese Frage ist eine ganz bestimmte Version des Gesellschaftsvertrags, mit der zugleich für Rousseau auch die hinreichende legitimationstheoretische Bedingung des kontraktualistischen Begründungsprogramms formuliert ist. Nur die gesellschaftsvertragliche Einigungsprozedur führt zu einer legitimen Herrschaftsordnung, die dem Muster des Rousseau'schen Vertrages folgt.

4. Die Struktur des Gesellschaftsvertrags

„Die Bedingungen dieses Vertrages sind durch die Natur seines Zustandekommens so genau festgelegt, dass die geringste Änderung sie nichtig und unwirksam macht [...] Versteht man diese Bedingungen richtig, lassen sie sich auf eine einzige zurückführen, nämlich auf die vollständige Entäußerung eines jeden Mitglieds mit all seinen Rechten an die Gemeinschaft. Wenn sich nämlich erstens jeder ganz übereignet, ist die Bedingung für alle gleich; niemand hat ein Interesse, sie für die anderen drückend zu machen. Da zweitens die Entäußerung vorbehaltlos geschieht, ist die Vereinigung so vollkommen, wie sie nur sein kann, und kein Mitglied kann weitere Ansprüche stellen. Denn wenn einem Einzelnen Rechte verblieben, so wäre er, da kein gemeinsames Oberhaupt zwischen ihm und der Gemeinschaft entscheiden kann, gewissermaßen sein eigener Richter in seinen Belangen und bald in allen anderen auch. Der Naturzustand würde fortbestehen. Wenn sich schließlich jeder allen überäußert, überäußert er sich niemandem. Da man über jedes Mitglied das gleiche Recht erwirbt, das man ihm über sich selber einräumt, gewinnt man den Gegenwert über alles, was man verliert, und ein Mehr an Kraft, das zu bewahren, was man hat. Alles Unwesentliche weggelassen, lässt sich der Gesellschaftsvertrag auf folgende Formel zurückführen: „Jeder von uns unterstellt gemeinschaftlich seine Person und seine ganze Kraft der obersten Leitung des Gemeinwillens, und wir nehmen als Körper jedes Glied als untrennbaren Teil des Ganzen auf“ (I.6; 360f.; 73f.).

Sosehr sich auch die Rousseau'sche Republik dagegen sperrt, von dem neuzeitlichen Mainstream-Liberalismus vereinnahmt zu werden, in ihren begründungstheoretischen Anfängen ist sie ein Staat wie jeder andere des neuzeitlichen Kontraktualismus auch: eine im souveränen Nützlichkeitsurteil aller Individuen begründete Präferenz, ein dem Naturzustand in den Augen von jedermann vorzuziehender Zustand, ein künstliches, zweckdienliches Instrument für alle, eine Schöpfung des distributiven Vorteils. Sie ist institutionalisierte und durchsetzungsfähige Allgemeinheit, die, sekundär und derivativ, nicht aus eigenem Recht handelt, sondern den vorrangigen Interessen der Individuen dient. Obwohl Rousseaus emphatischer Freiheitsbegriff der politischen Gemeinschaft als Verwirklichungsbedingung bedarf, verschafft er dem Staat keinesfalls eine größere, über das rational-instrumentelle Verständnis des Liberalismus hinausreichende Dignität. Auch wenn die Freiheit menschliches Wesensingrediens ist und daher der Mensch nur im institutionell gefestigten Raum des Staates eine seine Bestimmung angemessene Existenz führen kann, legt Rousseau dem Verlassen des Naturzustandes doch nicht, wie später Kant, den Charakter einer Pflicht bei.[40] Es ist lediglich pragmatisch notwendig, im Lichte guter Gründe notwendig, den Naturzustand zu verlassen, nicht jedoch rechtlich oder moralisch geboten. Allein die Vorteilssuche treibt die Menschen aus dem Naturzustand; sie schließen den Vertrag, weil sie ihre Nutzenposition verbessern wollen. „Durch den Vertrag hat sich nicht nur ihre Lage gegen früher verbessert; sie haben statt einer Veräußerung einen vorteilhaften Tausch gemacht: statt einer unsicheren und ungewissen eine andere, bessere und gesicherte Lebensweise; statt natürlicher Ungebundenheit die Freiheit; statt der Macht, anderen zu schaden, ihre eigene Sicherheit; statt der Stärke, die aber andere wieder überwinden könnten, ein Recht, das durch die gesellschaftliche Vereinigung unüberwindbar wird“ (II.4; 375; 93).

Auf seiner untersten Ebene ist der Rousseau'sche Gesellschaftsvertrag also ein Geflecht von Verträgen eines jeden mit einem jeden. Die Anzahl der Vertragsbeteiligten ist unbekannt; die Naturzustandsschilderung lässt bei Rousseau genauso wenig wie bei Hobbes und Locke eine natürliche Gruppengrenze erkennen, die die Gemeinschaft der Vertragsschließenden von anderen Menschen absonderte. Der Naturzustand muss, konsequent gedacht, globales Ausmaß besitzen; entsprechend muss der Gesellschaftsvertrag als Weltgesellschaftsvertrag verstanden werden. Folgt man dem konstruktiv-linearen Gang der kontraktualistischen Argumentationsbewegung, dann wird man in eine kosmopolitische Richtung geführt. Das nationalstaatliche Paradigma ist als politisches Ordnungsprinzip, als pluralitätsermöglichendes Partikularisierungsprinzip analytisch aus der Naturzustandsbeschreibung nicht zu gewinnen.

Freilich haben weder Hobbes noch Locke noch Rousseau daran gedacht, die globalen Implikationen des konstruktiven Kontraktualismus zu entfalten.[41] Dafür ist der Grund schnell genannt: Das kontraktualistische Argument dient als ein wirklichkeitsadressiertes Legitimationsargument; das nationalstaatliche Paradigma ist durch die vorliegende, bestimmte politische Wirklichkeit vorgegeben, deren Legitimation mit Hilfe des Kontraktualismus bekräftigt oder bezweifelt werden soll. Aus der Sicht dieser konkreten Legitimationsaufgabe operiert der Kontraktualismus rekonstruktiv: Die legitimationsbedürftige Nationalherrschaft wird mit Hilfe des Kontraktualismus über ihre Geltungsbedingungen aufgeklärt, indem der vorliegende Nationalstaat in eine fiktive Entstehungsgeschichte eingebettet und auf den erklärten rationalen Willen seiner Bewohner zurückgeführt wird. Diesen wird so klargemacht, dass sie die besten Gründe haben, die vorliegende Staatlichkeit qua Staatlichkeit dem staatlichkeitslosen Naturzustand vorzuziehen. Um das Erkenntnisinteresse des politischen Philosophen ausfindig zu machen, muss man also die Abfolge der kontraktualistischen Argumentation umkehren, die Theorie gegen den Strich lesen, mit dem Ergebnis beginnen. Rousseau hat dies in einer seiner zahllosen Selbstbeschreibungen so ausgedrückt:

> „Worin besteht die Einheit des Staates? In der Vereinigung seiner Mitglieder. Und woraus entsteht die Vereinigung seiner Mitglieder? Aus der Verbindlichkeit, welche sie alle miteinander verknüpft. Bis hierher ist alles einig. Allein, welches ist die Grundlage dieser Verbindlichkeit? Hier teilen sich nun die Schriftsteller. Nach einigen ist es die Gewalt, nach anderen die väterliche Autorität, nach wieder anderen der Wille Gottes. Jeder sucht seinen Grundsatz zu behaupten und den des anderen anzugreifen; ich selbst habe es nicht besser gemacht, und indem ich die vernünftigste Partei von denen, die über diese Sache geschrieben haben, befolgte, habe ich die Übereinkunft der Mitglieder als die Grundlage des politischen Körpers angegeben und die Grundsätze, die den meinigen entgegenliefen, widerlegt."[42]

Die kontingente partikulare politische Wirklichkeit bildet das Anwendungsfeld des kontraktualistischen Arguments, denn der Philosoph möchte den Bürgern seines Staates erklären, auf welchem Grund ihre Gehorsamsverpflichtung liegt, welche Legitimationsbedingungen die bestehende Herrschaft zu beachten hat. Aber die vorfindliche politische Wirklichkeit kann in ihrer Besonderheit nicht durch das kontraktualistische Argument begründet werden; sie ist als bestimmter Staat Nutznießer des für den Staat überhaupt argumentierenden legitimatorischen Konzepts. Aus der applikativ-rekonstruktiven Perspektive fällt daher die Vertragsgesellschaft nummerisch notgedrungen mit der Gesellschaft der Bürger eines bestimmten Staates zusammen. Aus der konstruktiven Perspektive hingegen sind sowohl *status naturalis* als auch *status civilis* homogene Weltzustände. Diese Spannung zwischen kosmopolitischem Begründungsanfang und partikularstaatlichem Anwendungsende ist bei Rousseau noch größer als bei seinen kontraktualistischen Vorgängern, denn die von ihm entwickelte Republik ist, wenn überhaupt, nur als Kleinststaat, als Stadtstaat oder abgelegener Inselstaat, zu verwirklichen.

5. Souveränitätstheoretischer Hobbesianismus

Was versprechen die Individuen einander im Vertrag? Was bildet den Inhalt des Vertrags? „Die vollständige Entäußerung eines jeden Mitglieds mit all seinen Rechten an die Gemeinschaft“. Rousseaus Gesellschaftsvertrag ist wie der Hobbes'sche Staatsvertrag ein Entäußerungsvertrag, in dem sich die Individuen, die Naturzustandsbewohner, die mit genau diesem wechselseitigen Verpflichtungsakt aufhören, Naturzustandsbewohner zu sein, einander versprechen, sich rückhaltlos einer absoluten Herrschaftsinstanz zu unterwerfen und keine Rechte zurückzubehalten und somit auf alle Klagegründe gegen das Vorgehen der Herrschaftsinstanz zu verzichten. Das Recht, das die Individuen durch dieses vertragliche Versprechen erhalten, ist das Recht eines jeden auf den absoluten Gehorsam aller anderen dem Willen der Herrschaftsinstanz gegenüber. Der Entäußerungsakt ist sowohl bei Hobbes als auch bei Rousseau der Konstitutionsakt der Herrschaftsinstanz, der Geburtsakt des Souveräns. Der Adressat und Nutznießer des Entäußerungsaktes existiert nicht vor diesem. Er ist eine rechtliche Schöpfung, die unabhängig von den sie erzeugenden Vertragsbeziehungen der Individuen keinerlei rechtliche Existenz besitzt.

Auch die Vertragslehre des *Contrat social* vertritt einen souveränitätstheoretischen Hobbesianismus: Die Syntax des Rousseau'schen Gesellschaftsvertrages unterscheidet sich nicht von der Syntax des Hobbes'schen Staatsvertrages; in beiden Fällen haben wir es mit einem Entäußerungsvertrag zu tun; nur der Nutznießer der Entäußerung, der durch die Entäußerung konstituierte Souverän trägt jeweils ein unterschiedliches Antlitz. *Rex est populus:* Das ist das Hobbes'sche Motto; seine Inversform, *populus est rex*, bildet hingegen das Rousseau'sche Motto. Die Gemeinschaft der Vertragsschließenden nimmt selbst die Souveränitätsposition ein. Im Rahmen der staatsrechtlichen Chemie des *Contrat social* kommt dem Entäußerungsakt der Charakter einer Transformation der aggregativen, distributiv-allgemeinen Gemeinschaft der Vertragsschließenden in eine kollektiv-allgemeine Willenseinheit zu; aus dem Individuenaggregat der vielen einzelnen partikularen Willen wird eine politische Einheit mit einem einheitlichen allgemeinen Willen.

Interessant ist, dass es hinsichtlich der Reichweite der Entäußerung jedoch einen charakteristischen Unterschied zwischen den beiden Philosophen gibt. Rousseau verlangt die totale Entäußerung „der Güter, der Person, des Lebens und der ganzen Kraft (puissance)“[43] an die Gemeinschaft und geht damit weit über Hobbes hinaus, dessen Entäußerungsformel an dem Selbstverteidigungsrecht eine Grenze findet. Das ist einerseits konsequent, weil ja der Hobbes'sche Staat nichts anderes als ein Selbsterhaltungsmittel der Menschen ist und nicht gut den Zweck sabotieren darf, den zu verwirklichen er ersonnen worden ist. Das ist andererseits ein beträchtliches Konsistenzrisiko, weil mit diesem Selbstverteidigungsvorbehalt die ganze sperrige Subjektivität mit ihren idiosynkratischen Sichtweisen in das Gehege des positiven Rechts einbricht. *Rousseaus Republik also überbietet den Absolutismus des Leviathan mühelos.* Die Rousseau'sche Gemeinschaft duldet keinen Bereich nicht-vergesellschafteter Subjektivität, keinen Interpretationsvorbehalt für Selbsterhaltungsfragen. Es gibt keinen entäußerungsresistenten Freiheits- und Rechtskern bei Rousseau. In seinem Gesellschaftsvertrag wird das Individuum von der Gemeinschaft mit Haut und Haaren verschlungen. In dieser größeren Entäußerungsreichweite des Rousseau'schen Gesellschaftsvertrages manifestiert sich jedoch nicht eine größere Geringschätzung des Rechts und der Interessen der Individuen. Die Rousseau'sche Konstruktion nimmt vielmehr der Befürchtung der Individuen, staatliches Handeln könnte gegen ihr Freiheitsrecht und ihr Selbsterhaltungsinteresse gerichtet sein, jeden rationalen Anlass: Der Gemeinwille ist unfehlbar und will notwendig das Gemeinwohl.

Der Rousseau'sche Gesellschaftsvertrag ist das Symbol einer demokratischen herrschaftsrechtlichen Selbstorganisation der Menschen, in der jeder gleichermaßen gleichberechtigter Herrschaftsteilhaber und gleichverpflichteter Herrschaftsunterworfener ist. Er vereinigt in sich im Einzelnen die folgenden Beziehungen: (1) die fundamentale formale vertragsrechtliche Reziprozitätsbeziehung zwischen den Naturzustandsbewohnern; (2) die Entäußerungsbeziehung: auf der einen Seite die sich rückhaltlos entäußernden Vertragspartner, auf der anderen Seite der durch diese rückhaltlose Entäußerung aller aus der Vertragsgemeinschaft selbst entstehende „Moral- und Kollektivkörper (corps moral et collectif)“, den Rousseau auch Staatsperson, „personne publique“, nennt, weil in ihm die plurale Vertragsgemeinschaft eine personenanaloge Einheit erhält, ein „gemeinsames Ich (moi commun)“ wird und „Leben“ und „Willen“ bekommt (I.6; 361; 74); (3) die Herrschaftsbeziehung zwischen dem (Volk als) Souverän und dem (Volk als Untertanen-)Volk, die (4) sich in jedem Individuum reproduziert, das als Herrschaftsteilhaber Bürger (citoyen) und als Gesetzesunterworfener Untertan (sujet) ist.[44]

Zwischen diesen Beziehungen besteht folgendes Verhältnis: (3) und (4) verweisen aufeinander; (4) ist die individuelle Entsprechung von (3). Dass eine derartige Entsprechung zwischen einem externen staatsrechtlichen und einem internen moralischen Verhältnis bestehen kann, hat seinen Grund in dem Umstand, dass die staatsrechtliche Beziehung die herrschaftsrechtliche Binnenstruktur einer auf der Identität von Herrschenden und Beherrschten beruhenden Demokratie beschreibt. (3) ist die staatsrechtliche Präzisierung des Ergebnisses von (2). So wie in einem moralischen Selbstherrschaftsverhältnis – verstehen wir es als Herrschaft der Vernunft über die niederen Seelenteile oder als Herrschaft des intelligiblen Menschen über den sinnlichen Menschen – die Herrschaftspartner nummerisch identisch sind, so ist eben auch in einer plebiszitären Demokratie von der nummerischen Identität von Herrschenden und Beherrschten auszugehen. *Die Republik ist Enkratie des Kollektivs; und nur ein enkratiefähiges Kollektiv wird eine Republik werden können.* (2) beinhaltet den Schöpfungsakt des demokratischen Leviathan, des einheitlichen allgemeinen Willens. (2) ist der Inhalt von (1); und (1) bezeichnet die logische Binnenstruktur eines interindividuellen Vertragsverhältnisses.

Nicht anders als bei Hobbes bestimmt auch bei Rousseau der Vertrag den Übergang von einer vorpolitischen Existenzform des Menschen zu einer politischen Existenzform und zugleich die innere Verfassung der politischen Existenzform. Jeder Mensch taucht in diesem kontraktualistischen Argument also in drei Modi auf: zuerst als Naturzustandsbewohner, als natürlicher, vorpolitischer Mensch; sodann als Mitglied des Souveräns, als Bürger, und schließlich als den Gesetzen unterstellter Untertan. Genau genommen lassen sich sogar vier Modi unterscheiden: Denn neben den drei genannten Rollen nimmt der Mensch auch noch die Rolle des Vertragspartners, und das heißt: des Schöpfers von Normativität und Verbindlichkeit, des Erzeugers der moralischen Welt wahr.

Im vollständigen kontraktualistischen Argument Hobbes' werden zwei Verträge miteinander verknüpft. Da ist einmal der Grundvertrag, der das Souveränitätsschema formuliert. In seinem Zentrum steht der formale Entäußerungsakt, der eine staatsrechtliche Grundbeziehung, eine absolutistische Herrschaftskompetenz konstituiert, jedoch das Herrschaftssubjekt unbestimmt lässt. Und da ist zum anderen ein Institutionsvertrag, in dem das Herrschaftssubjekt bestimmt wird. Das Hobbes'sche Argument ist so geartet, dass sich aus den Naturzustandsbestimmungen und der Natur des Vertrags selbst keine Festlegungen hinsichtlich des Herrschaftssubjekts ableiten lassen: Wer absolute Herrschaft ausüben soll, kann vor dem Hintergrund des Hobbes'schen Naturzustandskonzepts nicht entschieden werden, nur dass eine absolute Herrschaft etabliert werden muss, ist von ihm zu lernen.[45]

Eine andere, um die Autonomieprämisse bereicherte Ausgangssituation führt Rousseau zu einem anderen Ergebnis. Die Etablierung einer Herrschaftsordnung, die mit der Selbstbestimmungsfreiheit kompatibel sein muss, verlangt nach einem demokratischen Herrschaftssubjekt, das darüber hinaus in seiner gesetzgeberischen Willensbildung keinerlei normative Einschränkung dulden darf, denn nur selbstgegebene Gesetze sind mit der Freiheitsbestimmung vereinbar. Das kontraktualistische Argument Rousseaus führt also zu einer logischen Umkehrung des Verhältnisses von Souveränitätsschema und Herrschaftssubjekt: Das Herrschaftssubjekt ist keine logisch nachträgliche Ausfüllung des vorwegbestimmten Souveränitätsschemas, sondern die Bestimmung des Herrschaftssubjekts geht der Festlegung des Souveränitätsprofils logisch voraus. Weil legitime Herrschaft selbstbestimmungsverträgliche Herrschaft ist, und weil selbstbestimmungsverträgliche Herrschaft nur im Rahmen einer staatsrechtlichen Konstellation ausgeübt werden kann, in der jeder gleichberechtigter Herrschaftsteilhaber ist, jeder aber nur durch autonome Regeln einschränkbar ist, muss diese Herrschaft absolut, von allen normativen Vorgaben frei sein. Weil bei Rousseau Souveränitätskonzept und Herrschaftssubjekt intern miteinander verknüpft sind und nicht mehr in einer nur äußerlichen Beziehung zueinander stehen, werden die Bestimmung des Souveränitätsmodus und die Festlegung des Herrschaftssubjekts in einem einzigen Vertragsakt vollzogen, kehrt sich auch ihre argumentationslogische Vorrangordnung um: Bei Rousseau sucht sich keine aus der Naturzustandsargumentation als notwendig abgeleitete absolute Souveränität ein Subjekt, sondern das aus Naturzustand und Autonomieprämisse als notwendig abgeleitete Herrschaftssubjekt kann eine selbstbestimmungskompatible Herrschaft nur als absoluter Souverän ausüben.

Durch den Entäußerungsvertrag entsteht „ein Moral- und Kollektivkörper", eine „Staatsperson", ein „Staatskörper", ein „allgemeiner Wille", ein „gemeinsames Ich". Die Subjektivität mit ihren wesentlichen Bestimmungen und internen Beziehungen wird zum Sprachbildner der politisch-staatsrechtlichen Ordnung. Die politische Einheit artikuliert sich in anthropologischen Metaphern[46]; die Einheit der Person, die in Handlungsmächtigkeit und kontrolliertem Körpereinsatz sinnfällig werdende personale Einheit ist ihr Vorbild. Auch der Leviathan ist ein „Staatskörper", eine

„Staatsperson" – in gewisser Weise sogar ein „Moral- und Kollektivkörper" und ein „gemeinsames Ich" –, denn er wird konstituiert durch individuelle Entäußerungsakte, die als einheitsbildende Handlungen zugleich die Menge der Vertragspartner in eine handlungsfähige Einheit verwandelt, deren Handlungen von jedem Untertanen als eigene anzuerkennen sind. Aber vertraglich konstituierter Staatskörper und einheitsstiftender allgemein verbindlicher Wille fallen bei Rousseau nicht auseinander. Der *makrós ánthropos* des Titelkupfers des *Leviathan* von 1651 kann nicht als emblematische Darstellung der sozialvertraglichen Republik Rousseaus taugen, denn die Trennung zwischen den Vielen und dem Einzelnen wird bei Rousseau genauso aufgehoben wie die Scheidung von Staat und Gesellschaft. Während sich bei Hobbes die politische Existenzform der Individuen in der vertraglichen Konstitution des Staatskörpers zum einen und in der politisch passiven Identifikation des eigenen Willens mit dem Willen des Souveräns erschöpft, manifestiert sie sich bei Rousseau in dauerhafter aktiver Herrschaftsteilhaberschaft. Während bei Hobbes die einheitsbildende Identität auf einer Identifikation, auf einer kontraktualistisch-staatsrechtlichen Als-ob-Identität beruht, weicht bei Rousseau diese interpretationsgestiftete Als-ob-Identität einer realen Identität. Wollte man diese Differenz mit den Mitteln des *Leviathan*-Titelsymbols illustrieren, dann würde man an die Grenzen des bildlich Darstellbaren stoßen. Denn der republikanische *makrós ánthropos* müsste ein Herrscherhaupt besitzen, das aus den Häuptern der den Kollektivkörper konstituierenden Einzelmenschen gebildet ist. Andererseits tritt die Republik Rousseaus nur dann ins Leben, wenn die Gesamtheit der Bürger mit einer Stimme spricht; republikanische Politik ist nicht Organisation von Vielheit, sondern authentischer Ausdruck von Einheitlichkeit. Es geht nicht um eine staatliche Befriedung gesellschaftlicher Differenz, sondern um die Aufhebung der Differenz durch Vereinheitlichung der Bürger. Das volkssouveränitäre Haupt der Häupter wäre nur eine Ansammlung von Gleichen, jeder die Kopie des Anderen. Wenn es der Sinn der versittlichenden Assoziation ist, dass jeder die Republik in sich trägt, kann auch jeder als Symbol des Republik auftreten. Somit könnte das imaginäre Titelbild des Gesellschaftsvertragsbuches auch eine Ansammlung Ununterscheidbarer darstellen.

6. Äquivoker Kontraktualismus: Das rechtlich-ethische Doppelgesicht des Gesellschaftsvertrags

Hobbes-Interpreten streiten sich über den rechtlichen Charakter des Entäußerungsversprechens, das im *Leviathan* die Gestalt einer Abtretung des Selbstherrschaftsrechts, einer Autorisierung des Souveräns annimmt. Meinen die einen, hier ein zumindest rudimentäres wechselseitiges Verpflichtungsverhältnis zwischen dem Autorisierenden und dem Autorisierten annehmen zu dürfen, so machen die anderen geltend, dass der staatsrechtliche Konstitutionsakt der Entäußerung und Autorisierung kein reziprokes Verpflichtungsverhältnis zwischen Untertan und Herrscher begründe, diese vielmehr rechtlich unverbunden bleiben und die einzige wechselseitige Verpflichtungsrelation nur zwischen den ursprünglichen Partnern des Staatsvertrags bestehe. Erstere bringen vor, dass ein Autorisierungsverhältnis den Autorisierten notwendigerweise an den Autorisierenden rechtlich binden müsse; letztere bringen vor, dass das Beweisziel einer kontraktualistischen Absolutismusbegründung verfehlt wäre, würde der Souverän durch Verpflichtungen gegenüber seinen Untertanen eingeschränkt; sie führen zudem an, dass ein Autorisierungsakt keine wechselseitige Verpflichtung zwischen dem Autorisierenden und dem Autorisierten begründen könne, wenn der Autorisierte erst durch den Autorisierungsakt in eine rechtliche Existenz treten kann.

Es scheint, dass die Anhänger der These von der entäußerungsbegründeten wechselseitigen Verpflichtung durch Rousseau starke Unterstützung erfahren, sagt Rousseau doch, „dass der Akt der Vergesellschaftung eine wechselseitige Verpflichtung zwischen dem Gemeinwesen und dem Einzelnen beinhaltet, und dass jedes Individuum, das gewissermaßen mit sich selbst einen Vertrag schließt, in doppelter Weise verpflichtet ist: einmal als Mitglied des Souveräns gegenüber den Einzelindividuen und als Mitglied des Staates gegenüber dem Souverän" (I.7; 362; 75 f.). Aber diese Darstellung bereitet beträchtliche Schwierigkeiten, denn es ist nicht zu sehen, wie diese Verpflichtungswechselseitigkeit zwischen den Produkten der vertraglichen Assoziation, also zwischen Souverän und Staat bzw. zwischen Souverän und einzelnem Untertan, aus der wechselseitigen Verpflichtung der vertragsschließenden Individuen gewonnen werden kann. Es war ja gerade der Witz des Hobbes'schen Kontraktualismus, die politischen Bindewirkungen der Mutualitätsstruktur des mittelalterlich-ständestaatlich-monarchomachischen Herrschaftsvertrages dadurch aufzuheben, dass er die vertragliche Wechselseitigkeit auf rein interindividuelle Vertragsverhältnisse beschränkte und Volk und Souverän, Gesellschaft und Staat als gleichzeitig erzeugte Vertragsprodukte einführte, die weder untereinander noch durch verbliebene rechtliche Ansprüche ihrer individualistischen Schöpfer rechtlich gebunden werden konnten.

Rousseau hat diese Vertragsstruktur übernommen; auch sein Vertrag verankert seine gesellschaftliche und politische Einheitsstiftung in einem rückhaltlosen Entäußerungsversprechen, das sich die Individuen wechselseitig geben. Im *6. Brief vom Berge*, der neben dem *Émile* eine weitere knappe Darstellung des Inhalts des Gesellschaftsvertragsbuches enthält, hat Rousseau das auch deutlich gesagt. „Das Ergebnis dieser Untersuchung ist dies, dass die Einrichtung des Gesellschaftsvertrages ein Bündnis von besonderer Art ist, vermöge dessen jeder Einzelne sich allen verpflichtet, woraus die gegenseitige Verbindlichkeit aller gegen jeden Einzelnen folgt (un pacte d'une espèce particulière, par lequel chacun s'engage envers tous, d'ou ensuit l'engagement réciproque de tous envers chacun), welche der wahre Zweck der Vereinigung ist.“[47] Wichtig ist, nicht misszuverstehen, was hier „alle“ heißt. „Alle“ heißt „die anderen“, n–1. Denn der Vertrag ist eine Vertragssumme; er besteht aus n (n–1) Verträgen, denn jeder schließt einen Vertrag mit jedem – nur nicht mit sich selbst. Hier findet sich kein Verpflichtungsverhältnis zwischen Souverän und Untertanenverband oder zwischen Souverän und jedem einzelnen Untertan, von dem sowohl *Gesellschaftsvertrag* als auch *Émile* sprechen.[48]

Staat und Souverän müssen auch im Rahmen des Rousseau'schen kontraktualistischen Arguments vertragliche Konstitutionsprodukte sein, die selbst nicht in Vertragsbeziehungen eingebunden sein können. Anders gibt die kontraktualistische Argumentationsanlage keinen Sinn. Gerade weil auch bei dem Autor des *Contrat social* alle Vertragspartner sich vollständig aller Macht und Freiheit und allen Rechts entäußern, sie also nicht wie die Menschen in der liberalen Welt Lockes unveräußerliche Rechte zurückbehalten, kann der Souverän ihnen gegenüber nicht in einem Verpflichtungsverhältnis stehen. Wie sähe es denn aus, wenn der Souverän seine Pflicht verletzen würde? Welches Recht der Staatsmitglieder definiert die Pflichten der Souveränitätsmitglieder? Ist der Souverän nicht darum das vereinigte, einmütige Volk selbst, damit die Autonomie von jedermann strukturell garantiert ist? Ist der Souverän aufgrund seiner internen Verfasstheit nicht konstitutionell unfehlbar, weil er notwendigerweise gerechte, nämlich allgemein gewollte Gesetze gibt? Es ist doch das ganze Bestreben der Rousseau'schen Argumentation, eine politische Gemeinschaftsform zu entwerfen, deren Herrschaftsausübung notwendigerweise gerecht ist und mit der Freiheit von jedermann in Übereinstimmung steht. Die rechtliche Verbesserung, die seine Theorie an Hobbes' Staatsvertrag vornehmen möchte, stützt sich nicht auf die liberale Strategie, ist nicht vom generellen Misstrauen staatlicher Macht gegenüber motiviert, läuft also nicht auf eine menschenrechtliche Limitierung und konstitutionalistische Bindung der Herrschaft hinaus. Die von Rousseau ins Auge gefasste rechtliche Verbesserung des etatistischen Absolutismus setzt auf die demokratische Strategie, stützt sich auf das Konzept der Selbstherrschaft der Vertragspartner. Damit wird aber nicht – daran muss immer erinnert werden – das Souveränitätsschema gemildert. *Rousseau ersetzt den etatistischen Absolutismus durch einen demokratischen Absolutismus.* Mit dieser normativen Auszeichnung des Herrschaftssubjekts, die durch die Autonomiethese verlangt wird, ändert sich aber weder die interne staatsrechtliche Struktur der Vertragsdemokratie noch das Verhältnis der staatsrechtlichen Bestimmung der komplementären Rollen von Souverän und Untertan zur sozialvertraglichen politischen Schöpfungshandlung. Auch wenn sich in der Struktur des Souveräns der Egalitarismus der Vertragspartnerschaft wiederholt, wiederholt sich doch in der staatsrechtlichen Asymmetrie von Souverän und Untertan nicht die Verpflichtungsreziprozität des ursprünglichen Assoziationsvertrages.

Rousseau hat offenkundig die logische Struktur seines eigenen kontraktualistischen Arguments nicht durchschaut. Einerseits ist die Anlehnung an den Vertrag des *Leviathan* offenkundig, andererseits ist unverkennbar, dass Rousseau den Vertrag auch als internen Verpflichtungsgrund für Souverän und Volk benutzt, die Vertragsresultate also selbst wieder in eine vertragliche Bindung hineinzieht. Verpflichtungsquell für Untertanenpflichten und Herrscherpflichten ist aber nur der Vertrag des deutschen Naturrechts, der Unterwerfungsvertrag, durch den sich ein rechtlich konstituiertes Volk einem Herrscher unterwirft. Rousseau schiebt beide Verträge ineinander, benutzt den Vertrag sowohl als Konstitutionsgrund der politischen Einheit als auch als Quell der inneren herrschaftsrechtlichen Verpflichtungslage. Damit fällt er hinter das systematische Niveau des Hobbes'schen, des Locke'schen und des kantischen Kontraktualismus zurück. Man kann nicht davon sprechen, dass jeder mit sich selbst einen Vertrag schließt, da er sowohl als Mitglied des Untertanenverbands der Allgemeinheit gegenüber als auch als Teil des Souveräns den Untertanen gegenüber vertraglich verpflichtet sei. Genau dieses Vertragsverhältnis besteht nicht. Natürlich existiert eine Verpflichtungswechselseitigkeit zwischen Volk und Souverän, genauso richtig ist, dass aufgrund der nummerischen Identität von Citoyen und Untertan diese Verpflichtungswechselseitigkeit eine moralische Gestalt annimmt, innerer moralischer Selbstherrschaft gleichkommt, aber diese normative Beziehung ist Ausdruck eines Vertrages, der zwischen den Individuen des Naturzustandes geschlossen wird, ist hingegen nicht in einer vertraglichen Bindung verankert, die zwischen Untertan und Souverän besteht.

Als Erklärung dieser systematischen Undeutlichkeit des Rousseau'schen Vertragsarguments könnte sein mehrdeutiger Gebrauch der Vertragsbegrifflichkeit dienen. Bedenkt man die vielen unterschiedlichen und begrifflich klar unterscheidbaren Verwendungskontexte, in denen Rousseau auf die Vertragssprache zurückgreift, dann kann man geradezu von einem *äquivoken Kontraktualismus* reden, dessen unterschiedliche Bedeutungsschichten sich überlappen und überlagern. Trifft man zu Beginn des Arguments noch auf eine der jungen kontraktualistischen Tradition angemessene rational-individualistische Verwendung der Vertragssprache, so findet man bereits in der Darstellung der vertragsbegründeten politischen Gemeinschaftsform eine metaphorische Verwendung der Vertragssprache, die mit Hilfe von Vertragsbeziehungen, wechselseitiger Verpflichtung und Recht-Pflicht-Komplementarität auf gänzlich unangemessene Weise die innere ethisch-politische Einheit einer identitär-demokratischen Gemeinschaft veranschaulichen will. Der Kontraktualismus geht von der Voraussetzung aus, dass Rechtsfiguren ausreichen, um das Legitimationsmodell einer wohl geordneten Gesellschaft zu entwerfen. Rousseau hat paradoxerweise im Rahmen einer Auslegung des kontraktualistischen Arguments genau diese Voraussetzung aufgekündigt. Er hat das Rechtsmodell der Herrschaft durch das Demokratiemodell der Herrschaft erweitert. Dabei wird der negative Freiheitsbegriff in einem positiven, auf Beteiligung, Internalisierung, gelebte Gemeinschaftlichkeit und affektives Zugehörigkeitsbewusstsein sich stützenden Freiheitsbegriff aufgelöst.

Der Vertrag ist jedoch ein völlig verfehltes Symbol für eine Republik. Das Leben einer Republik speist sich aus anspruchsvollen moralisch-motivationalen Ressourcen, verlangt Bürger mit einer habitualisierten Gemeinwohlorientierung im Denken und Handeln. Vertragsbegründete Ordnungen hingegen müssen mit kargeren motivationalen Voraussetzungen auskommen, müssen ihr sozialintegratives Pensum mit den Mitteln des aufgeklärten Selbstinteresses bestreiten. *Der Kontraktualismus kann nur den Motivations- und Sozialintegrationstyp bereitstellen, der dem Rationalitätsprofil des Vertragsarguments entspricht*; und die Überlegungen des Vertragsarguments werden in der Geschichte des Kontraktualismus durchgängig durch die instrumentell-strategische Rationalität bestimmt, durch die interessenverwaltende und nutzenmaximierende Klugheit. Sofern ein Gemeinwesen seinen Integrationsbedarf nicht aus dieser Quelle des rationalen Selbstinteresses befriedigen kann und anderer Ressourcen bedarf, können diese im begrifflichen Rahmen des Kontraktualismus nicht angemessen dargestellt und diskutiert werden.[49] Rousseaus Sittlichkeitstraum bedient sich falscher Begriffe.

In Rousseaus äquivokem Kontraktualismus, der Rechtsfiguren und Ethosformen ineinander schiebt, wird das Gesellschaftsvertragskonzept zur allgemeinen zivilisationstheoretischen Chiffre. Es wird zum Sinnbild einer ethischen Metamorphose, einer Verwandlung der natürlichen Menschen in Gemeinschaftswesen, einer Transformation natürlicher Lebensverhältnisse in eine moralische Welt. Die Rechts- und Pflichtbeziehungen, die Loyalitäten und sittlichen Bindungen, die in der moralischen Welt anzutreffen sind und ihre Differenz zur natürlichen ausmachen, wurzeln in der Verpflichtungsreziprozität des ursprünglichen Assoziationsvertrages. Die Vertragsbeziehung wird zur Mutterbeziehung aller normativ imprägnierten Sozialität. Da aber Rousseau anders als seine kontraktualistischen

Zeitgenossen einen emphatischen Begriff von Sozialität besitzt und wie Aristoteles die bürgerpolitische Existenzweise als dem menschlichen Wesen einzig angemessen beurteilt, wird der Vertrag für ihn geradezu zu einem *Akt der Menschwerdung.*

„Der Übergang vom Naturzustand in den staatsbürgerlichen Zustand bewirkt im Menschen eine sehr bemerkenswerte Veränderung: An die Stelle des Instinkts tritt die Gerechtigkeit und verleiht seinen Handlungen jenen sittlichen Sinn, der ihnen vorher fehlte. Erst jetzt, da die Stimme der Pflicht den physischen Trieb ersetzt und das Recht die Begierde abgelöst hat, sieht sich der Mensch, der bislang nur auf sich selbst Rücksicht genommen hat, gezwungen, nach anderen Grundsätzen zu handeln und seine Vernunft zu Rate zu ziehen, ehe er seinen Neigungen folgt. Obwohl er sich damit mehrerer Vorteile begibt, die ihm die Natur gewährte, so gewinnt er doch andere und größere. Seine Fähigkeiten entwickeln sich, seine Ideen erweitern sich, seine Gefühle werden veredelt, und seine ganze Seele erhebt sich zu solcher Höhe, dass er [...] unaufhörlich den glücklichen Augenblick preisen müsste, der ihn dem Naturzustand für immer entrissen und aus einem dummen beschränkten Tier zu einem vernünftigen Wesen, zu einem Menschen gemacht hat“ (I.8; 364; 78f.).

Der Rousseau'sche Vertrag ist eine Stätte der Verwandlung. Die Menschen betreten sie als kluge Wölfe und verlassen sie als Bürger und Patrioten. Eigentlich verlassen sie sie überhaupt nicht; denn der Vertrag ist nicht nur der gedachte Beginn der Assoziation; er ist auch das Grundgesetz der durch ihn geschaffenen Gemeinschaft. Der Vertrag zivilisiert, kultiviert und moralisiert die Menschen; in der Vertragsgesellschaft können sich die Anlagen des Menschen bestimmungsgerecht entfalten; sie ist eine Perfektionsagentur der Menschen. Es ist überaus aufschlussreich, dieses Vergesellschaftungskonzept des Rousseau'schen *Contrat social* mit dem Vergesellschaftungskonzept des Hobbes'schen *Leviathan* zu vergleichen. Die Vergesellschaftung Hobbes' ist ein Übergang von einem Zustand, in dem Furcht und Unsicherheit herrschen und sich darum die menschlichen Fertigkeiten und Fähigkeiten, die nutzenmaximierenden Zivilisationstechniken nicht entwickeln können, zu einem anderen, in dem Furcht und Unsicherheit verschwunden sind und sich die Menschen zielstrebig der Entwicklung ihrer Fertigkeiten und Fähigkeiten widmen können und darum die technischen Mittel zur Verwirklichung ihrer sich stetig mehrenden und verändernden Interessen und Bedürfnisse unaufhörlich verbessern. Die Vergesellschaftung beruht also auf einem Veränderungsprozess, der die äußeren Lebensbedingungen verbessert. Kern dieser Verbesserung ist die Etablierung eines zuverlässigen Systems der äußeren Handlungskoordination.

7. Externalistischer Institutionalismus und internalistischer Moralismus

Es ist für die Hobbes'sche Argumentation charakteristisch, dass die Natur des Menschen von diesem Sozialisationsvorgang unberührt bleibt; der Mensch des Naturzustandes ändert sich nicht und muss sich nicht ändern, wenn er den Naturzustand verlässt. Der vergesellschaftete, im Gehege der Institutionen lebende Mensch wird immer noch in seinem Interesse-, Gefühls- und Handlungsleben von der „atavistischen“ Begierde- und Rationalitätsstruktur geleitet, die auch seine Naturzustandsexistenz geprägt hat. Das Hobbes'sche Argument setzt auf die Integrationsleistungen der sanktionsbewehrten Institutionen, die das strategische Handeln der Individuen zur Anpassung an die objektiv gewünschte Ordnung zwingen. Sein Sozialisationskonzept stützt sich auf einen *externalistischen Institutionalismus*. Als sich Odysseus von seinen Gefährten an den Mast binden ließ, um dem Gesang der Sirenen lauschen zu können, ohne Gefahr zu laufen, an den Klippen zu zerschellen, wurde die Institution geboren. Institutionen sind äußere Rahmenbedingungen, die die Verwirklichung eines erwünschten Resultats sichern, ohne von den Individuen die Anstrengungen moralischer Selbstdisziplinierung, interner Besserung, tief greifender Verhaltensänderung zu verlangen. Die Hobbes'schen Menschen erfinden den Staat, um sich nicht ändern zu müssen.

Ganz anders Rousseau. Die emphatische Menschwerdungsmetapher lässt keinen Zweifel daran, dass mit dem alten Menschen des Naturzustandes keine Gesellschaft und kein Staat zu machen ist. Der Mensch muss sich ändern, seine Natur muss sich ändern. Das natürlich-instinktive Verhaltensprogramm muss durch eine vernünftige Lebensführung, durch ein verhaltensbestimmendes Gemeinschaftsethos ersetzt werden. Die Alienationsklausel des Rousseau'schen Gesellschaftsvertrages hat neben den rechtlich-politischen Konnotationen auch die fremde, das Vertragsparadigma sprengende Bedeutung einer Moralisierung, durch die der natürliche Triebegoismus der Menschen moralisch-vernünftig überformt wird. Und diese Überformung ist tief greifend, kommt einer Verwandlung gleich, in der alle Spuren der ersten Natur ausgelöscht werden.[50] Es ist eine Merkwürdigkeit des Rousseau'schen Kontraktualismus, dass er den staatsrechtlichen Diskurs der politischen Philosophie der Neuzeit mit dem ethischen Diskurs der Tradition vermischt, damit Motivations-, Erziehungs- und Integrationsfragen in die Argumentation einführt, die der auf Externalisierung aller Koordinationsprobleme ausgerichtete neuzeitliche Kontraktualismus glaubt aus dem Diskurs der politischen Philosophie ausklammern zu können.

Rousseaus Vergesellschaftungskonzept stützt sich auf einen *internalistischen Moralismus*, der die strategische, äußerlich abgenötigte Anpassung durch innere Formung ersetzt, der die Menschen innerlich allgemeinheitsfähig macht und das Allgemeine durch Gemeinsinn und Gemeinwohlorientierung in ihnen wirksam werden lässt. Rousseau sieht sich daher auch gezwungen, Überlegungen in seine Theorie aufzunehmen, mit denen sich Kontraktualisten gewöhnlich nicht belasten müssen, Überlegungen, die sich mit den Voraussetzungen einer ethischen Integration, mit Gestalt und Gestaltung ethosstabilisierender sozialer und ökonomischer Lebensbedingungen beschäftigen: Wie können Menschen zu Bürgern werden, wie kann der Egoist ein Patriot, der Individualist ein Gemeinschaftsmensch werden, wie müssen Menschen erzogen werden, um Gemeinsinn zu entwickeln, um politische Tugenden zu erwerben – Überlegungen, die in der Einführung des herzenskundigen *Législateur* und eines zivilreligiösen Zwangsbekenntnisses gipfeln.

In diesem Bedeutungszusammenhang ist die vertragliche Assoziation als Chiffre eines naturverändernden, vernunftausbildenden, charakterumwandelnden Ethisierungsprozesses nur die Abkürzung einer Reihe unterschiedlicher politisch-ethischer Erziehungsmaßnahmen. In der Folge dieser ethischen Kontextualisierung des vertragsgesellschaftlich-demokratischen Ordnungsmodells verblasst die rechtliche Bedeutungsdimension des Kontraktualismus immer mehr. Der rechtliche Sinn seiner Hauptbegriffe wird konsequent ethisch eingefärbt; die menschenrechtlich verankerten und durch den Vertrag politisch ausgelegten Prinzipien des Egalitarismus und Universalismus werden durch einen republikanischen Partikularismus ersetzt. Durch diese sittliche Verwandlung wandert der Rousseau'sche Bürger aus der Moderne aus. Die Moderne ist charakterisiert durch Differenzierung und Trennung; sie entwickelt ein konfliktregulierendes Management der Unterscheidungen: Moralität scheidet sich von Legalität, Öffentlichkeit und Privatheit treten auseinander; Staat und Gesellschaft trennen sich ebenso wie Politik und Religion. Rousseaus *Gesellschaftsvertrag* wendet sich auf allen Ebenen gegen diese Trennungen und Unterscheidungen. Er ist ein Fanal der Entdifferenzierung.

In einer Hinsicht hat übrigens auch der Hobbes'sche Vertrag schöpferische Qualität. Man denke etwa an die großartige Einleitung in den *Leviathan*, in der die Anatomie des künstlichen Menschen beschrieben wird, der durch das schöpfungsimitierende und gottgleiche „Fiat“ der Menschen, durch ihr „Lasst uns einen künstlichen Menschen, einen Staat machen“ ins Leben gerufen wird: „Lastly, the *Pacts* and *Covenants*, by which the parts of the Body Politique were at first made, set together, and united, resemble that *Fiat*, or the *Let us make man*, pronounced by God in the Creation.“[51] Und an anderer Stelle heißt es: „Before covenants and laws were drawn up, neither *justice* nor *injustice*, neither public good nor public evil, was natural among men any more than it was among beasts.“[52] Der Verbindlichkeitsanspruch der Welt der Normen ist ohne allen objektiven ontologischen Rückhalt; Moral und Recht sind bei Hobbes kollektive Inventionen, entstammen einer verbindlichkeitstheoretischen creatio ex nihilo. Die verbindlichkeitstheoretische Urhandlung, die zur Erschaffung der moralischen Welt führt, ist die in der Fähigkeit providenzieller Zukunftsverfügung gründende Selbstbindung, die nur im Medium der promissiv-kontraktualistischen Sprache Bedeutung gewinnen kann: „there being no obligation on any man, which ariseth not from some Act of his own"[53]. Die moralische Welt ist zwischen den Prädikaten der moralisch-rechtlichen Verpflichtungssprache aufgehängt, denen durch die inventiven promissorisch-kontraktuellen Sprechakte der Selbstverpflichtung und autorisierenden Rechtsübertragung Verbindlichkeit zuwächst. So wie in der traditionellen Sichtweise der Wille Gottes zu den Gesetzen hinzutreten muss, um ihnen Verbindlichkeit zu verleihen, so tritt bei Hobbes jetzt der sich vertragssprachlich artikulierende Wille der Menschen zu den Klugheitsregeln und nutzenmaximierenden Strategien hinzu, um ihnen die zusätzliche, aus ihrer inhaltlichen Beschaffenheit selbst nicht zu gewinnende Eigenschaft verbindlicher Normativität zu verleihen.

Hobbes war sich der Zumutungen der Moderne bewusst und über die verbindlichkeitstheoretischen Auswirkungen einer gottentleerten Welt, einer entfinalisierten Natur im Klaren. Zur Illustrierung des Problems greift er jedoch ironischerweise auf die begrifflichen Requisiten und mythischen Bilder der abgelegten Weltanschauung zurück und inszeniert die Entstehung einer moralischen Welt aus menschlicher Selbstmächtigkeit als Wiederholung des göttlichen Kreationismus. In der Verbindlichkeitstheorie nimmt der Mensch eine gottgleiche Schöpferrolle ein: So wie Gott die natürliche Welt geschaffen hat, so schafft der Mensch die von der natürlichen Welt getrennte, nicht auf sie zurückzuführende moralische Welt. Deutlicher könnte der Abstand des Hobbes'schen Denkens zur naturrechtlichen Tradition nicht zum Ausdruck gebracht werden. Es gibt nicht mehr die eine, in sich normativ verfasste und daher auch für menschliche Lebensverhältnisse vorbildlich-verbindliche Seins- und Naturordnung; die Natur, die sich den modernen Menschen in der Auslegung der mathematischen Naturwissenschaften zeigt, ist sinnleer, verbindlichkeitsfrei, pure Tatsächlichkeit; aller normativer Orientierungssinn ist aus ihr entschwunden. Dem Menschen bleibt damit nur die Wahl, sich entweder in die Tatsächlichkeit der Natur zu schicken und sich ausschließlich als Teil der Natur zu erblicken, oder eine moralische Welt selbstmächtig aus sich herauszuspinnen und der Natur entgegenzustellen. Daher erzählt die Hobbes'sche Philosophie die Geschichte von den zwei parallelen Schöpfungen, von der Schöpfung der natürlichen Welt durch Gott, die durch die Physik rekonstruiert werden kann, und von der Schöpfung der moralischen Welt durch den Menschen, die in dem Hobbes'schen Kontraktualismus nacherzählt wird.[54]

Rousseaus Menschwerdung freilich geht über diese verbindlichkeitstheoretische Produktivität des Vertrages weit hinaus. Den Vertrag als Quell von Normativität auszulegen, Verbindlichkeit somit nicht mehr als objektive Eigenschaft, sondern als voluntaristische Funktion zu verstehen, ist systemkonform, denaturiert nicht den Vertragsbegriff. Rousseau jedoch sprengt das Vertragsschema. All die Veränderungen, die sich für ihn in der vertraglichen Assoziation bündeln – der Übergang vom Tierischen zum Menschlichen, vom Natürlichen zum Moralischen, von der Instinktleitung zur Autonomie, von affektiver, triebbestimmter Reaktivität zur Vernünftigkeit, vom natürlichen Egoismus zur sittlichen Gemeinwohlorientierung –, sind nicht als Folgen einer vertraglichen Einigung explizierbar.

Rousseau wollte im Gesellschaftsvertrag ein normatives Erkenntnisprogramm entwickeln, um die Rechtmäßigkeitsbedingungen politischer Herrschaft zu finden. Aber dieses Programm ist gescheitert. Die herrschaftsrechtliche Sprache verliert im tugendethischen Zwielicht ihre semantische Kontur. Die strenge legitimationstheoretische Begrifflichkeit des Kontrakts wird durch eine republikanische Metaphorik unterspült, die klare Sprache des Rechts durch vage Tugendrede vernebelt. Rousseaus Kontraktualismus gleicht einem Palimpsest: Auf der sichtbaren Oberfläche präsentiert sich ein modernitätsadäquater Liberalismus in vertragstheoretischer Schrift. Aber kratzt man ein wenig an dieser rechtssprachlichen Oberfläche, dann taucht ein ganz anderer Text auf, ein republikanischer Subtext, der eine ganz andere, an ferne Zeiten erinnernde politische Botschaft verkündet.

Denkt man an das der vertraglichen Vereinigung aufgeladene Veränderungspensum, dann wird man feststellen müssen, dass sich der Kontraktualismus im *Gesellschaftsvertrag* in Geschichtsphilosophie auflöst. Anders als im *Diskurs über die Ungleichheit* wird diesmal aber die Geschichte einer sittlichen Veredelung, einer gleichzeitig ontogenetischen und phylogenetischen Personwerdung erzählt. Verwendet Rousseau im zweiten Diskurs den sittlich unzulässigen Vertrag seiner kontraktualistischen Vorgänger in ideologiekritischer Hinsicht zur Illustrierung der internen Falschheit und Unsittlichkeit der geschichtlichen Entwicklung, so wird im *Gesellschaftsvertrag* der sittlich zulässige Vertrag zur Chiffre geglückter Vergesellschaftung. Buchstabiert der Ungleichheitsdiskurs die geschichtsphilosophische These kontraktualistisch, so interpretiert der *Gesellschaftsvertrag* den Vertrag geschichtsphilosophisch. Nur das Wertungsvorzeichen ändert sich. Hat die kontraktualistische Geschichtsphilosophie das Paradies unwiederbringlich hinter sich, ist sie Geschichte des Abfalls und des Niedergangs, so hat der geschichtsphilosophische Kontraktualismus das Paradies vor sich, ist er Ausdruck von Hoffnung und Aufstieg. Diese geschichtsphilosophische Auslegung des Vertrages freilich bekommt dem kontraktualistischen Argumentationsschema nicht, denn sie zwingt die Vertragstheorie in einen fundamentalen Widerspruch.

Die Vertragstheorie verbindet den Vertrag mit einer grundlegenden Verbesserung der menschlichen Lebensumstände. Der durch ihn herbeigeführte neue, staatlich-gesellschaftliche Zustand weist all die Defekte nicht mehr aus, die für den Naturzustand charakteristisch sind. Damit das Vertragsargument freilich überzeugen kann, muss die naturzustandseigene Defizienz ausschließlich eine der äußeren Lebensbedingungen der Menschen sein. Es ist die Defizienz der äußeren Natur, an deren Abschaffung die rationalen, ihrer Interessen sicheren, verständigen und zu providenzieller Vernunft fähigen Menschen arbeiten. Und sie können an dieser Verbesserung der Lebensumstände gezielt arbeiten, weil sie aufgrund ihrer Reflexivität eine naturexterne Position besitzen. Wird der Vertrag jedoch als begriffliche Abbreviatur eines Zivilisierungsprozesses verstanden, der den instinktgelenkten Naturmenschen in einen vernunftgeleiteten Gesellschaftsmenschen verwandelt, dann ist der Vertrag nicht mehr eine Antwort auf die Defizienz der äußeren Natur, sondern eine Antwort auf die Defizienz der inneren Natur des Menschen. Nur fragt man sich jetzt, wer denn diese Antwort geben kann.

Menschen, die einen Vertrag zur Verbesserung ihrer äußeren Lebensumstände schließen, sind denkbar; Menschen, die einen Vertrag schließen, um die intellektuelle, rationale und moralische Defizienz ihrer schieren Naturalität in einem langwierigen Vergesellschaftungsprozess zum Verschwinden zu bringen, sind nicht denkbar. In der Biologie kommen Verträge nicht vor. Der natürliche Mensch, der nur als Gattungsexemplar existiert, ist kein denkbares Rechts- und Vertragssubjekt. Ihm fehlen alle intellektuellen Qualitäten, die notwendig sind, um den gemeinsamen Auszug aus dem Zustand der natürlichen Defizienz zu organisieren. Er kann den Vertrag keinesfalls durch Situationsanalyse und Abwägung alternativer Lebensumstände rational vorbereiten. Er kann ihn aber auch nicht schließen, weil der Naturmensch kein zu wechselseitiger Verpflichtung fähiges Rechtssubjekt ist. Durch die geschichtsphilosophische Umdeutung des Vertrages zerstört Rousseau die anthropologischen Voraussetzungen des Vertragsarguments. Die im Vertrag anvisierte, durch den Vertrag ermöglichte Zustandsveränderung ist grundsätzlich nur als Wandel äußerer Lebensverhältnisse sich selbst nicht ändernder Menschen denkbar. Ein Veränderungsprozess hingegen, der nicht die äußere Umwelt der Menschen betrifft, sondern im Menschen selbst stattfindet, der nicht seine Umwelt, sondern seine innere Natur verwandelt, ist konsistent nicht als vertraglich herbeigeführte Zustandsveränderung beschreibbar.

Mit dieser geschichtsphilosophischen Deutung des *Contrat social* gehen jedoch noch weitere Unstimmigkeiten einher. Notwendigerweise ist der Vertragsschluss der Naturzustandsbewohner eine intentionale Handlung, anderenfalls wäre der Vertrag in einem Argument, mit dessen Hilfe die Legitimität von Herrschaft begründet und der politische Gehorsam der Bürger als rational gerechtfertigt werden soll, nicht verwendbar. Ein Prozess ist aber keine Handlung, erst recht nicht „die freiwilligste Handlung von der Welt" (IV.2; 440; 170). Seit jeher neigten Menschen dazu, Prozesse nach dem Muster von Handlungen auszulegen, um ihnen Sinn und Richtung zu geben. Sie haben der Geschichte ein Subjekt unterstellt, um die Unerträglichkeit anonymen Prozessgeschehens zu mildern, um sich selbst sinnvoll in die Strukturabläufe einfädeln zu können oder um einen Verantwortlichen identifizieren zu können, dem die Schuld für das Geschehen aufgebürdet werden kann. Die Umkehrung dieser Strategie macht aber wenig Sinn. Was soll damit gewonnen werden, wenn innerhalb eines normativen Argumentationskontextes explizites menschliches Handeln in ein anonymes Prozessgeschehen umgedeutet wird? Die einzige Folge dieser Uminterpretation ist die Marginalisierung verantwortungsfähiger Subjektivität und all ihrer Handlungen. Rousseau entwickelt hier wahrlich eine desaströse Hermeneutik. Seine Deutung bringt das Gedeutete zum Verschwinden; Vertrag und Staatsrecht verlieren ihre subjektivitätstheoretischen Voraussetzungen und lösen sich auf.

III. Volkssouveränität und „volonté générale"

1. Die „volonté générale" in Diderots Naturrechts-Artikel

Der Begriff der *volonté générale* taucht bei Rousseau zum ersten Mal in seinem *Enzyklopädie*-Artikel über die *Economie politique* auf. Er hat ihn, wie er selbst bemerkt, aus Diderots Naturrechts-Artikel übernommen. Diderots Allgemeinwille ist Menschheits- oder Gattungswille. Er wird als universalistisch-substanzielle Verpflichtungsinstanz eingeführt, der es obliegt, „die Grenzen aller Pflichten festzulegen". An ihn muss „sich das Individuum wenden, um zu erfahren, inwieweit es Mensch, Staatsbürger, Untertan, Vater, Sohn sein soll, und wann es ihm geziemt, zu leben oder zu sterben". Der Allgemeinwille besitzt, so scheint es, pflichtentheoretische Allzuständigkeit: In welchem Sozialkreis wir uns gerade befinden, welche soziale Rolle wir im Augenblick spielen, wenn wir uns über die zuständigen Pflichten informieren wollen, müssen wir den Allgemeinwillen fragen; wir müssen unter Einsatz unserer sich über alle Leidenschaften und selbstsüchtigen Interessen hinwegsetzenden Verstandeskräfte ermitteln, ob unsere geplanten Handlungen mit dem „allgemeinen Willen und dem gemeinsamen Wunsch der ganzen Gattung" in Übereinstimmung stehen. Das Pflichtregiment des Allgemeinwillens dient der Verwirklichung des Wohls aller. Auf nichts anderes ist der Allgemeinwille aus; daher ist er „immer gut; er hat nie getäuscht und wird nie täuschen".[55]

Näheres ist über den Gemeinwillen nicht zu erfahren. Diderots Artikel ist kein Ruhmesblatt systematischer Moralphilosophie. Er bietet alles andere als eine „Entwicklung" dieses „großen und lichtvollen Prinzips", wie Rousseau höflich schreibt.[56] Er ist assoziativ in der Darstellung und in der Gedankenführung wirr, deutlicher noch in den kritischen Partien als in der Entfaltung der eigenen Position. Ein Grundgedanke scheint einigermaßen erkennbar. Er besteht aus zwei Thesen. Die erste These lautet: Um die Bedeutung unserer moralischen Grundprädikate zu bestimmen, dürfen wir uns nicht auf unsere Interessen, Leidenschaften und Begierden stützen. Und die zweite These lautet: Um das moralitätseigentümliche Allgemeinheitsniveau zu erreichen, dürfen wir uns nicht auf Verfahren stützen, die auf die eine oder andere Weise individuelle Interessen verallgemeinern oder vereinigen. Die erste These ist trivial, da sie nichts anderes als eine Minimalbedeutung von Moral zum Inhalt hat. Die zweite These ist hingegen nicht trivial, da es die Kriterien der formalen Verallgemeinerung, der formalen Gleichbehandlung und der Reziprozität verabschiedet, damit nichts Geringeres als die altehrwürdige und viel gepriesene Goldene Regel und ähnliche, dem Tauschprinzip verwandte Verfahren der Allgemeinheitsherstellung verwirft. Der „leidenschaftliche Vernünftler“, den Diderot in seinem Artikel zum Schweigen bringen möchte, ist ein Anhänger des formalen Reziprozitätsprinzips. Gerechtigkeit ist für ihn die Bereitschaft, das Recht, das man sich selbst nimmt, auch jedem anderen zuzubilligen. Somit kann die subjektive Willkür den Text des Naturrechts verfassen, wenn sie sich nur zu dieser Konsequenz der formalen Gleichbehandlung bereit findet. Aber Unparteilichkeit ist für den Anti-Liberalen Diderot nicht distributiv allgemeine Parteilichkeit. Er warnt davor, Allgemeinheit mit dem generalisierten, dem überlappenden Egoismus zu verwechseln und die Konvergenzzonen individueller Präferenzen zu suchen. Von dem besonderen Willen, den Leidenschaften und subjektiven Interessen führt keine Eselsbrücke zur Gerechtigkeit. Es gibt keine prozedurale Verbindung zwischen dem Subjektiven und dem Objektiven. Das deckungsgleiche Subjektive bietet kein solides Fundament für Naturrecht und Moral.

Diderot verabschiedet in seinem Artikel implizit alle allgemeinheitssichernden Verfahren der individidualistischen Rationalität. Nicht nur die Goldene Regel, sondern auch der Vertrag scheidet als Erkenntnisverfahren und als Verpflichtungsprozedur aus. Daher ist die von dem Allgemeinwillen verlangte Allgemeinheit auch keine formale, sondern eine materiale. Obwohl sich Rousseaus Vorstellungen von der *volonté générale* von Diderots Konzept des Gemeinwillens bereits in dem *Artikel über Politische Ökonomie*, und noch deutlicher dann im *Gesellschaftsvertrag* entfernen, teilt er Diderots Zurückweisung der Allgemeinheitskonzepte der individualistischen Rationalität. Auch sein Allgemeinwille ist ein alternatives, dem Universalisierungsverfahren des Kontraktualismus polemisch entgegengestelltes Modell der Allgemeinheitsgewinnung.

Das, was diese materiale und substanzielle Allgemeinheit will und was die Menschheit sich von jedem ihrer Mitglieder und für jedes ihrer Mitglieder wünscht, zeigt uns kein moralisches Gefühl, kein Gerechtigkeitssinn, sondern der Verstand, der in der traditionellen Rolle des willkommenen Widersachers der Leidenschaften sich über alles Subjektive im Menschen zu überheben vermag und zu wahrer Unparteilichkeit aufzusteigen fähig ist. Dieser Verstand darf dann aber nichts mit der individualistischen Rationalität der Kontraktualisten zu tun haben, darf nicht mit kluger Interessenverwaltung verwechselt werden. Das, was die Diderot'sche Allgemeinheit will, ist nicht identisch mit dem, was das Selbstinteresse will, wenn es denn nur Verstand hat und seine Zukunft nicht über seine Gegenwart vergisst. Der Verstand muss ein genuines moralisches Erkenntnisorgan sein, das zur Transzendierung aller Interessen und Leidenschaften fähig ist.

Entsprechend ist die *volonté générale* auch eine eigenständige, den Partikularwillen entgegentretende moralische Willens- und Interesseninstanz. Es ist nicht der verallgemeinerbare subjektive Wille, sondern der Allgemeinwille, der Wille der Allgemeinheit. Ersterer ist immer noch vom Stoff des Besonderen, immer noch aus dem Material der subjektiven Interessen und Leidenschaften geformt, schafft Objektivität nur durch prozeduralen Ausgleich von unterschiedlichem Subjektiven. Letzterer hingegen ist eine selbstständige Kraft mit einem selbstständigen materialen Interesse, dessen Höherrangigkeit zu erkennen und anzuerkennen ist. Aufgrund dieser substanziellen Differenz zwischen dem Partikularen und dem Allgemeinen verlangt ein allgemeinheitsdienliches Handeln im Diderot'schen Sinne eben weitaus mehr als Aufklärung über die externen Gelingens- und Kontinuitätsbedingungen individueller Lebensprojekte. Nicht schon Vermehrung der Rationalitätsanstrengungen liefert den Zugang zum Allgemeinen. Es bedarf vielmehr einer vollständigen Neuorientierung, eines bekehrungsähnlichen Wandels – nicht unähnlich dem, den Rousseau im *Gesellschaftsvertrag* als Entstehungsvoraussetzung der dann freilich auf die sittliche Partikularität einer Republik eingeschrumpften *volonté générale* skizziert hat.

Das Diderot'sche Naturrecht setzt sich in deutlichen Gegensatz zu den Legitimationskonzepten der Neuzeit; es ist weder mit dem Kontraktualismus noch mit der kantischen Vernunftrechtsposition vereinbar. Um den reziprozitätsobsessiven Hobbesianer zu widerlegen, offeriert Diderot merkwürdigerweise eine Konzeption, die insbesondere in ihrem normativen Allzuständigkeitsanspruch Grundüberzeugungen vormodernen Denkens wieder aufnimmt. Unberührt von den für die systematische Entwicklung des Naturrechtsdenkens im 17. und 18. Jahrhundert überaus wichtigen Grenzziehungen zwischen Recht, Moral und Tugendethik auf der einen Seite und vorstaatlichem und staatlichem Recht auf der anderen Seite erweckt Diderot im Allgemeinwillen den materialen naturrechtlichen Objektivismus der Traditionswelt zu neuem Leben.

2. Der Gemeinwille in Rousseaus „Abhandlung über die Politische Ökonomie“

Die politische Welt ist nicht von Natur aus; sie ist eine Schöpfung der Menschen. Sie ist *nómos*, nicht *physis*. Sie ist eine Setzung, die sich eine Satzung gibt. Diese modernitätstypische Überzeugung vom artifiziellen und konventionellen Charakter der politischen Ordnung hat jedoch keinen neuzeitlichen politischen Denker davon abgehalten, sich zu ihrer Veranschaulichung einer Metaphorik zu bedienen, die ihre zentralen Bilder der

Anthropologie, und nicht etwa der Maschinenwelt entnimmt. Dadurch wird die organische Einheit des Körpers zum Vorbild politischer Einigung und der das Körpersystem mühelos beherrschende Wille zum Muster erfolgreicher Herrschaft.

Der Staat ist die Einheit von politischem Körper und politischem Willen. Der politische Wille will für die Gesamtheit nichts anderes als das, was auch jedes Individuum für sich will: Selbsterhaltung und Glück. Ihm ist ausschließlich an sich gelegen, an der Kontinuität seiner Existenz und an der Steigerung seiner Lebensqualität. Er ist Gemeinwille, „der immer auf die Erhaltung und auf das Wohlbefinden des Ganzen und eines jeden Teiles zielt"[57]. Er äußert sich durch allgemeine Gesetze, die gleichermaßen an alle Bürger gerichtet sind und ausschließlich die Befindlichkeiten des Allgemeinen zum Gegenstand haben. Da diese Gesetze definieren, was in ihrem Geltungsbereich als Gerechtigkeit gilt, bilden sie für die Bürger „die Regel des Gerechten und Ungerechten". Diese Formulierung hätte auch von Hobbes stammen können und ist mit dem naturrechtsverwandten Diderot'schen Konzept vom Allgemeinwillen nicht vereinbar.

Es scheint, dass der Allgemeinwille im Rousseau'schen *Enzyklopädie*-Artikel zum Staatswillen (volonté de l'état) wird, dass sein Geltungsbereich dort endet, wo die Grenzen des Staates enden. An die Stelle des Diderot'schen Universalismus träte damit ein Partikularismus. Der Gerechtigkeitsbegriff verlöre seine allgemeine moralische Bedeutung und würde zu einer ausschließlich politischen Konzeption, die nur noch gemeinschaftsbezogene Geltung beansprucht. Wäre es so, dann hätte Rousseau im *Enzyklopädie*-Artikel bereits im Kern die Position vertreten, die im *Gesellschaftsvertrag* entwickelt wird. In Wirklichkeit ist es jedoch so, dass der *Enzyklopädie*-Artikel eine merkwürdige Zwischenstellung zwischen dem Partikularismus des *Contrat social* und dem Diderot'schen Universalismus einnimmt. Denn Rousseau partikularisiert und pluralisiert nicht nur die *volonté générale*, er gradualisiert sie auch. Während Diderot den einen Gemein- und Menschheitswillen mit naturrechtlicher Allzuständigkeit ausstattet und als Prinzip aller unterschiedlichen sozialen Pflichtkreise vorstellt, ordnet Rousseau jedem dieser sozialen Pflichtkreise von den vielen Privatgesellschaften über Gemeinde, Stadt, Land und den Staat bis zur Menschheit je eigene, mit bereichsspezifischer Regelungs- und Organisationskompetenz ausgestattete Gemeinwillen zu. Dadurch entsteht eine an Althusius erinnernde Hierarchie von Consociationes.[58] Für jede dieser Sozialformationen gilt: Der sie intern organisierende Wille ist für die jeweiligen Mitglieder ein allgemeiner, für alle Nicht-Mitglieder jedoch lediglich ein besonderer ohne moralischen Belang. In dieser Hierarchie hat auch der Diderot'sche Gemeinwille Platz: Er ist das Prinzip der „großen Stadt der Welt"[59], der Kosmopolis, in der jeder Mensch natürliches Mitglied ist. Und während Rousseau sich in den beiden Fassungen des *Contrat social* ausdrücklich von der Vorstellung verabschiedet, jenseits der staatlich geordneten Gemeinschaft könne es einen politischen Körper geben, nimmt er hier aufgrund der durchgängigen Korrelation von *volonté générale* und *corps politique* an, dass auch die Menschheit ein *corps politique* sei, der von einem Allgemeinwillen gelenkt werde.

Geltungskonkurrenzen gibt es in dieser Hierarchie nicht. Der Anspruch der übergeordneten und in der Regel mitgliederstärkeren Sozialformation genießt uneingeschränkten Vorrang. „Die Pflichten des Bürgers gehen vor den Pflichten des Senators, und die Pflichten des Menschen vor den Pflichten des Bürgers."[60] Das Weltbürgerprinzip, das Menschheitsprinzip ist somit geltungslogisch nicht relativierbar; es übertrumpft die Ansprüche aller untergeordneten Gemeinwillen; deren Verpflichtungswirkung reicht jeweils nur so weit, wie sie mit der Gesetzgebung des Menschheitswillens in Übereinstimmung steht. Gerechtigkeit wird damit funktional abhängig von der Extension des Gemeinwillens: Je allgemeiner der Gemeinwille, umso gerechter ist er.[61] Im *Gesellschaftsvertrag* finden wir weder den Diderot'schen Menschheitswillen noch diese Gemeinwillenhierarchie aus der *Abhandlung über die Politische Ökonomie* mehr. Der *Gesellschaftsvertrag* entwirft das Bild einer hoch integrierten, geradezu homogenitätsbesessenen politischen Gemeinschaft, die alles unternimmt, um die Gesellschaft vor Fraktionierung, Fragmentierung und Parteiung zu bewahren. Um die Verwirklichung des Gemeinwillens sicherzustellen, muss jeder Bürger dem politisch Allgemeinen gleich nah sein und darf nicht durch unterschiedliche Mitgliedschaften in Teilgesellschaften von seiner Konzentration auf das Gemeinwohl abgelenkt werden. Daher gibt es nur einen Gemeinwillen im *Gesellschaftsvertrag;* im Vergleich mit ihm sind alle anderen Individual- und Gruppenwillen nur Einzel- und Sonderwillen, die seinen eifersüchtig gehüteten Geltungs- und Zuständigkeitsbereich einschränken wollen.

Mit der Hierarchie sich überbietender Gemeinwillen erklärt sich Rousseau nebenbei auch das Phänomen der selektiven Moralität. Es ist ja eine vertraute Erfahrung, dass Menschen, die allgemeinere Moralgebote missachten, gleichzeitig große Ethostreue an den Tag legen können, die Ehre ihrer Familie verteidigen und die Regeln ihrer Gruppe strikt befolgen. Der Mörder kann seinen Sohn abgöttisch lieben; und der Dieb und Räuber denkt nicht daran, die Mitglieder seiner Bande zu betrügen. Diese selektive Moralität verdankt sich dem Umstand, dass die Menschen ihr Verhalten nicht der Verbindlichkeitshierarchie sich überbietender Allgemeinheiten anpassen. Ihre Moralität ist den zumutungsvollen Ansprüchen des sich aufgipfelnden Abstrakten nicht gewachsen. Ihre Loyalität reicht nicht weiter als das Gruppenethos. Nur die konkrete, direkt erfahrbare Allgemeinheit des vertrauten Lebensbereiches wird als Verpflichtungsquell anerkannt.

Im *Contrat social* entfernt sich Rousseau noch weiter von Diderot. Während aufgrund der Idee einer Hierarchie von immer umfassenderen Allgemeinwillen der Diderot'sche Gattungs- und Menschheitswille in der *Abhandlung über die Politische Ökonomie* immerhin noch als oberster Allgemeinwille beibehalten wird, wird er im *Gesellschaftsvertrag* gestrichen. Mit ihm verschwindet die Instanz des Naturrechts. Im *Gesellschaftsvertrag* wird Rousseau zum Hobbesianer. Es gibt keine die Bestimmungen des politischen Allgemeinwillens transzendierende normative Prinzipienebene mehr. Die Frage nach der Gerechtigkeit wird allein politikimmanent beantwortet; Gerechtigkeit fällt mit der internen Normativität gelingender gesellschaftlicher Selbstorganisation freier und gleicher Individuen zusammen. Diese Politisierung der Gerechtigkeit ist die Konsequenz der staatsrechtlichen Neubestimmung der *volonté générale*.

3. „Aliénation totale“

Damit der Vertrag vor dem Hintergrund der Rousseau'schen Naturzustandsskizze allgemein anerkannt werden kann, muss er sowohl gültig als auch rational sein, sowohl einen Erfolg versprechenden Ausweg aus den Lebensnöten des Naturzustandes bieten als auch zuverlässig die Unabhängigkeit eines jeden von fremder Willkür sichern. Mit einem Wort: Der Vertrag muss zu einer Gesellschaft führen, in der sowohl das technisch-praktische Kooperationsproblem des Naturzustandes als auch das normativ-praktische Autonomieproblem gelöst ist. Ihm gelingt dies aufgrund seiner Entäußerungsklausel, weil er die „vollständige Entäußerung eines jeden Mitglieds mit allen seinen Rechten an die Gemeinschaft“ verlangt (I.6; 360; 73).

Drei Argumente bringt Rousseau für die Notwendigkeit einer *aliénation totale* vor. Zuerst das Argument des Egalitarismus: Wenn sich jeder „ganz hingibt, so ist das Verhältnis für alle gleich, und [...] so hat niemand ein Interesse daran, es den anderen drückend zu machen“. Sodann das Argument von der friedensgewährleistenden Letztinstanzlichkeit: Der allgemeine Wille kann ein friedliches Zusammenleben nur dann garantieren, wenn sich jeder rückhaltlos all seiner Rechte, seiner Freiheit und seiner Macht entäußert, wenn er folglich keine Rechtsansprüche zurückbehält, die Klagebefugnisse gegen den gesetzgebenden Willen begründen könnten und diesen zu einer Partei eines Rechtsstreites machten. Quis iudicabit? Wer würde denn dann entscheiden? Es ist dies eine Variation des Hobbes'schen Letztinstanzlichkeitsarguments, das einen Souverän mit unwiderstehlicher Macht, einen letzten Entscheider, einen inappellablen Richter verlangt.

Das dritte Argument, das eine *aliénation totale* notwendig macht, steht im Zusammenhang mit der Auflage, eine Gesellschaftsform zu begründen, in der die Selbstbestimmungsfreiheit nicht geschmälert wird und jeder so frei bleibt wie zuvor. Denn der, der sich „allen überäußert, überäußert [...] sich niemandem“ (I.6; 361; 74). Mehr noch: Die rückhaltlose Entäußerung führt zu einem überaus vorteilhaften Tausch: „Da man über jedes Mitglied das gleiche Recht erwirbt, das man ihm über sich selber einräumt, gewinnt man den Gegenwert über alles, was man verliert, und ein Mehr an Kraft, das zu bewahren, was man hat.“ Die Entäußerung folgt damit einer ähnlich paradoxen Ökonomie wie die Liebe: Verwandelt diese die Hingabe in eine Bereicherung, so der Vertrag die Entäußerung in einen Gewinn.

Damit der *aliénation-totale*-Vertrag nun wirklich eine Gesellschaftsform begründet, in der die Autonomiebedingung erfüllt ist, muss der Vertrag selbst zur Verfassung und zur Verlaufsform gesellschaftlichen Lebens werden. Rousseaus Vertrag erlaubt nicht, als gründungsmythologische Figur in eine organisationspolitische Utopie vor der realen geschichtlichen Zeit abgeschoben zu werden, erlaubt auch keine auf den Widerstandsfall befristete politische Virulenz, er verlangt gesellschaftsweite Realität und andauernde Präsenz. Er ist selbst das Muster der politischen Organisation der Gesellschaft; keine andere als die volkssouveränitäre Herrschaft kann legitim sein. Für den politischen *makrós ánthropos* gilt dasselbe wie für den individuellen *mikrós ánthropos. Die Unveräußerlichkeit des Freiheitsrechts, die paradoxerweise die vollständige Entäußerung der Freiheit an die Gemeinschaft verlangt, um zu einer angemessenen politischen Organisationsform zu gelangen, bleibt bestehen und macht sich als Unveräußerlichkeit der Souveränität, als Unrepräsentierbarkeit des allgemeinen Willens und als Unvertretbarkeit der Herrschaftsteilhabe bemerkbar.* Genausowenig wie das natürliche Individuum, genausowenig wie der Mensch seine Selbstbestimmung aufgeben oder sie sich gegen das Linsengericht der Sicherheit oder Bequemlichkeit abhandeln lassen darf, genauso wenig darf der politisierte Mensch, der bürgerliche Herrschaftsteilhaber sich seine politische Freiheit, seine politische Selbstbestimmung abhandeln lassen. Er darf sich weder vertreten noch enteignen lassen. Eine repräsentative Demokratie verletzt die Bedingung politischer Autonomie ebenso sehr wie eine autokratische oder oligarchische Herrschaftsordnung.

4. Die Eigenschaften der Souveränität

Die durch den Rousseau'schen Vertrag der *aliénation totale* konstituierte Souveränität hat fünf charakteristische Eigenschaften: Sie ist unveräußerlich; sie ist unvertretbar; sie ist unteilbar; sie ist unfehlbar; sie ist absolut. All diese Eigenschaften sind unmittelbare Konsequenz des Vertrages und daher tautologische Bestimmungen, die nur den begrifflich festgelegten Bedeutungsgehalt der Volkssouveränität entfalten.

a) Unveräußerlichkeit

Die Souveränität manifestiert sich im Vollzug des allgemeinen Willens, der allein

„die Kräfte des Staates dem Zweck seiner Gründung entsprechend lenken kann. Der Zweck aber ist das Gemeinwohl. Denn wenn der Gegensatz der Einzelinteressen die Bildung von Gesellschaften notwendig gemacht hat, so hat sie das Zusammenspiel der gleichen Interessen möglich gemacht. Das soziale Band bildet das Gemeinsame in diesen verschiedenen Interessen. Gäbe es nämlich keinen Punkt, in dem alle Interessen übereinstimmten, so könnte keine Gesellschaft existieren. Aus diesem gemeinsamen Interesse muss die Gesellschaft einzig und allein regiert werden“ (II.1; 368; 84).

Unveräußerlich ist die Souveränität, weil allein der Gemeinwille eine angemessene, zweckentsprechende, eben gemeinwohlorientierte Herrschaft dauerhaft und zuverlässig ausüben wird. Der Inhalt des Gemeinwillens ist das Gemeinwohl. Im Gemeinwillen artikuliert sich die integrative Gemeinsamkeit der Gemeinschaft; nur der Gemeinwille kann daher eine gemeinschaftsfördernde Herrschaft ausüben; in ihm verwirklicht sich das Selbsterhaltungsinteresse der Gemeinschaft. Dieses Unveräußerlichkeitsargument ist ersichtlich pragmatischer Natur. Es korrespondiert genau der anthropomorphen Auslegung der Herrschaftsorganisation, bietet aber im Gegensatz zur Hobbes'schen Version dieses Arguments einen zusätzlichen inhaltlichen Grund. Nicht nur bedarf es eines einheitlichen Willens, um eine effiziente Lenkung der gesellschaftlichen (Körper-)Kräfte zu gewährleisten. Dieser einheitliche Wille muss auch der Gemeinwille sein, weil die Aufgabe einer gemeinwohlorientierten Politik bei ihm am besten aufgehoben ist. Der Kern des Unveräußerlichkeitsargument ist also geradezu expertokratisch: Der Gemeinwille besitzt die größte Gemeinwohlkompetenz. Das kann freilich nicht verwundern: Das Gemeinwohl ist sein logischer Inhalt. Unabhängig von ihm lässt es sich nicht formulieren und finden. Das, was als Gemeinwohl gelten kann, wird durch das, was der Gemeinwille will, bestimmt. Freilich, darauf werde ich weiter unten ausführlicher eingehen, ist der den staatsrechtlichen Diskurs bei Rousseau überlagernde Sittlichkeitsdiskurs so dicht, dass sich im Fortlauf des *Contrat social* immer mehr der Eindruck einstellt, dass das Gegenteil mindestens genauso richtig ist. Das Gemeinwohl ist vorausgesetzt und zeichnet den sich seiner annehmenden Willen als Allgemeinwillen aus, dem dann durch die Volkssouveränität ein Subjekt besorgt wird.

Der Unterschied zwischen diesen beiden Lesarten ist beträchtlich. Wenn die Vorrangigkeit der *volonté générale* gilt, kommt die Konstitution des

Gemeinwillens einer Heuristik des Gemeinwohls gleich. Der die vertragliche Einigung strukturell wiederholende Bildungsweg des Allgemeinwillens ist dann ein normatives Erkenntnisverfahren. Aufgrund dieser prozeduralen Bestimmung des Guten würde Rousseau trotz aller evidenten antimodernistischen Tendenzen seines Ethisierungs- und Republikanisierungsprogramms als Moderner gelten können. Nicht einer substanziellen Vernunft, nicht einer vorgegebenen Teleologie, nicht einem zwischen den Sternen aufgehängten Naturrecht wird ja die Bestimmung des Guten übertragen, sondern einem – seinem ursprünglichen rechtlichen Sinn nach universalistischen – demokratischen Verfahren. Hier zeigte sich auch der große Abstand Rousseaus zu Diderot. Bei Diderot bezeichnet der Allgemeinwille den Inbegriff aller naturrechtlichen Regeln, die teleologisch ausgerichtet sind und die Respektierung des Gattungswohls verlangen. Rousseau hätte dann diesen traditionsverhafteten Naturrechtskognitivismus durch einen idealen Prozeduralismus ersetzt. Er hätte den Diderot'schen Willen voluntarisiert und die Erkenntnis des Richtigen zu einer Funktion eines normativ ausgezeichneten Verfahrens gemacht. Der Maßstab, der prozedurextern das richtige Vorgehen bestimmt, ist die Wesensbestimmung der Freiheit, die nur solche Herrschaft akzeptieren kann, die sich im Modus der Selbsttätigkeit verwirklicht.

Gilt jedoch die Vorrangigkeit des Gemeinwohls, dann fällt diese metaethische These vom prozeduralistisch-kognitivistischen Charakter der *volonté générale* in sich zusammen. Dann ist Rousseau kein Diskursethiker *avant la lettre*, der aus Einsicht in die rechtfertigungstheoretische Problemlage der Moderne gesellschaftliche Verfahren zur Ermittlung des Wahren und Richtigen etabliert. Dann verliert sogar die Vertragsidee ihre argumentationslogische Priorität. Vertragliche Assoziation, Volkssouveränität und *volonté générale* werden vielmehr in eine vorgängige Gemeinwohlethik eingelassen, erhalten allein durch sie Sinn und Inhalt. Der prozeduralistisch interpretierte Gemeinwille ist notwendig formal, eben ein Erkenntnisverfahren, das nicht das inhaltliche Resultat präjudiziert, sondern nur die Modalität sichert: Was in diesem Verfahren ermittelt wird, kann als wahr und richtig gelten. Der substanzialistisch verstandene Gemeinwille ist hingegen immer schon inhaltlich bestimmt; das Gemeinwohl ist sein natürlicher Gegenstand. Dass die substanzialistische Interpretation der *volonté générale* eher zutrifft als die prozeduralistische, zeigt sich auch daran, dass der Rousseau'sche Gemeinwille eben nicht über ein Verfahren, sondern nur über seinen Inhalt identifiziert werden kann. Wäre das Verfahren ein Indikator des Gemeinwillens, dann könnten *volonté de tous* und *volonté générale* nie auseinander treten, dann ließe sich das, was der Gemeinwille will, empirisch nur über das Konsens- und Konvergenzergebnis des Willens aller erschließen. Aber Rousseau weist diese Gleichsetzung ausdrücklich zurück. Der Gemeinwille ist an keinen bestimmten empirischen Träger gebunden. Selbst wenn dem Volkssouveränitätsprinzip organisationspolitisch korrekt entsprochen würde und die Gesetze ausschließlich von einer Versammlung der Bürger erlassen werden, ja selbst wenn diese Gesetze immer einmütig beschlossen worden sind, ist nicht ausgemacht, dass der Gemeinwille in ihnen authentischen Ausdruck gefunden hat. Denn der Gemeinwille kann nur über den Inhalt, nicht über das Verfahren identifiziert werden.

Aber zurück zur Unveräußerlichkeitseigenschaft. Neben dem expertokratischen Unveräußerlichkeitsargument kennt Rousseaus Theorie noch ein weiteres und systematisch wichtigeres. Ich nenne es das autonomietheoretische Unveräußerlichkeitsargument. Es ist im Gegensatz zum ersten nicht epistemologischer Natur, sondern normativ-rechtlicher. Die Unveräußerlichkeit der Souveränität ist die politische Entsprechung der individuellen Autonomie; sowenig der Mensch Mensch bleibt, wenn er auf seinen Willen, auf Selbstbestimmung seiner Handlungen und seines Lebens verzichtet, so wenig bleibt ein Volk ein Volk, wenn es sich einen fremden Herren gibt und darauf verzichtet, seine Kräfte zur Beförderung seines Wohls durch den eigenen Willen zu lenken. Mit einem Wort: Zwischen der Unveräußerlichkeit der Souveränität und der Sicherung der individuellen Autonomie durch die Republik des Rousseau'schen Alienationsvertrages besteht ein logisches Bedingungsverhältnis: Nur dann vermag die durch den Vertrag begründete Gesellschaftsform eine selbstbestimmungskonforme Herrschaftsorganisation zu etablieren, wenn die Volkssouveränität auf immer beim Volk bleibt und die damit verbundenen legislatorischen Befugnisse nur von ihm wahrgenommen werden. Damit ist klar, dass die Unveräußerlichkeit der Souveränität überaus weit reichende herrschaftsorganisatorische Konsequenzen hat und nicht nur Monokratie und Oligarchie als autonomiewidrig verwirft, sondern auch all die demokratischen Ordnungsformen delegitimieren muss, die von der faktischen und unmittelbaren politischen Selbstorganisation der Gesellschaft abweichen und das souveräne Volk durch wie immer ermittelte Repräsentanten vertreten lassen.

b) Unrepräsentierbarkeit

Rousseaus Freiheitskonzept ist nicht auf eine liberale Einfriedung der Willkürfreiheit durch einen rechtlich geordneten Egoismus aus. Es ist von seiner subjektivitätstheoretischen Grundlage nicht ablösbar, ist im Willen, im erlebten Selbstbestimmungsvollzug verankert, kann folglich auch nicht repräsentiert werden.

„Die Souveränität kann aus dem gleichen Grund nicht vertreten werden, wie sie nicht veräußert werden kann. Sie besteht im Wesentlichen aus dem Gemeinwillen, und der Wille lässt sich nicht vertreten: Entweder ist er er selbst oder er ist es nicht. Dazwischen gibt es nichts. Abgeordnete des Volkes sind und können nicht seine Stellvertreter sein. Sie sind nur seine Beauftragten. Sie können nichts endgültig beschließen. Jedes Gesetz, das das Volk nicht selbst bestätigt hat, ist null und nichtig: Es ist kein Gesetz. Das englische Volk glaubt frei zu sein. Es täuscht sich sehr. Es ist nur während der Wahl der Parlamentsmitglieder frei. Sobald sie gewählt sind, ist es Sklave: es ist nichts“ (III.15; 429; 158).

Damit den Individuen in der politischen Herrschaft nicht eine fremde, ihren Willen abtötende und sie damit in ihrer Subjektivität zerstörende, in ihrem Menschsein annullierende Macht gegenübertritt, muss politische Herrschaft nach dem Autonomiemodell errichtet werden, muss der politische Wille der eigene der Bürger sein. Nur dann kann sich in der Ausbildung des allgemeinen Willens zugleich individuelle Selbstbestimmung vollziehen, wenn der subjektive Wille und der Gemeinwille zusammenfallen, wenn der Gemeinnutz zum Inhalt des individuellen Willens geworden ist. Die aus der Entäußerungslogik abgeleitete Identitätsfiktion, mit der Hobbes die politische Einheit zum Ausdruck bringt, weicht bei Rousseau einer Realidentität. Der subjektive Wille der Bürger wird selbst zum Gemeinwillen: Die Autonomieform nimmt den politischen Inhalt auf, und der allgemeinheitskonforme Bürger bestimmt sich im Wollen des Allgemeinen nach wie vor selbst.

Rousseaus staatsphilosophisches Grundproblem gestattet weder eine koordinationspolitische noch eine partizipationspolitische, sondern allein eine identitätspolitische Lösung. Der Weg, den seine kontraktualistischen Vorgänger eingeschlagen haben, um die vertragsbegründete Herrschaftsstruktur in Wirklichkeit zu überführen, ist Rousseau verschlossen. Wenn der Vertrag selbst die einzige legitime politische Herrschaftsordnung ist, wenn der gesellschaftsvertragliche Egalitarismus zur politischen Entscheidungsregel werden muss, dann kann die Vertragsdemokratie weder durch einen leviathanischen Einzelwillen absorbiert noch auf der Grundlage eines einmütig eingeführten Mehrheitsprinzips sich eine Verfassung für angestellte Gesetzgeber geben. Das, was den Rousseau'schen Bürger als Untertan gesetzlich binden soll, muss notwendigerweise einem Gemeinwillen entstammen, bei dessen Zustandekommen er gleichberechtigt mit allen anderen beteiligt war. Die Übertragung des Selbstherrschaftsmodells verlangt die authentisch-sinnfällige, reale und erlebte Anwesenheit jedes Bürgers in den Beratungen und Entscheidungen der Allgemeinheit. Volkssouveränitätsmythologische Legitimationshermeneutik, die durch geeignete Auslegungen die Bürgerschaft als Geltungsgrund der Gesetze der Delegiertenversammlungen, Abgeordnetenversammlungen und Repräsentantenversammlungen exponieren, reichen nicht aus. Nur die reale Mitwirkung aller garantiert legitime Machtausübung. Nur die Realpräsenz der Bürger in den gesetzgebenden Versammlungen garantiert Freiheit. „Von dem Augenblick an, wo ein Volk sich Repräsentanten gibt, ist es nicht mehr frei; ja, dann ist es nicht mehr“ (III.15; 431; 160).

Freilich setzt die direkte Demokratie entweder eine geringe Beanspruchung durch gesetzgeberische Tätigkeit voraus, sodass sie als Feierabend- oder Freizeitdemokratie organisierbar ist, oder die Entlastung der Bürger von aller nötigen Arbeit. Aristoteles wusste, dass die Menschen nur dann Bürger werden können, wenn sie ein notwendigkeitsentrücktes Leben führen können und von der Subsistenzsicherung freigestellt sind, wenn sie also die für Menschen unerlässliche Auseinandersetzung mit den Notwendigkeiten des Lebens anderen, nämlich Sklaven, aufbürden können. Freiheit kann nur dann die politische Qualität bürgerlicher Existenzweise gewinnen, wenn sie weitgehend auch Freiheit von Natur, Freiheit von Arbeit beinhaltet. Rousseau hat diesen Zusammenhang zwischen Bürgerlichkeit und Freiheit von der Arbeit durchaus gesehen. „Die Griechen taten alles selber, was sie als Volk zu tun hatten. Sie waren ständig auf dem Platz versammelt [...] Sklaven verrichteten ihre Arbeiten. Ihr Hauptanliegen war die Freiheit [...] Ist es wahr, dass die Freiheit sich nur mit Hilfe der Sklaverei behaupten lässt? Mag sein. Die beiden Extreme berühren sich. Was nicht von der Natur kommt, hat seine Nachteile, und die bürgerliche Gesellschaft mehr als alles andere. So gibt es ungünstige Situationen, in denen man seine Freiheit nur auf Kosten der Freiheit anderer bewahren und der Bürger nur dadurch völlig frei sein kann, dass der Sklave völlig geknechtet wird. Das war die Situation in Sparta. Ihr modernen Völker habt keine Sklaven. Dafür seid ihr es selbst. Ihr bezahlt ihre Freiheit mit der eurigen. Vergeblich rühmt ihr euch dieses Vorzugs; ich finde darin mehr Feigheit als Menschlichkeit. Damit will ich nicht behaupten, dass man Sklaven haben muss, dass das Recht zur Sklaverei gerechtfertigt ist, wo ich doch das Gegenteil bewiesen habe. Ich führe nur die Gründe an, warum die modernen Völker, die sich frei glauben, Repräsentanten haben und warum die alten Völker keine hatten.“

Wäre Rousseau wirklich an einer konstruktiven politischen Philosophie gelegen, dann hätte er sich zur Einführung des Repräsentationssystems bereit finden müssen. Man kann nicht auf der einen Seite feststellen, dass direkte Demokratie nur in einer Sklavenhaltergesellschaft möglich ist, auf der anderen Seite jedoch an einem freiheitsrechtlichen Konzept festhalten, das zum einen Sklaverei als menschenverachtend und widerrechtlich ablehnt, zum anderen aber die Realpräsenz des Bürgers in den gesetzgebenden Versammlungen verlangt, sodass zugleich die geschichtliche Abschaffung der Sklaverei begrüßt und die damit einhergehende Einführung des Repräsentationssystems verdammt werden kann. Man kann nicht auf der einen Seite konstatieren, dass die Entlastung von substistenzsichernder Arbeit eine Voraussetzung des *bíos politikós* ist, auf der anderen Seite dann jedoch in der eigenen republikanischen Philosophie die Trennung von Bürgerexistenz und Arbeitsleben aufheben. Rousseaus *Citoyen*, obwohl dem antiken nachmodelliert und nach wie vor zur Direktherrschaft aufgerufen, führt ein hartes Arbeitsleben, das ironischerweise den Stoffwechsel mit der Natur, von dem der *pater familias*, der Oikodespot der antiken Welt, befreit war, zur sittlich vorzugswürdigen Arbeitsweise erklärt. Rousseaus ökonomisches Ideal ist die agrarische Bedarfsdeckungswirtschaft; sie ist die vermittlungsfreieste Wirtschaftsform, ausschließlich vom Gebrauchswert regiert. Hier herrschen Echtheit, ethische Strenge und die Authentizität des Natürlichen; das Bedürfnis kommuniziert unmittelbar mit dem Naturstoff und gibt ihm eine ihm gerechte Form. Ackerbau, Viehzucht, Fischfang und eine dörfliche Manufaktur, die die rustikale Lebensform mit den notwendigsten Gegenständen und Gerätschaften versorgt. Markt und Handel sind Rousseau suspekt; sie sind der Ort des sittlichen Niedergangs; hier regiert das Gewinnstreben, hier werden die Bedürfnisse verfeinert, sodass sie nach immer ausgefalleneren Befriedigungsformen suchen, hier gedeiht der Luxus.

Indem bei Rousseau den antiken Bürgern ein ländliches Arbeitsleben verordnet wird, entsteht das Bild einer fortschrittsabgewandten Republik, die eher an Siedlungen puritanischer Sektierer in Neuengland erinnert denn an griechisch-römische Republiken. Dieses Bild ist allein eine Schöpfung der Kritik, es zeichnet keinen aussichtsreichen Weg in eine bessere politisch-gesellschaftliche Zukunft. Rousseau will beides: die Kritik an der Repräsentation und die Kritik an Marktwirtschaft, bürgerlichem Kommerz und gesellschaftlichem Individualismus. Daher muss er die Vereinbarkeit von bürgerlicher Direktherrschaft und arbeitsabhängiger Existenzform behaupten, obwohl seine Analyse der Entstehungsursachen der Repräsentation ihm gezeigt hat, dass nur der von allen Subsistenzsorgen entlastete Bürger sich den Luxus einer ausschließlich der Politik gewidmeten Lebensweise leisten kann. Die politische Philosophie nach ihm hat das Dogma von der herrschaftlichen Realpräsenz des Volkes in den Organisationsformen der Demokratie fallen gelassen und das Volk auf eine rechtfertigungsmythologische Ebene zurückgedrängt. Daher ist Rousseau zugleich der erste und der letzte Theoretiker der Volkssouveränität.

c) Unteilbarkeit

Aus der Unveräußerlichkeit und Unrepräsentierbarkeit der Souveränität folgt auch ihre Unteilbarkeit. Ein Teil kann nicht legitim über die Allgemeinheit bestimmen, auch die Mehrheit nicht. Die Souveränität zeigt sich in der Gesetzgebung. Über das ganze Volk kann aber nur das ganze

Volk beschließen. Das Selbstherrschaftsmodell duldet keine Vertretung, auch nicht die Vertretung der Allgemeinheit durch die Mehrheit. Rousseaus Polemik gegen die Teilung der Souveränität hat wenig mit einer Kritik der Gewaltenteilung zu tun, sondern ist zum einen gegen den Gesetzesanspruch von Verwaltungsvorschriften, Dekreten und dergleichen und gegen eine Kompetenzausweitung über die Legislationstätigkeit hinaus gerichtet. Kann die Mehrheit qua Mehrheit sich nie anmaßen, gültige Gesetze zu geben, so können Erlasse, Verordnungen, Deklarationen und Einzelmaßnahmen nie als Souveränitätsäußerungen gelten. Nur der allgemeine Wille selbst kann Gesetzgeber sein; und nur das kann ein Gesetz sein, was auf das Gemeinwohl zielt. Aber es gilt auch der Umkehrschluss: Der allgemeine Wille kann nur Gesetzgeber und nichts anderes sein. Diese enge Korrelation von Gemeinwille, Gesetzgebung und Gesetz bildet den Hintergrund der Rousseau'schen Ablehnung der Souveränitätsteilung.

In der Literatur herrscht einige Unklarheit über diesen Punkt. Manche lesen diese Kritik als Ablehnung der Gewaltenteilung. Es ist in der Tat nicht recht klar, gegen welche Form von Teilung sich Rousseau eigentlich wendet. Es gibt zumindest drei Bedeutungen von Gewaltenteilung, die strikt auseinander gehalten werden sollten: die herrschaftsrechtlich-ständestaatliche Gewaltenteilung à la Montesquieu; die zuständigkeitsrechtliche Zerteilung der Souveränität in einzelne Kompetenzzonen à la Hobbes und Pufendorf; die funktionale Gewaltenteilung im Sinne der kantischen *trias politica*.

Montesquieu, der ein Jahr vor Hobbes' Tod geboren wurde, entwirft im 6. Kapitel des XI. Buches seines Werkes *De l'Esprit des Lois* im Rahmen einer Fortführung der antiken Lehre vom regimen mixtum ein komplexes System der Ausbalancierung der politischen und gesellschaftlichen Kräfte. Durch eine ausgeklügelte Verteilung der Kompetenzen halten sich Volk, Adel und König gegenseitig in Schach, hemmen sich wechselseitig, sodass keiner die Übermacht erlangen kann. Montesquieu geht es darum, durch eine Verteilung der Legislativ- und Exekutivfunktionen auf die politischen Gruppen der ständischen Gesellschaft alle an der Ausübung politischer Macht zu beteiligen und an die Notwendigkeit des Interessenausgleichs und des politischen Kompromisses zu binden. Ein verschränktes System von Entscheidungs- und Vetobefugnissen schafft ein Höchstmaß an Interdependenz, die zum Ausgleich zwingt und auf den Prozess der politischen Willensbildung wie ein Filter wirkt, der nur gemeinsam getragene Entscheidungen passieren lässt. Montesquieus gewaltenteilige Grundverfassung ist gegen das nach absoluter Herrschaft strebende Königtum gerichtet. Mit ihrer ausgeklügelten Kompetenzverzahnung legt sie sich wie ein Netz über die zeitgenössische ständische Gesellschaft und erlaubt keiner Kraft, eine für die Freiheit verderbliche unkontrollierte und leviathanische Machtfülle zu erreichen.

Gegen diese Montesquieu'sche Lehre von der Gewaltenteilung kann Rousseau sich schon darum nicht richten, weil das soziologische Substrat seiner Republik – genauso wie das der leviathanischen Staatsgesellschaft Hobbes' oder der vernunftrechtlichen Republik Kants – nicht der Ständestaat Montesquieus ist, sondern eine individualistische Gesellschaft. Seine Äußerungen lassen auch nicht den geringsten Hinweis auf das Montesquieu'sche Prinzip *le pouvoir arrête le pouvoir* erkennen. Seine Gewaltenteilungskritik ist Kritik an der Zerlegung der einheitlichen Souveränität in unterschiedliche Befugnisregionen und Tätigkeitsbereiche, wie sie zum Beispiel in Pufendorfs Naturrechtssystem vorgenommen wird. Aber warum soll eine Aufzählung unterschiedlicher Politikabteilungen eine verwerfliche Souveränitätsteilung implizieren? Rousseau will offenkundig nur dem Eindruck entgegentreten, dass sich die Souveränität auf die einzelnen Ressorts verteilen ließe und unterschiedliche Äußerungsformen besitzen könnte. Daher lehnt er auch die Auffassung ab, dass die Souveränität unterschiedliche Rechte umfassen könnte. Hobbes war dieser Meinung; im *Leviathan* unterscheidet er zwölf Rechtspositionen, die zusammen das „Wesen der Souveränität“ ausmachen.[62] Aber Hobbes, der wie kaum ein anderer auf die Einheit und Unteilbarkeit der Souveränität geachtet hat, hat keinesfalls geglaubt, durch diese Aufzählung der Souveränitätsrechte die Souveränität zu teilen. Rousseau geht es auch nicht um die ordnungspolitische Brisanz, die Hobbes immer mit der Souveränitätsteilung verknüpft sah. Daher findet sich bei ihm an dieser Stelle auch nicht das Argument von der Fortsetzung des Naturzustandes in einem Staat mit geteilter Souveränität, mit dem Hobbes gegen die Gewaltenteilung polemisiert.[63]

Rousseau geht es um die angemessene Bestimmung des Souveräns. Souverän ist allein der Gemeinwille; und der Gemeinwille kann sich nur in allgemeinen Gesetzen äußern. Damit ist ausschließlich die Gesetzgebung eine authentische Souveränitätsäußerung. Und das herrschaftsrechtliche Profil der Souveränität wird ausschließlich durch das Gesetzgebungsrecht bestimmt. Insofern folgt in der Tat die Unteilbarkeit der Souveränität aus ihrem Begriff. Dieser ist durch die Logik des Assoziationsvertrags so bestimmt, dass es nicht nur ein einziges Herrschaftssubjekt geben kann – wie bei Hobbes –, sondern dass dieses Herrschaftssubjekt nur der vereinigte und allgemeine Wille des Volkes sein kann. Und damit ist auch allein von Begriffs wegen festgelegt, dass die einzige angemessene Tätigkeit des Souveräns die Gesetzgebung ist. Die Konsequenz dieser Einschränkung der Rechte des Souveräns auf das Gesetzgebungsrecht ist eine Ausweitung des Tätigkeitsbereichs der Regierung. Während bei seinen staatsphilosophischen und naturrechtsjuristischen Vorgängern Souveränität und Regierung in der Regel zu einem multifunktionellen Machtkomplex verschmolzen, hält Rousseau Souveränität und Regierung strikt auseinander. Der Verantwortungsbereich der Regierung umfasst all das, was in der Republik an öffentlicher Machtausübungs- und Verwaltungstätigkeit anfällt, von der Vorlage entscheidungsreifer Gesetzesvorschläge bis zur Kriegserklärung. Hauptsächlich obliegt ihr die Rechtsdurchsetzung. Und das heißt: die situationsgerechte Ausformulierung der Gesetzesregeln, ihre Anpassung an die sich verändernde Wirklichkeit. Denn Rechtsdurchsetzung ist nicht subsumtionslogische Anwendung. Obwohl sie in ihrer Tätigkeit der Richtlinienkompetenz des Gemeinwillens unterworfen ist, ist ihre Macht, ihr Gestaltungsspielraum daher ungemein groß.

Mit dieser strikten Trennung zwischen gesetzgebender Souveränität und gesetzesdurchsetzender Regierung bereitet Rousseau Kants Lehre von der *trias politica* vor. Denn mit der von ihm herausgestellten Unteilbarkeit der Souveränität ist ein funktional ausdifferenzierter Rechtsverwirklichungsprozess durchaus vereinbar, wie ihn Kant in seiner Rechtsphilosophie skizziert.[64] Denn natürlich müssen auch in der Rousseau'schen Republik Gesetze durchgesetzt werden; natürlich besitzt auch die Rousseau'sche Republik ein Justizwesen. Nur ist die rechtliche Kompetenz der Exekutive, die Rousseau mit dem vorherrschenden Sprachgebrauch seiner Zeit „Regierung" nennt, ebenso wie die der Jurisdiktion derivativ, der Legislative nachgeordnet und legitimatorisch im Gemeinwillen verankert. Der Untertan begegnet in jedem dieser drei Funktionsbereiche der Rechtsverwirklichung dem alleinigen Herrschaftssubjekt des Staates, dem Allgemeinwillen. Die Legislative stellt die Gesetze auf, die Jurisdiktion entscheidet strittige Fragen nach dem Gesetz. Die Exekutive setzt das Recht durch. Sie ist die staatliche Gewalt im engeren Sinne. „Die gesetzgebende Gewalt, welche der Souverän ist, hat also eine Gewalt nötig, welche ausübt, das heißt, das Gesetz in Handlungen bringt. Diese zweite Gewalt muss so eingerichtet sein, dass sie immer das Gesetz, und zwar nur das Gesetz selbst ausübt."[65] Was immer der Regierungs- und Verwaltungstätigkeit im Einzelnen zugezählt werden mag, es hat seinen Zweck in der Aufrechterhaltung und Sicherung der öffentlichen Ordnung. Die Regierung ist die Kraft, mit der der Wille den politischen Körper beherrscht und bewegt, die *vis coactiva*, die die *vis directiva* der Gesetze zur Geltung bringt. Und es gehört zu den Belangen des Souveräns, darauf zu achten, dass die Exekutive keine Eigendynamik gewinnt und sich ausschließlich in den Dienst des Gemeinwillens stellt.

d) Unfehlbarkeit

Hobbes' Leviathan kann den Bürgern nicht Unrecht tun. Wie der unsterbliche Gott ist der durch den Vertrag geborene „sterbliche Gott" im Besitz aller Macht und aller Pflichten ledig. Wie dieser ist er auch unfehlbar.

Seine Erzeugungsbedingungen garantieren seine Unfehlbarkeit; er kann nicht Unrecht tun. „Da jeder Untertan […] Autor aller Handlungen und Urteile des eingesetzten Souveräns ist, so folgt daraus, dass dieser durch keine seiner Handlungen einem seiner Untertanen Unrecht zufügen kann, und dass er von keinem von ihnen eines Unrechts angeklagt werden darf. Denn wer auf Grund der Autorität eines anderen eine Handlung vornimmt, tut damit dem kein Unrecht, auf Grund von dessen Autorität er handelt. Bei dieser Einsetzung des Staates ist aber jeder Einzelne Autor alles dessen, was der Souverän tut, und folglich beklagt sich, wer sich über ein Unrecht seitens seines Souveräns beklagt, über etwas, wovon er selbst Autor ist und darf deshalb niemanden anklagen als sich selbst.“[66] Das ist das Motto aller Verträge: *volenti non fit iniuria* – dem, der eingewilligt hat, kann aus dem, worin er eingewilligt hat, kein Unrecht erwachsen.

Hobbes hat die Unfehlbarkeit des Souveräns auch mit einem anderen Argument begründet: Der Souverän agiert in einem gänzlich rechtsfreien Raum. Sein Handeln ist durch keinerlei normative Vorgaben eingeengt. Seine Aufgabe ist es, durch legislatorische Rechtsbestimmung in diesen rechtsfreien Raum eine institutionelle Struktur einzuführen, durch Gesetzgebung rechtliche Verhältnisse zu schaffen. Diese staatlichen Gesetze definieren folglich, was als „recht“ und „unrecht“ zu gelten hat. Da aber normierende Regeln nicht ihr eigener Anwendungsfall sein können, ist aus Gründen der Logik jeder Möglichkeit staatlichen Unrechts der Weg verlegt. Zumindest kann es keine ungerechten Gesetze geben. Hobbes' gibt zwar zu, dass es gute und schlechte Herrscher gibt, doch ist die Herrschaftsqualität nicht nach rechtlichen Kriterien zu messen, sondern nur nach politisch-instrumentellen. Die Herrschaftsausübung des Souveräns ist umso besser, je wirksamer er das sich in den Vernunftvorschriften oder in den Regeln der natürlichen Gerechtigkeit manifestierende Programm zur Überwindung des Naturzustands betreibt, je mehr er dem Wohl des Volkes dient und die Menschen durch geeignete Gesetze lenkt, damit „sie sich durch ihre heftigen Begierden, Voreiligkeiten und Unbesonnenheiten nicht selbst verletzen“[67].

Dass der Souverän den Bürgern nicht Unrecht tun könne: Dieser nach Kant „so im Allgemeinen erschreckliche Satz“[68] trifft auch auf Rousseau zu. Auch die *volonté générale* ist unfehlbar; sie kann schlechterdings nicht irren. Ihre Unfehlbarkeit ist die Folge ihres Konstruktionsprinzips, ihrer Entstehungsbedingungen. Es ist nicht so, dass sich Rousseau keine Herrschaftsirrtümer vorstellen könnte. Die Rede von illegitimer Herrschaft, von ungerechten Gesetzen, von freiheitsverletzender und gemeinwohlschädlicher Machtausübung ist für ihn durchaus verständlich. Darin unterscheidet er sich von Hobbes, für den der staatliche Wille das Definitionsmonopol in Gerechtigkeitsangelegenheiten hat und durch seine faktischen

Äußerungen die Bedeutungen der Gerechtigkeitsprädikate festlegt. *Der Allgemeinwille wird durch Rousseau aber so konstruiert, dass er unfehlbar sein muss.* Je nachdem, ob wir den Gemeinwillen prozeduralistisch oder substanzialistisch auslegen, ist die Unfehlbarkeit das Resultat seiner Genese oder seines natürlichen Inhalts. Wenn alle an seiner Bildung gleichberechtigt beteiligt sind, wenn er nur in einmütigen Entscheidungen in Erscheinung tritt, dann müssen seine Äußerungen notwendigerweise auf das Gemeinwohl zielen, dann muss die in seinen Gesetzen formulierte Freiheitseinschränkung notwendigerweise von jedem für jeden und also auch für sich selbst gewollt sein, dann kann sich in ihm keine Fremdbestimmung bemerkbar machen, dann muss sich in seinen Gesetzen die Autonomie jedes Bürgers realisieren.

Daher kann Rousseau auch mit gutem Grund den Gesetzeszwang als Zwang zur Freiheit interpretieren. „Wer dem Gemeinwillen den Gehorsam verweigert, muss durch den ganzen Körper dazu gezwungen werden. Das heißt nichts anderes, als dass man ihn dazu zwingt, frei zu sein" (I.7; 364; 77). Sätze wie diese haben manchen Interpreten veranlasst, in Rousseau einen Ahnherrn des Totalitarismus zu sehen: von Hegel zu Hitler, von Rousseau zu Stalin.[69] Und es ist nicht zu leugnen, dass dieser Satz, nimmt man ihn isoliert, an Brechts *Maßnahme* und den perversen Paternalismus totalitärer Schauprozesse erinnert. Der Dissident wird so lange traktiert, bis er sich einsichtsvoll zum Komplizen seiner eigenen Bestrafung macht, die Strafe als unerlässliches Reinigungsmittel, als erforderliches Erziehungsmittel begrüßt und dem Henker dankt. Stellt man den Satz in seinen staatsrechtlichen und legitimationstheoretischen Kontext zurück, dann zeigt sich, dass er nur die These von der Unfehlbarkeit der *volonté générale* expliziert. Der Zwang gegenüber dem rechtswidrigen Eigenwillen des Gesetzesbrechers ist nur die äußerlich gewordene Überformung der eigensinnigen Partikularität durch das allgemeine, gerechte und von der Allgemeinheit gewollte Recht. In der zwangsbewirkten strategischen Anpassung wiederholt sich äußerlich der Koordinationserfolg der einsichtsbegründeten Verallgemeinerung vollständig-demokratischer Willensbildung. Und da das Gesetz selbst Ausdruck der Freiheit ist, ist seine zwangsbewehrte Durchsetzung Dienst an der Freiheit. Freilich nicht nur in dem harmlosen Sinn, dass ohne Rechtssicherheit Anarchie entstünde, dass Rechtsdurchsetzung allein den freiheitssichernden Effekt der Institutionen sicherstellen kann. Sondern durchaus auch und hauptsächlich in dem Sinne, dass dem gezwungenen, bestraften Gesetzesbrecher im Gesetz sein eigener verallgemeinerter und darum freier Wille begegnet.

Freilich ist für Rousseau eine solche Rückholaktion in den Allgemeinwillen nur bei Gesetzesübertretungen geringeren Ausmaßes möglich. Der Verbrecher ist nicht re-sozialisierbar. Seine Tat – das ist die Kehrseite des emphatischen Gemeinschaftsbegriffs seines Republikideals – gilt Rousseau als Kriegserklärung an das Gemeinwesen, das ihn sofort aus seinen Reihen ausstößt, ihn in die pure Natürlichkeit zurückversetzt und wie ein Tier behandelt. Durch seine verwerfliche Tat verwirkt der Verbrecher den Anspruch auf Zivilisationsschutz und den Rang eines Bürgers und Menschen. Er annulliert für sich den Gesellschaftsvertrag, und das Gemeinwesen tritt ihm gegenüber in den Naturzustand zurück. Das Strafrecht gewinnt dadurch den Charakter eines Ein-Mann-Kriegsrechts.[70]

In der *volonté générale* kommt der allgemeine Rechtswille selbst zur Herrschaft. Daher bedürfen die Bürger keines grundrechtlichen Schutzes vor staatlichen Übergriffen.[71] Rechtsstaatlichkeit ist bei Rousseau nicht in einer Beachtung vorstaatlicher Individualrechte verankert, sondern im Demokratieprinzip begründet.[72] Die Konstitutionsbedingungen des Gemeinwillens bewirken dessen Gerechtigkeit. Damit erweist sich Rousseau als Begründer eines dezidiert demokratischen Kontraktualismus; Rousseau ist der erste Vertragstheoretiker, der das kontraktualistische Argument für die Begründung der These von der Demokratieabhängigkeit der Rechtsstaatlichkeit eingesetzt hat. Rechtsstaatlichkeit wird in seiner Theorie nicht durch Verfassung und Grundrechtsschutz gesichert, sondern durch das uneingeschränkt demokratische Verfahren der politischen Willensbildung. Das souveräne Volk der Rousseau'schen Republik ist darum die radikalste Ausprägung absoluter Souveränität in der gesamten neuzeitlichen politischen Philosophie. Während die Pufendorfianer, während Locke und Kant allesamt die Herrschaftsausübung des Souveräns an unverfügbare normative Vorgaben binden, kennt Rousseau keinerlei naturrechtliche oder vernunftrechtliche Herrschaftsgrenzen. Sein souveränitätstheoretischer Voluntarismus überbietet sogar das Hobbes'sche Vorbild an Radikalität, denn selbst Hobbes kennt natürliche Gesetze, die einen berechtigten Gültigkeitsanspruch stellen und als bürgerliche Gesetze von dem Souverän in Geltung zu setzen sind.[73] Diejenigen, die diese Modernität Rousseaus nicht wahrhaben wollen und ihn in die Phalanx der Naturrechtsdenker einreihen wollen[74], übersehen, dass dieser Verzicht auf Vernunftrechtsgesetz, Naturrechtsprinzipien und individuelle Grundrechte nur konsequent ist. Der Gemeinwille kann nicht in eine naturrechtliche Leges-Hierarchie eingebunden werden. Genauso wenig können die Bürger seine Tätigkeit mit individuellen Grundrechten einschränken. Nach dem liberalen Grundrechtsverständnis sind die individuellen Grundrechte staatsgerichtete Abwehr- und drittgerichtete Ausgrenzungsrechte. Ihnen liegt die liberale Vorstellung einer Freiheitssicherung durch Parzellierung und Umzäunung zugrunde. Aus dem Blickwinkel liberaler Grundrechtstheorie steht der Staat grundsätzlich im Verdacht, bei der ihm obliegenden Ordnungssicherung die individuelle Freiheit zur Disposition zu stellen. Der Staat ist das Instrument, das man zur Freiheitssicherung braucht; er ist aber auch der machtgierige Gegenspieler, der durch Übergriffsverbote in Schach gehalten werden muss. Wenn jedoch die Rechtsbestimmungen der Freiheit und Gleichheit bei der Gründung und Einrichtung des Staates eine konstitutive Rolle spielen, wenn die Herrschaft so organisiert ist, dass sie aufgrund ihrer staatsrechtlichen Genese und Statur notwendig mit der gleichen Freiheit von jedermann in Übereinstimmung steht, wenn legitime Herrschaft nur direkt-demokratische Herrschaft ist, dann ist die Institution individueller Grundrechte obsolet. Mit diesen richten sich die Bürger als Menschen ja gegen sich selbst als Mitgesetzgeber und Mitautoren aller Gesetze. Es ist in der Tat widersinnig, Bürger mit staatsgerichteten Abwehrrechten zu bewaffnen, die ein aus der staatsrechtlichen Struktur der Souveränität unmittelbar ableitbares unveräußerliches Recht auf gleichberechtigte Beteiligung an der Gesetzgebung, auf gleichteilige Mitautorschaft bei allen Gesetzen besitzen.

Damit das uneingeschränkt demokratische Verfahren der politischen Willensbildung freilich zu gerechten Ergebnissen führen kann, müssen auch bei Rousseau bestimmte Voraussetzungen erfüllt sein. Während die liberale Rechtsstaatsidee die faktischen politischen Willensbildungen an rechtliche Auflagen bindet, die ihrer Verfügung entzogen sind, setzt die demokratische Rechtsstaatskonzeption Rousseaus auf rechtsexterne Faktoren, auf Gemeinsinn zum einen und große sozio-ökonomische Homogenität zum anderen. Eine eingelebte Gemeinwohlorientierung und eine annähernd egalitäre Verteilung gesellschaftlicher Güter sind die Hebamme der *volonté générale*; sie sollen die modernitätstypischen Individualisierungs- und Pluralisierungstendenzen verhindern und die für die Rousseau'sche Republik letalen Dissensrisiken abbauen.

e) „Legibus absolutus"

Das Rousseau'sche Volk tritt die Nachfolge des *princeps legibus absolutus* der staatsphilosophischen Tradition an. Wie dieser übt es eine von allen normativen Vorgaben unbehelligte Herrschaft aus. Es kennt keine externen Herrschaftsgrenzen. Es gibt im Rahmen der Rousseau'schen Konzeption keine individuellen Rechte, die herrschaftslimitierend wirken könnten; es gibt auch kein Naturrecht, dem es sich beugen müsste. Es ist der alleinige Herr aller Pflichten und Rechte, die das Zusammenleben der Bürger strukturieren und die staatsrechtlichen Grundbeziehungen zwischen dem Bürgersouverän und dem gesetzesunterworfenen Untertanen konkretisieren. Jedes Gesetz, das es sich gibt, steht grundsätzlich zur Disposition. „Es widerspricht der Natur des politischen Körpers, dass sich der Souverän ein Gesetz auferlegt, das er nicht übertreten könnte" (I.7; 362; 76). Jede gesetzliche Selbstbindung hat nur so lange Geltung, wie der Gesetzgeber es will. Herr der Gesetze zu sein bedeutet auch: Herr über die Gesetze zu sein. Der allmächtige Gesetzgeber ist auch der allmächtige Gesetzesbrecher. Der Bruch der eigenen Gesetze signalisiert nur deren Geltungsende.

„Es gehört zum Wesen der souveränen Gewalt, dass sie nicht eingeschränkt werden kann: sie kann alles, oder sie ist nichts (elle peut tout ou elle n'est rien).“[75] Es ist unverkennbar, dass sich die Souveränität des kontraktualistischen Staatsrechts ihr Kompetenzprofil vom voluntaristischen Gott der Hochscholastik entlehnt hat. Allmacht ist eine notwendige Wesensbestimmung. Und diese Allmacht impliziert auch die absolute Verfügungsgewalt über die Bindewirkung früherer Entscheidungen. Rousseau wiederholt und verstärkt hier nur ein staatsphilosophisches Standardargument. Der Hobbes'sche Staat wurde ins Leben gerufen wurde, weil die Einsicht in die Vorzugswürdigkeit friedlichen Zusammenlebens nicht ausreicht, um den Naturzustand zu befrieden, ja selbst zwischenmenschliche Friedensverträge keine Wirksamkeit entfalten können, weil niemand sich sicher ist, dass sich die Partner an die selbstauferlegten vertraglichen Verpflichtungen halten. Der Staat kompensiert also die Wirksamkeitsmängel vertraglicher Selbstverpflichtung. Der externe Zwang ist effektiver als die Selbstbindung. Angesichts dieser Situation wäre es aber sinnwidrig, von dem Souverän nun seinerseits zu verlangen, seine Herrschaft durch Selbstbindung zu limitieren, sein eigenes zukünftiges Handeln durch eigenen Entschluss einzuschränken. Allein sein aktueller Wille ist der Ursprung von Recht und Pflicht. Die Uneinschränkbarkeit des Herrschaftswillens impliziert auch die Unverbindlichkeit früherer Entscheidungen: „es ist absurd, dass sich der Wille Ketten für die Zukunft auferlegt“ (II.1; 368f.; 85).

Dieses Argument erfährt im Rahmen der Rousseau'schen Konzeption noch eine Verstärkung. Denn die Volkssouveränität verdankt sich der legitimationstheoretischen Bedingung, eine mit der Freiheitsqualität und dem Selbstbestimmungsrecht von jedermann harmonierende Vorstellung von politischer Herrschaft zu entwickeln. Und nur das frei über sich selbst herrschende Volk erfüllt diese Bedingung. Frei über sich selbst zu herrschen bedeutet aber auch, nie unter die Herrschaft seiner eigenen Handlungsergebnisse, Entschlüsse zu geraten. Freiheit und Autonomie verlangen die Unantastbarkeit der Priorität des Subjekts. Nicht nur von der Willkür anderer ist der Wille des freien Menschen unabhängig; er ist auch unabhängig von den Ergebnissen und Resultaten seines eigenen Wollens. Der freie Wille muss auch Herr seiner Verpflichtungen bleiben. Freiheit und Selbstbindung schließen einander aus. Gestrige Entscheidungen sind heute bedeutungslos. Freiheit existiert nur im Modus der Gegenwärtigkeit. „Der Gemeinwille, der den Staat lenken muss, ist nicht der Wille der Vergangenheit, sondern der gegenwärtige Wille. Der wahre Charakter der Souveränität besteht darin, dass zwischen der Richtung des Gemeinwillens und der Verwendung der politischen Macht immer eine Übereinstimmung in Zeit, Ort und Wirkung besteht.“[76] Rousseaus Freiheitsrepublik erweist sich als fortgesetzte Selbstschöpfung. Sie ist darum von beträchtlicher Fragilität. Das Institutionelle kann in ihr die ihm eigene soziale Schwerkraft nicht entwickeln. Die stete Präsenz des Souveräns ist vonnöten; denn die Republik lebt nur in seinem Willen. Die Letztinstanzlichkeit des Souveräns ist bei Rousseau also nicht nur in stabilitätspolitischer Notwendigkeit begründet, sie ist auch aus freiheitstheoretischen Gründen unerlässlich.

Daher ist es auch nicht verwunderlich, dass Rousseau – wie übrigens alle anderen Vertragstheoretiker auch – kein Konstitutionalist ist. Wie sollte sich der Souverän durch eine Verfassungsordnung fesseln können, wenn schon das einfache selbstgegebene Gesetz ihn nur so lange bindet, wie er es will? Es gibt keine seinem Zugriff entzogenen Grundgesetze (loix fondamentales; loix politiques).[77] Rousseau hat ihm sogar den Gesellschaftsvertrag selbst zur Disposition gestellt. Das ist überraschend. Denn Rousseau spricht ausdrücklich von der „Unverletztlichkeit und Heiligkeit des Gesellschaftsvertrags (sainteté du Contrat)". Im selben Atemzug erklärt er den Gesellschaftsvertrag aber auch für unverbindlich, da der Gesellschaftsvertrag, wie er infolge einer irrtümlichen kontraktuellen Interpretation seiner internen staatsrechtlichen Verpflichtungsstruktur meint[78], ein Vertrag sei, den das Volk aufgrund der nummerischen Identität der Vertragsschließenden und der gesetzgebenden Versammlung mit sich selbst geschlossen habe, mit sich selbst geschlossene Verträge jedoch nicht bindend sein könnten (I.7; 363; 76). Andererseits aber erhebt er die Unantastbarkeit des Gesellschaftsvertrags auch wieder in den Rang eines zivilreligiösen Glaubensartikels (IV.8; 468; 207). Wie ist diese merkwürdige Marginalisierung des Gesellschaftsvertrags durch sich selbst zu verstehen? Wäre Rousseau ein Liberaler, dann müsste man sich nicht wundern. Denn für den Liberalen gehört die Selbstschädigung durchaus zu den freiheitsrechtlich geschützten Verwendungsweisen der Freiheit. Man verwirkt sein Freiheitsrecht nicht, wenn man schlechten Gebrauch von ihm macht. Und so schreibt dann auch Rousseau in II.12: „Wenn es dem Volk gefällt, sich selbst zu schaden, wer hat dann das Recht, es daran zu hindern?" (393; 115). Aber was heißt hier: sich selbst zu schaden?

Rousseaus kritische Durchsicht der wichtigsten machtpolitischen und vertragstheoretischen Legitimationstheorien ist zum Ergebnis gekommen, dass ausschließlich der von ihm im *Contrat social* entworfene Gesellschaftsvertrag einen Weg zur Vergesellschaftung und Herrschaftserrichtung weist, der mit der menschlichen Wesensbestimmung der Freiheit in Übereinstimmung steht. Man kann doch nun nicht auf der einen Seite Pufendorf und Hobbes vorwerfen, sie hätten einen rechtswidrigen Selbstversklavungsvertrag entwickelt, und auf der anderen Seite dem aus dem einzig legitimen Gesellschaftsvertrag entstandenen Volk in Wahrnehmung der ihm als Souverän zukommenden absoluten Freiheit das Recht einräumen, seine eigene staatsrechtliche Grundlage zur Disposition zu stellen und den Gesellschaftsvertrag für null und nichtig zu erklären. Rousseau hat leider nichts darüber gesagt, was denn unter einem Bruch des Gesellschaftsvertrags genauer zu verstehen ist. Es scheint mindestens zwei Möglichkeiten zu geben, den Gesellschaftsvertrag zu brechen. Die eine Möglichkeit führt zu alternativen Herrschaftsformen; ihr drastischster Ausdruck wäre der Entschluss des Volkes, sich einem fremden Willen zu unterwerfen, sich selbst zu versklaven. Die andere Möglichkeit gipfelt in der politischen Selbstauslöschung, in der kollektiven Rückkehr in den Naturzustand.

Mir scheint, dass man der Rousseau'schen Äußerung von der Unverbindlichkeit des Gesellschaftsvertrags nur dann Sinn abgewinnen kann, wenn man die zweite Möglichkeit zugrunde legt und den Bruch des Gesellschaftsvertrags als staatspolitische Selbstannihilation liest. Man darf ja nicht vergessen, dass die Rousseau'sche Republik genauso wie der Hobbes'sche Leviathan ausschließlich konditionalen Charakter besitzt. Aus dem Naturzustand herauszutreten und sich, wie die Hobbes'schen Naturzustandsbewohner, unter dem Dach eines mächtigen Staates zu vergesellschaften oder sich politisch zu organisieren, wie die Rousseau'schen Naturzustandsbewohner, ist klug, ratsam, vorteilhaft; es ist aber keine Pflicht, nicht rechtlich oder moralisch notwendig. Folglich ist die Preisgabe des staatlichen Schutzes, die Aufgabe der politischen Lebensform sicherlich unklug, irrational, von großem Nachteil, aber keinesfalls eine Pflichtverletzung, keinesfalls ein Rechtsbruch. Zwischen der Republik und dem Naturzustand steht kein moralisches oder rechtliches Hindernis, das der freie Wille nicht überwinden könnte. Der Souverän ist ein konventionelles Produkt, von Natur aus ist er nicht. Auch wenn er in allem dem Einzelmenschen nachgebildet ist, wenn sich in der Bürgerherrschaft die Autonomiebestimmung des Menschen wiederholt, ist er doch nicht mit dem Einzelmenschen gleichursprünglich. Dieser verliert seine ihm wesenhaft zukommende Eigenschaft des Menschseins, wenn er auf seine Freiheit verzichtet; er hört auf, Mensch zu sein. Und er darf es als Mensch nicht wollen, sich in die Botmäßigkeit eines anderen zu begeben und ein untermenschliches Leben zu führen. Der Souverän verliert ebenfalls durch Selbstauflösung seine Existenz, aber niemand kann ihn hindern, seine Nicht-Existenz zu wollen.

Die Sache sieht jedoch anders aus, wenn die Souveränitätsmitglieder nicht in den Naturzustand, in den Zustand natürlicher Freiheit zurückkehren, sondern in einem staatlichen Zustand verbleiben, jedoch auf Selbstherrschaft verzichten und sich fremder Herrschaft unterstellen. Sie würden dann ja genau einen Vertrag von der Art schließen, die Rousseau vehement wegen ihres freiheitszerstörenden Charakters verworfen hat. Sollte also das souveräne Volk den Gesellschaftsvertrag auch in dem Sinne brechen dürfen, dass es die Bürden der politischen Selbstherrschaft abwirft und das politische Freiheitsrecht gegen ein Linsengericht der politischen Betreuung eintauscht, dann hätte sich der souveränitätstheoretische Voluntarismus Rousseaus gegen seine eigenen freiheitsrechtlichen Grundlagen versündigt. Denn ob nun der Einzelne unmittelbar oder mittelbar, als Mitglied des Souveräns, einen Zuschnitt herbeiführt, in dem ihm die ihn als Menschen ausmachende Eigenschaft der Freiheit abhanden kommt, ist gleichgültig. Fremdherrschaft darf nicht gewollt werden: Dieser Satz besitzt für Rousseau analytische Wahrheit.

Wenn die Verfügung über den Gesellschaftsvertrag durch das souveräne Volk in Rousseaus Augen auch das Recht beinhalten sollte, seine eigene Unfreiheit zu beschließen, dann hätte er sich vom souveränitätstheoretischen Voluntarismus in einen offenen Widerspruch hineinziehen lassen. Denn es ist unverkennbar, dass sich die Rede von der Unverbindlichkeit des Gesellschaftsvertrags dem Bestreben verdankt, dem souveränitätstheoretischen Voluntarismus stärksten Ausdruck zu verleihen. Der Souveränität eignet Maßlosigkeit; sie ist sich in allem selbst das Maß. Sie verfügt sogar über ihre eigene staatsrechtliche Grundlage. Dieser disponierende Zugriff auf die eigenen Voraussetzungen korrespondiert genau dem oben erwähnten Präsentismus, der der Republik nur eine Existenz im Modus kontinuierlicher Selbsterschaffung gestattet.

5. Allgemeinheitsbegriffe

Der einzig legitime Souverän ist die vereinigte Bürgerschaft, und jeder Bürger ist Mitgesetzgeber. Daraus folgt aber nicht, dass nur dann ein Gesetz in Geltung gesetzt werden kann, wenn es einstimmig beschlossen wird. Nur der Gesellschaftsvertrag verlangt – per definitionem – Einmütigkeit. Wer ihm nicht zugestimmt hat, ist kein Bürger, steht außerhalb der Gemeinschaft. Alle anderen Gesetze bedürfen nur der gleichberechtigten Mitwirkung aller Bürger bei ihrem Zustandekommen, nicht jedoch der einmütigen Annahme durch alle Bürger.

Der Allgemeinwille ist ein normatives Prinzip, keine empirische Bestimmung. Und die ihm zugeordnete Gerechtigkeitskonzeption ist die der zuständigen Sozialformation eingeschriebene normative Wohlordnung. Diese ist nicht aus den empirischen Manifestationen des Allgemeinen zu entnehmen. Sondern es gilt umgekehrt, dass die empirischen Manifestationen des Allgemeinen nur dann Ausdruck der Gerechtigkeit sind, wenn sie Ausdruck des Allgemeinwillens sind. Freilich ist dieser Hinweis auf den Unterschied zwischen einer empirischen Ebene und einer normativen Ebene noch kein Argument gegen die prozeduralistische Auslegung des Allgemeinwillens. Schließlich unterscheiden auch Diskursethik und Kontraktualismus zwischen den Ergebnissen empirischer Übereinkünfte und idealer Übereinkünfte. Aber Rousseau operiert nicht mit der Vollkommenheitsdifferenz zwischen zwei Verfahrensgestalten, um das normative Gefälle zwischen Allgemeinwillen und empirischer Demokratie zum Ausdruck zu bringen. Rousseaus Kriterium ist die allen Verfahren vorgängige Gemeinwohlorientierung, nicht etwa, wie manche meinen, ein ideales Gesetzgebungsverfahren, das den Bestimmungen des Vernunftrechts folgt: Dienen die Beschlüsse einer empirischen Volksversammlung dem Gemeinwohl, dann sind sie Ausdruck des Allgemeinwillens. Und um die Chancen zu erhöhen, gemeinwohldienliche Beschlüsse zu fassen, ist es notwendig, die Menschen durch Tugenderziehung und eine geeignete sozio-ökonomische Formierung ihrer Lebensumstände zu Bürgern und Patrioten zu machen. Und dieses Verbürgerlichungsprogramm hat nichts mit dem Ensemble von kontrafaktischen Bedingungen zu tun, die für den diskursethischen Prozeduralisten einen herrschaftsfreien Diskurs garantieren.

Die Normativität des Gemeinwillens hat aber auch nichts mit einer vernunftrechtlichen Prinzipienebene zu tun, wie manche Interpreten vermuten. Sicherlich hat Kant den *Contrat social* als Ideal des Staatsrechts gefeiert und den Rousseau'schen Gesellschaftsvertrag zum Vorbild seines *contractus originarius* genommen. Kant hat auch die Normativität des Gemeinwillens übernommen und den Vertrag als Gerechtigkeitsnorm verwandt: Mit seiner Hilfe haben jeder Herrscher und jeder Untertan ein dem kategorischen Imperativ verwandtes Kriterium an der Hand, um die Gerechtigkeitsqualität des positiven Rechts zu überprüfen.[79] Damit wird die vernunftrechtliche Vertragskonstruktion zur Legitimationsnorm empirischer Herrschaftsausübung. Verständlicherweise entledigen sich manche Interpreten des sperrigen, modernitätsfeindlichen Republikanismus der Rousseau'schen Konzeption, indem sie den Rousseauismus Kants bereits in Rousseau hineinlesen. Dann finden sie einen Kantianismus Rousseaus, der ihnen ein geglättetes Rousseau-Bild schenkt.

Wohin man im *Contrat social* auch immer seinen Blick richtet, immer stößt man auf eine Liberalismus-Republikanismus-Spannung. Sie ist das Leitmotiv des Rousseau'schen Denkens; sie färbt alle Konzepte und Lehrstücke ein und gibt ihnen eine doppelte Lesart. Auch die *volonté générale* wird von dieser Doppeldeutigkeit nicht verschont. Eine republikanisch-ethische Lesart steht unverbunden neben einer liberal-staatsrechtlichen Lesart. Betrachten wir ihre Herkunft aus der kontraktualistischen Legitimationstheorie, dann ist sie der allein rechtmäßige Souverän. Denn nur die Herrschaft des Allgemeinwillens erlaubt eine mit der Freiheit von jedermann in Übereinstimmung stehende Gesetzesherrschaft. Aber diese Lesart ist nicht die einzige; wäre sie die einzige, dann könnte es keinen Unterschied zwischen *volonté générale* und *volonté de tous* geben. Wäre sie die einzige, müsste Rousseau sich keinerlei Gedanken über das Problem der Erziehung der Bürger und der Sicherung kultureller Homogenität machen. Der Forderung nach einer legitimen Herrschaft würde durch die Etablierung einer direkten Demokratie entsprochen werden können. Aber die Dimension der staatsrechtlichen Legitimität erschöpft eben nicht die normative Bedeutung der *volonté générale*, da zwischen einer legitimen Herrschaftsorganisation und der Qualität ihrer Gesetzgebungsleistung keinerlei notwendige Beziehung besteht. Daher kann die legitimationstheoretische Vertragsprozedur nicht als metaethisches Vorbild für einen kognitiven Prozeduralismus verwandt werden. Die Doppeldeutigkeit des Rousseau'schen Gemeinwillens würde durch seine solche prozeduralistische Halbierung nicht angemessen erfasst.

Der Kontraktualismus ist eine moderne Rechtfertigungstheorie, die den Objektivismus durch ein Verfahren ersetzt, einen Voluntarismus an die Stelle des Intellektualismus setzt. Das, was Herrschaft legitim macht, was gerecht ist, wird nicht mittels naturrechtlicher Prinzipien erkannt, nicht unter Zuhilfenahme von Naturzwecken und Seinsbestimmungen ermittelt. Über die legitime Herrschaft und gerechte Gesetze entscheidet in der Moderne allein die Zustimmung der Betroffenen. Freilich nicht die rhapsodisch aufgegriffene, demoskopisch ermittelte Zustimmung, sondern die vernünftige, unter selbst einsichtigen und normativ ausgezeichneten Randbedingungen erfolgte Zustimmung von rationalen Individuen. In den Mittelpunkt der Rechtfertigungstheorie rücken damit zustimmungsverbürgende, konsensgenerierende Verfahren. Auch der Rousseau'sche Kontraktualismus ist diesem metaethischen Prinzip des Prozeduralismus verpflichtet. Insofern der einzig legitime Souverän der vereinigte Wille aller ist, insofern sich die Legitimität des Souveräns in seinem gerechten Willen zeigt, ist die Gerechtigkeit funktional abhängig von einem Verfahren der Einheitsstiftung und Gemeinschaftsbildung. Wir haben aber gesehen, dass sich im Rahmen der Rousseau'schen Gesellschaftsvertragskonzeption die Rechtsbegrifflichkeit verändert; ihre Begriffsformen werden mit dem neuzeitfremden, modernitätsfeindlichen Geist eines sittlichen Republikanismus angefüllt. Diese tief greifende Modifikation betrifft auch die Bedeutung des Prozeduralismus. *Nichts könnte irreführender sein, als die Willensbildung der volonté générale nach dem Muster universalistischer Verfahren zu verstehen.* Nicht die demokratische Qualität der Verfahren bringt die *volonté générale* zur Sprache, sondern allein die Tugend der Bürger. Oder anders formuliert: Damit das demokratische Verfahren zu gemeinwohldienlichen Gesetzen führt, müssen tugendhafte Bürger vorausgesetzt werden. Nur dann also kann das demokratische Verfahren den Allgemeinwillen zur Darstellung bringen, wenn sehr weitreichende und gänzlich verfahrensexterne, selbst durch keinerlei Verfahren sicherzustellende Voraussetzungen in den abstimmenden Subjekten vorliegen.

Rousseaus Republikanismus ist nicht Ausdruck der politischen Moderne. Er stellt das Gute vor das Recht; und er stellt Tugend und Gemeinwohl vor das Verfahren. Damit verstellt er genau die beiden Wege, die die Moderne beschreitet, um legitime Herrschaftsausübung zu erreichen. Da ist einmal der liberale Weg, der politische Gerechtigkeit über die Respektierung der individuellen Grundrechte erreichen will. Da ist zum anderen der demokratische Weg, der das, was politisch richtig ist, über die Einbeziehung möglichst vieler in die Willensbildung ermitteln will. Es ist charakteristisch für die politischen Organisationen der Gegenwart, dass sie beide Wege miteinander kombinieren; dass sie eine demokratisch organisierte Herrschaftsausübung in einen rechtsstaatlichen und verfassungsstaatlichen Rahmen stellen, dessen politische Unantastbarkeit von einer unabhängigen Verfassungsgerichtsbarkeit überwacht wird.

Die ethisch-juridische Doppeldeutigkeit des Rousseau'schen Kontraktualismus prägt auch sein zentrales Konzept der *volonté générale*. Die Radikalität des souveränitätstheoretischen Voluntarismus wird immer nur dann deutlich sichtbar, wenn man seine sittliche Einbettung vernachlässigt. Sie äußert sich in einem Radikalismus des Formalen, der sofort in einen Konservatismus des Inhaltlichen umschlägt, wenn die *volonté générale* in ihrer gemeinwohldienlichen Arbeit betrachtet wird. Mit dem Gemeinwohlkonzept dringt eine substanzielle Theorie des Guten in das radikal voluntaristische Staatsrecht ein. Eben noch mit moderner absoluter Souveränität begabt, vergisst die *volonté générale* ihre normativ-staatliche Maßlosigkeit und findet sich als bürgerethische Tugendherrscherin wieder. Bedauerlicherweise sind Rousseaus Auskünfte über sein zentrales Konzept äußerst undeutlich. Sobald seine Beschreibung der *volonté générale* nicht mehr den Rückhalt des souveränitätstheoretischen Schemas hat, sobald es nicht mehr um die vertrauten Eigenschaften der Unveräußerlichkeit, Unteilbarkeit und Unfehlbarkeit geht, sondern um die politische Genese der *volonté générale* und um die Epistemologie des Gemeinwohls, verschwimmen die Konturen. Um das sich bei jedem Konzept der politischen Philosophie Rousseaus, bei jeder Wendung seiner Lehre neu aufbauende rechtlich-ethische Spannungsfeld weiter zu durchleuchten, soll im Folgenden der Allgemeinheitsbegriff näher betrachtet werden, der den Konzepten des Gemeinwillens und des Gemeinwohls zugrunde liegt.

In der politischen Philosophie lassen sich drei Allgemeinheitskonzepte unterscheiden. Da ist zuerst die *Interessenallgemeinheit* des generalisierten Egoismus; sie basiert auf den transzendentalen Interessen der Individuen, die in Grenzsituationen – wie der Naturzustand eine ist – auffällig werden und nur durch kollektive Anstrengungen, durch institutionelle Ordnungen befriedigt werden können. Da ist zum anderen die kompakte Gemeinschaftsallgemeinheit, die in den geteilten Selbstinterpretationen und Wertüberzeugungen einer partikularen Gruppe wurzelt und folglich anders als die Interessenallgemeinheit des generalisierten Egoismus entschieden antiuniversalistisch und exklusiv ist. Und da ist drittens die kommunikative Allgemeinheit, die wie die Allgemeinheit der transzendentalen Interessen universalistisch ausgerichtet ist, aber anders als diese nicht von gegebenen Interessen ausgeht, sondern auf die argumentative Ermittlung vorläufig konsensfähiger Interessen, Gründe und Projekte zielt.

Im ersten Fall haben wir es mit der formal-juridischen Allgemeinheit des Liberalismus zu tun, die inhaltlich genau dem überlappenden Konsens von Rationalegoisten entspricht. Es ist die Allgemeinheit, die in den Verträgen des Kontraktualismus zum Ausdruck kommt; sie umfasst den ordnungspolitischen Hauptnenner, auf den sich die dem Stamm des *homo oeconomicus* zugehörigen Naturzustandsbewohner einigen können. Diese Allgemeinheit manifestiert sich im *status civilis* in Gestalt von Rahmenordnungen, die den Individuen gleich große Parzellen für die individuelle und eigenverantwortliche Lebensgestaltung zuweisen. Allgemeinheit ist hier darum weitgehend Verträglichkeit differenter Privatheit. Im zweiten Fall können wir von der partikulären Ethos-Allgemeinheit des Republikanismus sprechen; diese Allgemeinheit ist eine Seinsallgemeinheit, sie gründet im sittlichen Gleichsein, in der das ganze Leben durchziehenden Gruppenzugehörigkeit. Sie ist sprachlos, denn was richtig ist, was zu tun ist, weiß man. Hier geht es nicht darum, Argumente auszutauschen, sondern nur darum, sich einander zu versichern, welche Überzeugungen man seit je geteilt hat. Das dritte Allgemeinheitsmodell können wir als kommunikationsethisch-deliberative Allgemeinheitsvorstellung bezeichnen. In der Rousseau'schen Vertragsrepublik ist das Konzept der sittlichen Allgemeinheit vorherrschend.

Das Vergesellschaftungsmodell des kontraktualistischen Standardvertrags bietet eine überzeugende Veranschaulichung der Verfassung des rechtlich geordneten Egoismus; es entspricht gleichermaßen den legitimatorischen Standards und den motivationalen Ressourcen einer individualistischen Gesellschaft. Diese konzeptuelle Tauglichkeit hängt damit zusammen, dass die Reproduktion der Ordnung der individualistischen Gesellschaft externalistisch organisiert ist. Das Allgemeine wird nicht als Gegenstand einer handlungs-, verhaltens- und charakterprägenden Sorge betrachtet. Zwar ist es intendiert, seine Etablierung und Reproduktion wird nicht der unsichtbaren Hand eines freien Marktes überlassen. Die Naturzustandstheorie hat in den modernen kontraktualistischen Philosophien übereinstimmend die Aufgabe, das Koordinationsmodell des freien

Marktes als Fiktion zu entlarven und an seine Stelle die Etablierung eines kollektiven Handelns zu setzen, das auf die intentionale Einführung des kollektiven Gutes Sicherheit und Rechtssicherheit gerichtet ist. Der Kontraktualismus ist die sichtbare Hand. Im Vertrag wird die ordnende Hand sichtbar, er ist die ordnende, intentional das Allgemeine sichernde Hand. Die Voraussetzung dieser ganzen Argumentation ist aber – und nur darum kann der Vertrag als Vergesellschaftungsmodell innerhalb individualistischer Ordnungen überzeugen –, dass die Menschen sich nicht ändern müssen, dass sie die rational kalkulierenden Egoisten bleiben, die sie vorher im Naturzustand gewesen sind. Oder anders formuliert: Dann ist der Vertrag ein geeignetes Mittel der Theorie, Vergesellschaftungsprozesse paradigmatisch abzubilden, wenn die Theorie mit der sparsamen Motivationsausstattung der reduktionistischen Anthropologie auskommt; wenn sie eine externalistische Integrationstheorie entwickelt, die auf strategische Anpassung des Egoisten an die Ordnung setzt.

Die Bürger gewinnen durch die Herrschaft des vertraglich konstituierten und zwangsbewehrten Willens der Gemeinschaft zugleich wirkliche rechtliche und politische Freiheit; rechtliche Freiheit, weil eine gesetzliche Rechtsordnung etabliert wird, die gerecht ist und durch eine allgemeine Beschränkung individueller Willkür allen gleiche Freiheitsermöglichungsbedingungen bereitstellt; politische Freiheit, weil die Herrschaft des gesetzgebenden allgemeinen Willens von den Individuen nicht als Fremdbestimmung erlebt wird, sondern von ihnen getragen und mitgestaltet wird. Die rechtliche Freiheit innerhalb der Rousseau'schen Republik gleicht strukturell der Freiheit, die den Individuen in den liberalen Systemen des rechtlich geordneten Egoismus zuteil wird. Es ist die in Rechtsgleichheit begründete individuelle Freiheit. Die politische Freiheit freilich findet in den Konzeptionen des Liberalismus keinen Ort und folglich auch keine angemessene Darstellung durch die Begriffsformen des Kontraktualismus. Sie besteht in der autonomen Selbstbestimmung der Staatsbürger und ist in einem Gemeinschaftsbewusstsein, in bewusster, erlebter und bejahter Zugehörigkeit zu der vorfindlichen Gemeinschaft begründet. Während die Protagonisten einer rechtlichen Freiheitsordnung, eines zwangsbewehrten Systems subjekter Freiheitsrechte durchaus Egoisten sein dürfen, die allein zu strategischem Handeln fähig sind und die gesellschaftliche Koordination auf Kompromiss, Interessenausgleich, bargaining und transzendentale Gemeinsamkeit stellen, deren ordnungspolitischer Erfolg also auf dem generalisierten Egoismus beruht, dürfen die Protagonisten der politischen Freiheit keine „politischen Nullitäten“ (Hegel) sein. Mit der reduktionistischen Anthropologie eines Hobbes und Spinoza, die die eindimensionale Rationalitätskonzeption der Entscheidungs- und Spieltheorie antizipiert und die auch das berühmte kantische Diktum vom Teufelsvolk prägt, für das das Problem der Staatserrichtung auflösbar sein muss, wenn es denn nur Verstand hat, lässt sich ein liberaler Rechtssicherungsstaat, aber keine Republik machen. Der erstere liefert einen institutionellen Berstschutz für ein Aggregat von Privatleuten und Rechtsbesitzern; seine externe Stabilisierungsleistung rechnet mit der Rationalität, abwägenden Klugheit und vorteilsmaximierenden Verständigkeit der Individuen; der zweite hingegen ist eine Gemeinschaft, die sich selbst organisiert, die in ihren Mitgliedern lebt, in deren Mitte ein Gemeinwille entsteht, der die Geschicke der Allgemeinheit lenkt und leitet, deren interne Stabilisierung im Patriotismus und Gemeinsinn der Bürger wurzelt.

a) „Volonté générale" und Sittlichkeit

„Der Souverän ist allein dadurch, dass er ist, immer schon das, was er sein soll" (I.7; 363; 77). Sätze wie diese deuten an, dass die sittlich-kompakte Allgemeinheit innerhalb der Anatomie der *volonté générale* vorherrschend ist. Verwirklicht sich im Allgemeinwillen diese sittlich-republikanische Allgemeinheit, dann fallen Existenz und Normvollendetheit des Souveräns zusammen. Denn erst dann existiert der ja selbst normativ, über die allgemeine Gesetzgebung definierte Souverän, wenn alle Bürger jedes Gesetz als Ausdruck ihres eigenen Willens anerkennen können. Das kann jedoch nur für solche Gesetze erreicht werden, die einmütig erlassen worden sind; jedes nur mehrheitlich gewollte Gesetz ist Zwang gegenüber der dissentierenden Minderheit. Die Existenz des Souveräns ist somit an die Erfüllung der Einmütigkeitsbedingung gebunden. Damit entscheidet die Konsensfähigkeit einer Gesellschaft über das Schicksal des Souveräns. In einer modernen, durch Individualisierung und Pluralisierung charakterisierten Gesellschaft wird die *volonté générale* nicht erscheinen; mehr als Mehrheitspragmatismus und Dissensmanagement vermag die Politik hier nicht zu leisten. Auch ist nicht zu erwarten, dass die anspruchsvollere deliberierende Öffentlichkeit je einmütige Resultate erzielen wird. Die Vorstellung, die Deliberation würde die Nuggets des Allgemeinen aus dem Schutt der gesellschaftlichen Interessen und dem Geröll der Meinungen herauswaschen, ist illusionär. Es ist kein Zufall, dass in der Diskursethik die Richtigkeit und Wahrheit anzeigende allgemeine Diskussions- und Willensgemeinschaft ins Kontrafaktische abgeschoben worden ist. Die *volonté générale* bedarf einer Gesellschaft, in der gleiche Anschauungen und Wertperspektiven herrschen, in der gleiche Interessen, gleiche Hoffnungen und gleiche Befürchtungen bestehen. Das Biotop des Rousseau'schen Souveräns ist eine hoch integrierte Lebensgemeinschaft. Die *volonté générale* benötigt als Vehikel Bürger mit ethisch standardisiertem Denken, Fühlen und Handeln. Ihr Element ist das, was Nietzsche die „Sittlichkeit der Sitte" genannt hat. Die Gesetze, die der Allgemeinwille erlässt, können nichts anderes sein als situationsangepasste Artikulationen einer in den Bürgern immer schon wirksamen Gemeinschaftlichkeit des Denkens und Fühlens. Diese ist vorauszusetzen, damit der Allgemeinwille, den die Rousseau'schen Prinzipien des Staatsrechts zur Herrschaft berufen, überhaupt in die Existenz treten kann.

Die Versittlichung, deren symbolisches Abbild der Assoziationsvertrag ist, muss von diesem Vertrag selbst vorausgesetzt werden, damit ihm die Gemeinschaft entwachsen kann, die er aufgrund seiner inneren Normativität als einzig legitim auszeichnet. Damit zeichnet sich die entscheidende Differenz zwischen Rousseau und dem neuzeitlichen Standardkontraktualismus in aller Schärfe ab: Während bei Hobbes und Locke der Vertrag den Individuen eine Individualisierungschance einräumt, ihnen die Möglichkeit gibt, der Gattungsallgemeinheit zu entwachsen und sich in institutionell gefestigten, sozial friedlichen Verhältnissen auseinander zu entwickeln, sich voneinander zu unterscheiden, individuelles Profil zu gewinnen und ein eigenes Leben zu leben, liegt die Pointe des Rousseau'schen Vertrages darin, ihnen diese liberale Individualisierungschance vorzuenthalten. Der Liberalismus ist ungleichheitstolerant, ist mit einem Konformismus zufrieden, der sich auf die Anerkennung der Rahmenordnung erstreckt; der Republikanismus hingegen ist ungleichheitsintolerant, stellt Differenz und Individualität unter politischen Verdacht. *Es ist das despotische Paradoxon der Rousseau'schen Freiheitskonzeption, dass die politische Apotheose der Selbstbestimmung in einer Selbstauslöschung gipfelt, die die von Rousseau dem kontraktualistischen Absolutismus vorgeworfene weit übersteigt.* Denn der Absolutismus will nur Gehorsam, verlangt nicht die innere Anverwandlung der Untertanen. Der Absolutismus ist kein Totalitarismus, der nichts duldet, was ihm nicht innerlich und äußerlich gleich ist. Rousseaus Republikanismus hingegen verlangt innere Gleichheit. Die von ihm garantierte politische Selbstbestimmung ist nur darum möglich, weil alle Bürger auf eigene Ansichten und eigene Zwecke längst verzichtet haben; weil jeder nur räumlich und zeitlich besonderte Allgemeinheit ist. „Als Bürger“ ist der Mensch „nur ein Bruchteil, der vom Nenner abhängt, und dessen Wert in der Beziehung zum Ganzen liegt, d. h. zum gesellschaftlichen Ganzen. Gute soziale Einrichtungen sind diejenigen, die es am besten verstehen, den Menschen seiner Natur zu entkleiden (dénaturer l'homme), ihm seine absolute Existenz zu nehmen und ihm dafür eine relative zu geben und sein Ich auf die gesellschaftliche Einheit zu übertragen, sodass jeder Einzelne sich nicht mehr als einheitlicher Einer, sondern nur noch als Glied einer Einheit betrachtet, das nur noch als Teil des Ganzen empfindet. Ein Bürger von Rom war weder ein Cajus noch ein Lucius; er war Römer.“[80]

Im Assoziationsvertrag Rousseaus gehen die Menschen von der natürlichen Vereinzelung ins Gruppendasein über; der natürlichen Gattungsallgemeinheit, die jedem das gleiche Verhaltens- und Überlebensprogramm diktiert, folgt die sittliche Ethosallgemeinheit, die jeden zum Ausdruck des Gleichen macht. Assoziation ist nicht Aggregation, ist auch mehr als Kooperation. Assoziation bedeutet hier, dass jedem Individuum die Allgemeinheit unter die Haut geht, dass das Allgemeine das Herz und den Verstand jedes Individuums besetzt hält, sodass aus jedem nur noch äußerlich unterscheidbaren Individuum das *moi commun* spricht, sodass alle mit einer Stimme sprechen. Die von Rousseau dem Vertrag zugeschriebene Menschwerdung spart die Individualisierung aus; damit befreit er sich von den Dissensrisiken, die die Einmütigkeit, das Lebenselement der *volonté générale*, gefährden könnten, denn das Individuum als solches ist ein Dissensrisiko.

b) „Volonté générale" und neuhegelianischer Volkswille

Konnte sich Carl Schmitt mit gutem Grund bei der Entwicklung seiner antiliberalen Demokratiekonzeption auf Rousseau berufen? Richtig ist, dass die Suche nach einem Alliierten ihn genauer hat hinsehen lassen als viele andere, die Rousseau zu einem Zwillingsbruder Lockes oder zu einem Proto-Kant machen wollen. Es ist unbestreitbar, dass Rousseaus Konzeption Spannungen und Inkohärenzen aufweist. „Die Fassade ist liberal: Begründung der Rechtmäßigkeit des Staates auf freien Vertrag. Aber im weiteren Verlauf der Darstellung und bei der Entwicklung des wesentlichen Begriffs, der *volonté générale*, zeigt sich, dass der wahre Staat nach Rousseau nur existiert, wo das Volk so homogen ist, dass im Wesentlichen Einstimmigkeit herrscht. Es darf nach dem Contrat social keine Parteien geben, keine Sonderinteressen, keine religiösen Verschiedenheiten, nichts, was die Menschen trennt [...] Die Einmütigkeit muss nach Rousseau so weit gehen, dass die Gesetze *sans discussion* zustande kommen."[81] So richtig dieser Befund ist, so falsch ist die Inanspruchnahme. Natürlich wollte Rousseau keine antiliberale Demokratie begründen. Die Grundspannung des *Contrat social* verläuft nicht zwischen Liberalismus und Demokratie, wie Schmitt meint, sondern zwischen Liberalismus und Republikanismus. Sie verdankt sich dem bemerkenswerten Entschluss, die Vormoderne gegen die Moderne in Stellung zu bringen. Daher besteht auch ein großer Unterschied zwischen der Rousseau'schen und der Schmitt'schen Homogenitätstheorie. Rousseaus kulturell-ethische homogene Republik ist notwendig ein Stadtstadt, eine weltabgeschnittene Insel, ein sich vor der zivilisatorischen Dynamik verkriechender Weltzipfel. Schmitt hingegen muss seine Vorstellung einer homogenen Demokratie von diesem Republikanismus der überschaubaren Lebenswelt unabhängig machen; sie muß aggressiv-imperialen Gelüsten gegenüber offen sein; sie kann daher die Quelle der Homogenität nicht in den materialen Bedingungen republikanischer

Überschaubarkeit finden, sondern sie muss sich nach einer vorpolitischen Homogenitätsquelle umsehen, muss die Demokratie nicht politisch als Bürgergemeinschaft, sondern rassenbiologisch als Artgemeinschaft organisieren.[82]

Hinter Rousseaus *volonté générale* steht keine holistische Ontologie, keine Volksgeistmystik. Auch die Rousseau'sche Welt ist ausschließlich von Individuen bevölkert; es gibt nur sie und ihre Beziehungen zueinander. Neben den Individuen gibt es keine Allgemeinheit von eigenem Recht und von eigener Wirklichkeit. Der Begriff des Gemeinwillen ist ein politischer Begriff; Rousseau wäre kein Anhänger des *ius sanguinis* gewesen. Gemeinschaftlichkeit konstitutiert sich durch die Sorge der Bürger um ihre Gemeinschaft. Und diese Gemeinschaftlichkeit bedarf – wir werden das noch sehen – einer Fülle entgegenkommender Bedingungen; sie ist fragil, zumal in der Moderne. Aber zu den konstitutiven Bedingungen der Gemeinschaftlichkeit gehört kein vorpolitisches ethnisches Substrat. Die ethnische Zugehörigkeit ist gänzlich irrelevant, da sie als solche den Privatwillen nicht zu domestizieren vermag. Zwar kann ethnische Zugehörigkeit zu einem Politikum werden, eine starke Integrationskraft entfalten, aber das ist wiederum abhängig von vorgegebenen politischen Bedingungen. Die *volonté générale* ist nicht Ausdruck der Gemeinsamkeit einer ethnischen oder religiösen Gruppe; sie ist Ausdruck einer sich im Zusammenleben konstituierenden, ihr Zusammenleben wertschätzenden und sich um seinen Bestand und seine Kontinuierung kümmernden Bürgerschaft. Und wenn aus den Individuen eben dieser Bürgersinn verschwindet, dann verschwindet auch der Gemeinwille, obwohl die ethnische oder religiöse Gruppe immer noch existiert. Der Partikularismus der Sittlichkeit darf eben nicht mit einem ethnischen Partikularismus verwechselt werden.

Aufgrund des ontologischen Individualismus der Rousseau'schen Republik ist auch ein anderer Einwand unzutreffend, der oft gegen Rousseau erhoben wird und auf einen Totalitarismus *avant la lettre* anspielen möchte. Es ist für totalitäres Denken charakteristisch, dass es die Belange der Allgemeinheit über die Interessen der Einzelnen stellt. Das Allgemeine ist ontologisch und axiologisch höherrangig; und im Fall eines Konflikts der Rechte und Interessen gebührt dem Allgemeinen fragloser Vorrang. Anders ausgedrückt – und ohne sich an dem Konfliktparadigma zu orientieren: Das Wohl des Allgemeinen ist keine Funktion des Wohls der Individuen. Dass es nicht Aufgabe der Politik sein kann, Allgemeinwohl und Individualwohl zur Konvergenz zu bringen, hat schon Platon in der *Politeia* gelehrt. Als Adeimantos nach Sokrates' Vorstellung des Erziehungsplans und der Lebensweise der Wächter und Regenten bemerkte, dass diese Allgemeinheitsfunktionäre der platonischen Republik doch ein recht freudloses Leben führen würden und schwerlich glücklich zu nennen seien, entgegnete Sokrates, dass es nicht erforderlich sei, dass jeder Teil eines Ganzen glücklich sein müsse, wenn es dem Ganzen gut gehe; schließlich müsse ja auch nicht jeder Teil einer schönen Statue ebenfalls schön sein. Wenn wir uns um die richtige Einrichtung eines Gemeinwesens Gedanken machen, müssen wir uns überlegen, so Sokrates, „ob wir das Leben der Wächter im Hinblick darauf gestalten wollen, dass ihnen möglichst viel Glück zuteil wird, oder ob wir [...] im Hinblick auf den Staat als Ganzes darauf achten müssen, dass er glücklich wird“[83].

Rousseau würde dieser Divergenzthese nicht zustimmen. Aber verlangt der *bíos politikós* nicht Opfer von den Bürgern? Schließlich müssen sie bei der Behandlung der öffentlichen Angelegenheiten ihr Privatinteresse hintanstellen und ganz in den Dienst des Allgemeinwohls stellen, ihr ganzes Denken, Fühlen und Urteilen auf seine Sicherung und Mehrung ausrichten. Ganz zu schweigen von der Bereitschaft, für die Verteidigung des Vaterlandes das Leben zu lassen, die für den Republikanismus zu den edelsten Bürgertugenden gehört. Nur ist das in Rousseaus Augen keine Beeinträchtigung des Glücks der Bürger. Sie haben ihr eigenes Leben bereits so sehr mit dem Schicksal der Gemeinschaft verknüpft, dass sie mit dem Allgemeinen wie in einem System kommunizierender Röhren verbunden sind; der Zustand des Allgemeinen färbt ihren eigenen Gemütszustand ein. Geht es dem Gemeinwesen gut, geht es auch ihnen gut. Und ist es nicht gut um das Gemeinwesen bestellt, leiden auch sie. Das ist die Konsequenz der angestrebten Identifikation. Die Möglichkeiten, die Individuen in liberalen Ordnungen haben, stehen ihnen nicht zur Verfügung. Sie können das Allgemeine nicht für die Mehrung privaten Glücks in Anspruch nehmen. Aber Rousseau hat hinreichend häufig klar gemacht, dass eine solche kompetitive, die eigenen Interessen gegen die Interessen anderer und das Wohl des Allgemeinen durchsetzende Lebensform sittlich inferior und politisch desaströs ist. Ein angemessenes Verständnis von dem, was für ein glückliches Menschenleben wichtig ist, offenbart aus Rousseau'scher Perspektive, dass die Bürgerexistenz ein Glücksgarant ist, dass das individuelle Wohl der Bürger und das Gemeinwohl konvergieren. Die Vergesellschaftung ist Menschwerdung; durch die bürgerliche Lebensform werden die den Menschen wesentlich ausmachenden Eigenschaften entwickelt und entfaltet. Da sollte es undenkbar sein, dass den durch den Verbürgerlichungsprozess ihrer menschlichen Vollendungsstufe näher gebrachten Individuen ausgerechnet das Glück abhanden kommt. Nicht nur müssen die Individuen bei ihrer Vergesellschaftung kein Freiheitsopfer bringen; sie erleiden auch keine Glückseinbuße. Im Gegenteil: Ihre Freiheit wird gefestigt, und ihr Glück gewinnt eine neue Qualität. „Je besser das Gemeinwesen verfasst ist, umso bereitwilliger beschäftigen sich die Bürger mit öffentlichen Angelegenheiten als mit ihren eigenen. Die Privatangelegenheiten verlieren immer mehr an Bedeutung, weil die Summe des gemeinsamen Glücks auch die Glücksbilanz jedes Individuums verbessert, sodass dieses sein Glück immer weniger in seinem privaten Lebensbereich suchen muss“ (III.15; 429; 158).

Um Rousseaus *volonté générale* vor Fehldeutungen zu schützen, ist es nützlich, sie mit der Vorstellung vom Volkswillen zu vergleichen, die der Rechtshegelianer Erich Kaufmann 1931 in seinem Aufsatz „Zur Problematik des Volkswillens“ entwickelt hat.

„Der Begriff des Volkswillens setzt den des Volksgeistes voraus. [...] Der Volksgeist ist eine objektive reale Größe, die sich in und an den Individuen auswirkt, aber eine ebenso primäre Realität ist wie das individuelle Seelenleben. Schon als eine die Generationen umfassende Realität hat er seine eigene und von dem individuellen Seelenleben verschiedene Gesetzlichkeit. Das Individuum wird bei seiner Geburt von ihm empfangen und geprägt; und nachdem es von ihm empfangen und geprägt ist, trägt es ihn zu seinem Teile mit, webt es mit an seinem Gewande. Er wirkt sich an ihnen in verschiedener Weise aus und wird von ihnen in verschiedener Weise getragen. Es ist niedergelegt in bestimmten Gefühls- und Gemütswerten, überhaupt in bestimmten, insbesondere ethischen Wertvorstellungen, in Traditionen, Sitten, Legenden, Symbolen, Dichtungen, Musik, Sprache usw. Aber er ist nur in ihnen niedergelegt und geht in ihnen nicht auf. Der Geist muss sich stets in Formen aktualisieren. So sind alle jene Phänomene die notwendigen Ausdrucksformen des Volksgeistes, aber nicht er selbst. Er selbst ist vielmehr die letzte, auf nichts Einfacheres zurückführbare Quelle und Substanz, die sich in allen diesen Ausdrucksformen manifestiert. [...] Da der Begriff des Volks in seinem Kern ein politischer Begriff ist, sind es vor allem auch politische Erlebnisse, die ein Volk als Volk gehabt hat, die die Substanz des Volksgeistes aufbauen und sein Wollen und Handeln beeinflussen und bestimmen: die Erinnerung an politische Helden, an Macht und Ruhm, an soziale Erschütterung, an Demütigung und Schmach, an Not und Elend, an Erhebung, Aufstieg und Freiheit.

Als politischer Größe muss dem Volk ein politischer Wille zukommen. Dieser politische Wille ist zunächst Lebenswille und Geltungswille, d. h. der Wille zum Volksein und der Wille zum unabhängigen Staat als der politischen Willenseinheit des Volkes. Er ist ferner Gestaltungswille; nicht ein Wille zu romantischer oder klassischer Selbstgestaltung, sondern der Wille zur Gestaltung und Ordnung der gesellschaftlichen Kräfte im Innern und zur Mitgestaltung einer internationalen Ordnung sowie zur Einfügung in diese Ordnung; kurz der Wille zur Erfüllung der ewigen staatlichen Aufgaben, je nach den teils konstanten, teils wechselnden, räumlichen und zeitlichen Besonderheiten des Volkes und mit den besonderen ethischen und geistigen Kräften und Anlagen des Volkes.

So real dieser Volkswille ist, so ist er doch als solcher seinem Wesen nach sowohl unformiert wie der Formung bedürftig. In ihm klingen und schwingen die verschiedensten, sich durchkreuzenden, ja einander widerstreitenden Weisen [...] Je nachdem, wer ihn anschlägt und anzuschlagen versteht, kann er einen verschiedenen Ton geben. Große Ereignisse, die den Lebens- und Geltungswillen des Volkes im innersten Kern treffen, vermögen ganz einheitliche und starke Reaktionen auszulösen, neben denen an sich vorhandene widerstrebende Gefühle zurücktreten oder verstummen. Nur durch einzelne Persönlichkeiten kann der Volkswille sich aktualisieren, können sich die in ihm liegenden mannigfaltigen Möglichkeiten konkretisieren, kann er wirkender Wille werden. Er bedarf persönlicher Bildner und Träger, er bedarf seinem Wesen nach der Repräsentation. Der größte und folgenschwerste Irrtum, der je ausgesprochen wurde, ist der Satz Rousseaus: ‚La volonté ne se représente pas'.

Aber natürlich hat Kaufmann bei dieser Repräsentation des Volkswillens keinerlei staatsrechtliche Verhältnisse im Sinn; er denkt weder an den Leviathan, noch an eine repräsentative Demokratie. In Übereinstimmung mit seiner Konzeption des Volksgeistes und Volkswillens, die Hegel'sche Versatzstücke aus der Theorie des objektiven Geistes mit Motiven einer zeitgenössischen substanzialistischen und vitalistischen Vulgärmetaphysik vermengt, sind die Repräsentanten des Volkswillens hervorragende Personen, die mit Kraft und Charisma den ungeformten Volkswillen zu formen wissen, ihm Ausdruck verleihen; die auf eine geheimnisvolle Weise sich mit dem Volk zu verbinden wissen und zur konkreten Darstellung bringen, was unartikuliert im Volke drängt.

„Sie stellen in sich die Volksgesamtheit dar, sowohl gegenüber dem Volke selbst wie gegenüber der Außenwelt: sie werden zu Organen. Wie dies geschieht und wann dies erreicht ist, lässt sich auf eine reine rationale Formel nicht bringen. […] Es ist eine reine Frage des Charismas, wie, ob und in welchem Maße dies Ziel jeweils erreicht wird. Keine Rechts- und Verfassungsreform kann seine Verwirklichung sicherstellen."[84]

Dem letzten Satz hätte Rousseau zugestimmt: Es ist ein prozeduralistisches Missverständnis, das Erscheinen des Gemeinwillens durch verfassungsrechtliche Bestimmungen garantieren zu können. Der Gemeinwille vermag das Schicksal des Rechts zu bestimmen; wenn er zur Herrschaft gelangt, wird seine Gesetzgebung im Dienste des Gemeinwohls stehen. Aber das Recht kann nicht das Schicksal des Allgemeinwillens bestimmen. Ob er in der politischen Arena Wirksamkeit enfaltet oder hinter sich widerstreitenden Einzelinteressen oder despotischen Gruppenideologien verborgen bleibt, ist nicht ausschließlich eine Frage der Rechtsordnung.

Wie das Lehrstück vom *Législateur* uns noch deutlich zeigen wird, kommt auch die Rousseau'sche Theorie des republikanischen Gemeinwillens nicht ohne eine charismatische Figur aus.

„Die Gesetze sind eigentlich nur die Bedingungen der bürgerlichen Vergesellschaftung. Das Volk, das Gesetzen unterworfen ist, muss auch ihr Urheber sein. Nur denjenigen, die sich zusammenschließen, steht es zu, die Bedingungen ihrer Vereinigung zu regeln. Wie aber sollen sie sie regeln? Etwa durch eine gemeinsame Übereinstimmung in Folge einer plötzlichen Begeisterung? Besitzt der politische

Körper ein Organ, um seinen Willen mitzuteilen? Wer verschafft ihm die nötige Voraussicht, um Beschlüsse zu fassen und im Voraus mitzuteilen? Oder wie soll er sie verkünden, wenn ein Notfall eintritt? Wie soll eine blinde Menge, die oft nicht weiß, was wie will, weil sie selten weiß, was gut für sie ist, von sich aus ein so großes und schwieriges Unternehmen wie ein System der Gesetzgebung ausführen? Von sich aus will das Volk immer das Gute, aber von sich aus erkennt es das Volk nicht immer. Der Gemeinwille hat immer Recht, aber das Urteil, das ihn leitet, ist nicht immer erleuchtet. [...] Die Einzelnen sehen das Gute, das sie verwerfen; die Öffentlichkeit will das Gute, sieht es aber nicht. Beide bedürfen gleichermaßen der Führung. Die einen, die Einzelnen, muss man zwingen, ihren Willen der Vernunft zu unterwerfen; den anderen, die Öffentlichkeit, muss man dazu bringen, zu erkennen, was er will. Dann geht im Körper der Gesellschaft aus der öffentlichen Einsicht die Einheit von Wille und Urteil hervor, woraus das genaue Zusammenwirken der einzelnen Teile und schließlich die größte Kraft des Ganzen entsteht. Hieraus ergibt sich die Notwendigkeit eines Gesetzgebers“ (II.6; 380; 98).

Diese Charakterisierung will mit dem Preislied auf die Volkssouveränität schwer zusammenpassen. Welch ein phantastisches Haus der Souveränität, welch ein Volkspalast der Selbstbestimmung auf dem kontraktualistischen Reißbrett! Und keiner, der es beziehen könnte! Die emphatische Autonomiekonzeption der Selbstregierung entdeckt sich als herrschaftsrechtliche Hülse. Kein selbstregierungsfähiges Volk weit und breit, stattdessen eine Menge, beseelt vom dunklen Drang zum Guten, aber blind und ohne Verstand, der Führung und Erleuchtung bedürftig. Welch eine Wendung! Vor dem anspruchsvollen Freiheitsbegriff der Legitimationstheorie konnte nur das Modell der Selbstregierung standhalten, der aktuellen, nicht delegierbaren und repräsentierbaren Selbstregierung; nur dann durfte den Menschen Herrschaft zugemutet werden, wenn sie durchgängig diese Herrschaft selbst über sich ausübten. *Und was bleibt am Ende: das Eingeständnis himmelschreiender ethischer Schwäche und intellektueller Inkompetenz und der Ruf nach dem übermenschlichen Führer.* Welch eine Retraktion! Keinen Herren zu keiner Zeit sollen Menschen über sich dulden müssen, aber zuvor müssen sie erst einmal umgekrempelt werden, sich radikaler, ihr Wesen verändernder Fremdbestimmung unterwerfen, um selbstbestimmungsfähig zu werden.

Sicherlich sind da einige Übereinstimmungen zwischen dem Repräsentanten des Volkswillens à la Kaufmann und dem *Législateur* à la Rousseau, aber auch wesentliche Unterschiede. Die Erziehungsbedürftigkeit der Bürgerschaft ist etwas anderes als die Repräsentationsbedürftigkeit des Volkswillens. Bei Rousseau geht es darum, der herrschaftsrechtlich zum einzig legitimen Gesetzgeber erkorenen vereinigten Bürgerschaft die ethische Kompetenz zu verschaffen, die für eine angemessene Ausübung der Gesetzgebungstätigkeit notwendig ist. Sein Erziehungsprogramm weist zwei Komponenten auf; es verknüpft das ethische Programm der Tugendstärkung und *akrasía*-Bekämpfung mit dem neuzeitlichen Pensum der Rationalitätsverbesserung. Der erste Strang zielt darauf, das Gute, das man kennt, auch wirklich zu tun. Der zweite Strang zielt darauf, die Auswirkungen kurzfristiger Bedürfnisbefriedigung als Kosten vor dem Hintergrund einer kontinuierlichen Interessenverfolgung einschätzen zu lernen. Sind dann die ethischen Mängel der Willensschwäche und Kurzsichtigkeit beseitigt, kann die vereinigte Bürgerschaft die schwierige Aufgabe der Gesetzgebung voller Zuversicht und mit Erfolgsaussicht angehen.

Kaufmanns Konzept weist den Repräsentanten hingegen eine andere Funktion zu. Ihre Aufgabe ist das dunkel Drängende, Ungeformte zu artikulieren, zu vergegenständlichen. Durch ihre hermeneutische Kompetenz sind sie gleichsam der Spiegel, der dem Volk sagt, was es ist und will. In ihnen vergegenständlicht sich das, was das Volk will, aber nicht kennt, sodass das Volk jetzt weiß, was es will. Aber dieser Übergang vom Willen zum Erkennen des Gewollten ist von anderer Art als das Rousseau'sche Erziehungsprogramm. Zwischen dem Volk und seinen Repräsentanten besteht bei Kaufmann eine mythische Expressionsbeziehung, die nur notdürftig mithilfe der Hegel'schen Objektivierungsfigur rationalisiert werden kann. Wohingegen die Requisiten des Rousseau'schen Erziehungsprogramms sowohl der tugendpädagogischen Tradition als auch der neuzeitlichen Rationalitätsprogrammatik entstammen. Bei Rousseau geht es um die Erhöhung der ethischen Widerstandsfähigkeit gegen die Verführung durch die Begierden und Neigungen; in dem Konflikt zwischen Allgemeinwillen und Einzelwillen wird die akratische Modellsituation des von den Neigungen übermannten Willens ins Politisch-Allgemeine transponiert. Gleichzeitig geht es um die Bekämpfung der Kurzsichtigkeit, um die Aufklärung der Rationalität, die davor schützen will, in die Falle der Kurzsichtigkeit zu geraten, und dazu anhalten möchte, auch an den zukünftigen Hunger zu denken und bei der Befriedigung der gegenwärtigen Bedürfnisse die Bedingungen zukünftiger Interessenbefriedigung nicht außer Acht zu lassen. Es ist evident, dass die ethische Defizienz der Willensschwäche und die rationalitätstheoretische Defizienz der zukunftsvergessenen Kurzsichtigkeit große strukturelle Ähnlichkeiten haben. Daher ist es verständlich, dass Rousseaus Erziehungsprogramm tugendpädagogische und rationalitätssteigernde Lektionen miteinander verbindet. Denn aus der Perspektive des Allgemeinwillens ist die Dominanz des Partikularwillens sowohl als Willensschwäche als auch als Rationalitätsdefizit interpretierbar.

Es gibt noch einen weiteren Unterschied zwischen den Repräsentanten des Volkswillens bei Kaufmann und dem Gesetzgeber Rousseaus. Während bei Kaufmann der Volkswille eine mythische Größe ist, die Repräsentanten hingegen der politischen Realität angehören, gehört bei Rousseau das Volk der politischen Realität an, hingegen ist der *Législateur* eine mythische Größe, ein *Deus ex machina*, nicht von dieser Welt, von einem Problem herbeigerufen, das sich der Ethisierung des Vertragsmodells verdankt. Ein weiterer Unterschied liegt darin, dass nach Kaufmann der Volkswille nie in einen Zustand geraten könnte, wo er der Repräsentation durch charismatische Einzelpersonen nicht mehr bedürftig wäre. Wohingegen es zur Logik des Erziehungsprogramms der Bürger gehört, dass es die Bürger instand setzt, aufgrund der erworbenen Fähigkeiten, ohne weitere Unterstützung durch den Gesetzgeber, ihrer eigenen rechtlichen Gesetzgebungstätigkeit nachgehen zu können. Diese Bestimmung, sich durch erfolgreiche Erziehungsarbeit selbst überflüssig zu machen, teilt die Rousseau'sche Figur des Gesetzgebers mit der klassischen Figur des Gesetzgebers, wie sie etwa in den Schriften Machiavellis begegnet.

c) Rousseaus Republik ist keine Kommunikationsgemeinschaft

Diskutiert die Republik Rousseaus? Ist die öffentliche Arena erfüllt vom Gewirr der Stimmen? Kämpfen Meinungen um Anerkennung und Gefolgschaft? Wird gehandelt, gefeilscht? Werden Kompromisse eingegangen? Schulden eingeklagt? Versprechungen gemacht? Nichts von alledem. Denn nicht darum geht es, einer Meinung, einer Position die Mehrheit zu verschaffen. Der Gemeinwille soll zum Ausdruck kommen. Wenn es überhaupt eine Diskussion gibt, dann zielt diese darauf, in Einmütigkeit zu ersterben. Der Rousseau'schen Republik fehlt völlig das agonale Element, fehlt auch der für das griechische Denken charakteristische Exzellenzwettbewerb. Auch der politische Aristotelismus kreist um das Gemeinwohl, macht Gemeinwohlorientierung zum entscheidenden Kriterium, um gute Verfassungen von schlechten zu unterscheiden. Aber die klassische Demokratie diskutiert; ihr ist der Tausch der Argumente, der Verkehr der Worte so wichtig, dass sie Spezialisten angeheuert hat, die sie in der Kunst der Rede unterrichteten. Rhetorik wurde nötig; und auch der, der ihr misstraute, weil sie doch fahrlässig mit der Wahrheit umgehe und sich an den Meistbietenden verkaufe, dachte nicht daran, die Bürgerversammlung als Pfingsten des Gemeinwillens zu zelebrieren. Man vergleiche nur den Bürger der Rousseau'schen Republik mit Aristoteles' Hochgesinnten und Selbstwertvirtuosen, dem Megalopsychos aus der *Nikomachischen Ethik*.[85]

Rousseaus Republik, die die Authentizität zum Markenzeichen erhebt, ist alles andere als ein Ort authentischen Republikanismus. Die Fetischisierung des Unmittelbaren ist selbst vermittelt, Resultat einer von Rousseau nicht durchschauten Dialektik des Antimodernismus. Seine Republik ist aufgrund ihrer antimodernen Vormodernität eine zutiefst moderne Konstruktion, eine Nachahmung; es ist eine Ansammlung von Kleinbürgern, die Republikaner spielen wollen. Rousseau war ein genialer Autodidakt; seit frühester Jugend hat er den klassischen Lesestoff verschlungen. Von früh an war seine Vorstellungswelt von spartanischen Kriegern in Wehr und Waffen, von griechischen und römischen Bürgern in wallenden Gewändern erfüllt gewesen sein. Aber seine Imagination hat ihn getäuscht. Schaut man genau hin, dann entfaltet sich ein ganz anderes Szenario in seinen Schriften: Rousseaus Republik gleicht einer Ansammlung von Sektierern, modernitätsabgewandten Kongregationisten, Kleinbürgern und Zivilisationsflüchtlingen, die jede kulturelle Regung, jedes Raffinement der Sinne, jede Entfaltung von Individualität mit Angst und Argwohn betrachten.

Nach Kant garantiert das öffentliche Räsonnement der Privatleute die Herrschaft der praktischen Vernunft im politischen Bereich. Die praktische Vernunft herrscht dann im politischen Bereich, wenn die Autorität des Arguments den Prozess und das Klima der politischen Willensbildung prägt, wenn die Institutionalisierung von Normen dem sich in einer zwangsfreien Diskussion herausdestillierenden Allgemeininteresse folgt. Die bürgerliche Öffentlichkeit ist die politische Gestalt der autonomen Vernunft des neuzeitlichen Subjekts; sie akzeptiert nur die Autorität des Arguments und zielt damit auf die Rationalisierung der politischen Herrschaft als einer Herrschaft von Menschen über Menschen durch strikte Offenlegung und Diskussion aller Ziele, Mittel, Interessen und Gründe. Wenn aber alle mit einer Stimme sprechen, braucht man nicht mehr zu reden. Dann genügt es abzustimmen. Wenn alle Gemeinsinn besitzen, tugendhafte Bürger sind, die Allgemeinheit in sich tragen, dann reicht es, wenn die Bürger die Gesetzesvorschläge betrachten und entscheiden, ein jeder für sich, spontan. Deliberative Politik findet in der Rousseau'schen Republik nicht statt. Die Republik ist sprachlos; und die *volonté générale* tritt gerade aus der Sprachlosigkeit der Bürger ins politische Leben, denn die Sprachlosigkeit ist nur Ausdruck ethischer Evidenz.

Auch wenn sich die Diskursethik gern auf Rousseau beruft, seine staatsrechtliche Verklammerung von Recht und Demokratie für vorbildlich erachtet und in der volkssouveränitären Institutionalisierung des Vertrages einen Vorläufer ihrer geltungsüberprüfenden und legitimitätstestenden Diskurse erblickt: der so Vereinnahmte hat für gesellschaftliche Diskussionen und deliberative Demokratie nichts übrig. Wie allen Konservativen ist ihm die unendliche Diskussion suspekt; er erblickt in ihr nur einen Tummelplatz der Eitelkeiten, eine Arena subtiler Machtkämpfe. Wenn die Bürger anfangen, nach den besseren Argumenten zu suchen, die Interessen zu wiegen, die Standpunkte zu vergleichen, dann hat das Gemeinwohl schon verloren; dann ist es für immer in den Endlosschleifen einer räsonierenden Öffentlichkeit verschwunden. Rousseaus Republik ist keine Kommunikationsgemeinschaft. Mit den Vorstellungen des diskursethischen Rousseauismus hat Rousseaus Republikanismus nichts zu tun. Die *volonté générale* ist Ereignis, nicht herbeidiskutiertes Diskursresultat. Als Ereignis zeigt sie sich. Das, was dem Allgemeinwohl dient, findet ohne viel Gerede und ohne alle Abwägung die Zustimmung der versittlichten, patriotischen Bürger.

Für den Diskursethiker manifestiert sich im Prinzip der Publizität ein reflexives Rechtfertigungsniveau: die Bedingungen der Akzeptabilität von Gründen, die den Normen und Legitimationen Geltung und Wirkung verleihen und eine konsenserzeugende und motivbildende Kraft besitzen, finden sich nicht mehr in einer Übereinstimmung mit vorgegebenen Ordnungsgefügen und letzten naturrechtlichen Prinzipien, sondern nur noch in den Strukturelementen des Verfahrens einer allgemeinen argumentativen Einigung selbst. Hinter dem Prinzip der zwangsfrei deliberierenden Öffentlichkeit steht die für die anspruchsvollen rechtfertigungstheoretischen Überzeugungen der Neuzeit charakteristische Auffassung, dass die Prozeduren einer vernünftigen Einigung und täuschungsfreien Ermittlung wahrhaft allgemeiner und wirklich gemeinsamer Interessen selbst und allein ein legitimierendes Potenzial besitzen. Geltungsansprüche von Normen sind dem Gerichtshof der Vernunft vorzutragen, müssen einer argumentativen Überprüfung durch die Betroffenen unterzogen werden. Nur dann können sie Verbindlichkeit beanspruchen, wenn sie sich universalistisch rechtfertigen lassen, wenn sie durch eine diskursive Meinungs- und Willensbildung der Betroffenen bestätigt werden.

Obwohl Rousseau gern als Begründer des rechtfertigungsmethodologischen Prozeduralismus betrachtet wird, weil er als einziger Kontraktualist den Vertrag selbst zum Prinzip der politischen Organisation, der Gesetzgebung und der Gerechtigkeit gemacht hat, verliert bei näherem Hinsehen das prozedurale Element im Zustandekommen und der Artikulation der *volonté générale* doch erheblich an Bedeutung. Die ethische Einbettung des vertraglichen Verfahrens der Einigung erstickt die Prozeduralität, die ja als modernitätsangemessenes Rechtfertigungselement das unmittelbare Sittlichkeitswissen der Traditionswelt ersetzen sollte. Das fest in der sittlichen Kompaktheit der Tugendrepublik verwachsene Verfahren verliert seinen kognitivistischen Grundzug. Es ist kein Erkenntnisverfahren, kein Verfahren der Ermittlung der Gerechtigkeit und des Gemeinwohls. Denn Gerechtigkeit und Gemeinwohl bedürfen bei Rousseau keines Erkenntnisverfahrens; sie müssen nicht prozedural gewonnen werden. Sie sind den Bürgern evident. Damit reduziert sich das Verfahren auf Rechtswahrnehmung und Freiheitserleben. Indem die Bürger zur Abstimmung schreiten, durch den Zusammenklang ihrer Gemeinwohlgewissheit die *volonté générale* in die Existenz rufen, nehmen sie ihr Recht wahr, erleben sie sich als freie Bürger. Der prozedurale Kognitivismus der Diskursethik hat in der Rousseau'schen Bürgerrepublik keinen Platz.

Bei Rousseau, so Habermas, wird „der Autonomie der Gesetzgebungspraxis selbst eine vernünftige Struktur eingeschrieben. Der vereinigte Wille der Staatsbürger ist, da er sich nur in der Form allgemeiner und abstrakter Gesetze äußern kann, per se zu einer Operation genötigt, die alle nicht-verallgemeinerungsfähigen Interessen ausschließt und nur solche Regelungen zulässt, die allen gleiche Freiheiten garantieren. Die Ausübung der Volkssouveränität sichert zugleich die Menschenrechte."[86] Das trifft allenfalls auf Kant zu, aber nicht auf Rousseau. Hier liegt ein prozeduralistisches Missverständnis der *volonté générale* vor. Bestände dieser prozedurale Automatismus, wie Habermas meint, wäre dem demokratischen Gesetzgebungsverfahren „per se" eine Richtigkeitsgewähr eingeschrieben, dann hätte Rousseau auf Gesetzgeber, Tugend und Bürgererziehung verzichten können. Dann hätte er nur das Einstimmigkeitskriterium bei der Gesetzgebung festlegen müssen und den Konsens als Epiphanie der Wahrheit behaupten können. Das hat er aber nicht. Kein Verfahren sichert die Gerechtigkeit des Ergebnisses, sondern nur die inhaltliche Übereinstimmung mit dem Gemeinwohl. Dieses aber kann nur durch die abstimmenden Bürger zur Geltung gebracht werden. Daher muss sichergestellt werden, dass die Bürger gemeinwohlfähig sind. *Das, was sich der Diskursethiker als Resultat eines Idealdiskurses erhofft, nämlich die Konvergenz der Meinungen aller redlich Argumentierenden mit dem Allgemeinen und Richtigen, will Rousseau als sittliche Voraussetzung sichern.* Daher formt nicht der Diskurs die Menschen, sondern die Menschen müssen schon zu Bürgern gebildet worden sein, um das Verfahren richtig zu gestalten. Zugespitzt formuliert: Bei den Diskursethikern erzieht – idealiter – das Verfahren die Menschen, daher muss man sich um ihre Erziehung zu Bürgern keine Gedanken machen; bei Rousseau erziehen die bereits zu Bürgern erzogenen Menschen das Verfahren, sodass es gemeinwohlkompatible Resultate liefert.

d) Die „volonté générale" ist nicht universalistisch

Die Rousseau'schen Bürger besitzen nicht nur keinen Rechtsvorbehalt der Allgemeinheit gegenüber – wie die Bürger des Locke'schen Liberalismus; sie besitzen auch keinen Gewissensvorbehalt der Allgemeinheit gegenüber – wie die Bürger des Hobbes'schen Liberalismus. Der Hobbes'sche Staat ist eine Koexistenzordnung für einander Fremde; und er vermag diese Koexistenz zu garantieren, weil er unüberbietbar differenztolerant ist, vorausgesetzt, diese Differenz organisiert sich nicht politisch, sondern verbleibt im Privaten. Der *Leviathan* ist ein frühes Meisterstück liberaler Ordnungskunst, in der die ordnungspolitische Grundidee des Liberalismus bereits deutlich zum Ausdruck kommt: Ordnungsherstellung durch Trennung und Differenzierung. Der Vorzug dieser Konzeption zeigt sich in ihrer uneingeschränkten Inklusivität; unter der Voraussetzung der Privatisierung der Differenz vermag ein liberales Gemeinwesen grundsätzlichen freien Zugang für jedermann gewähren. Setzt die Ordnungsherstellung jedoch auf sittliche Kohärenz, wird die Differenz politisiert und damit die Inklusivität eingeschränkt, da ohne material-differente Grundlagen von Gemeinsamkeit und Zugehörigkeit die Kohärenzherstellung nicht gelingen kann. Der Rousseau'sche Bürger hat keine Privatheit, in die er sich zurückziehen kann; er kann nicht ins Exil seines Gewissens gehen, nicht ins Innere seiner Überzeugungen emigrieren. Er hat die Trennung zwischen Innerem und Äußerem aufgehoben. Auch in seinem Inneren stößt er nur auf das Äußere, Öffentliche, Allgemeine. Da diese Allgemeinheit jedoch eine inhaltlich bestimmte ist, eine partikulare Gestalt des Sittlichen, muss sie sich abschotten, gegen fremde Einflüsse abdichten. Exklusivität wird zur politischen Überlebensbedingung. Den Rousseau'schen Bürgern muss der Kontakt mit anderen untersagt werden.

Man darf sich also vom Allgemeinheitsanspruch der *volonté générale* nicht täuschen lassen. Der Rousseau'sche Allgemeinwille ist ein besonderer Wille; es ist der Wille einer bestimmten Menschengruppe; in ihm artikuliert sich die Gemeinschaftlichkeit; die Gültigkeit und Verbindlichkeit seines Wollens ist notwendig auf die Mitglieder der Gruppe eingeschränkt. Der Rousseau'sche Republikanismus ist dezidiert anti-universalistisch. Der Rousseau'sche Bürger ist ein Patriot, kein Verfassungspatriot. Denn Menschenrecht, kategorischer Imperativ und formale Koordinationsregeln reichen nicht aus, um einen Gemeinsinn zu erzeugen, um eine Menge von Menschen in eine Gemeinschaft zu verwandeln. Das Allgemeine ist abstrakt, unwirtlich, unbewohnbar. Es ist kein Zufall, dass der Republikaner Rousseau auch der heftigste Kritiker des Kosmopolitismus ist. Jemand, für den der Mensch erst dann zum Menschen wird, wenn er zum Bürger geworden ist, für den der Mensch als Mensch nur ein domestikationsbedürftiges Stück Natur ist, kann das Allgemeinmenschliche nicht zur Grundlage einer normativen Politik machen. Rousseau kennt keine Menschenrechte und auch keine Prinzipien des Völkerrechts. Nur dann könnte in der Fluchtlinie seines Assoziationsparadigmas die Menschheit als politisch-moralischer Gegenstand auftauchen, wenn die Menschheit eine durch einen gemeinsamen Willen vereinigte und handlungsfähig gewordene politische Einheit wäre, ein *moi commun*, ein *être moral*. Aber das ist nicht der Fall. Die Menschheit existiert nur in den Systemen der Philosophen, nicht in der äußeren politischen Wirklichkeit und auch nicht in der inneren moralischen Wirklichkeit der Menschen. Die besondere sittlich-politische Einheit ist das Biotop der Menschwerdung. Der Begriff „Weltbürger“ ist für Rousseau eine *contradictio in adjecto*. Ihm ist zudem sittliche Irreführung anzulasten: „Misstraut den Kosmopoliten, die in ihren Büchern Pflichten in der Ferne suchen, die sie in ihrer Nähe nicht zu erfüllen geruhen. Mancher Philosoph liebt die Tartaren, damit er seinen Nächsten nicht zu lieben braucht."[87]

6. Allgemeinwille, Gesetz und Gemeinwohl bei Rousseau und Kant

„Durch den Gesellschaftsvertrag haben wir dem politischen Körper Dasein und Leben gegeben. Jetzt geht es darum, ihm Bewegungskraft und Willen durch die Gesetzgebung zu verleihen. Denn der ursprüngliche Akt, der diesen Körper formt und einigt, legt noch nicht fest, was er zu seiner Erhaltung zu tun hat" (II.6; 378; 96). Behandelt die Naturzustandstheorie die Selbsterhaltungsschwierigkeit und Selbsterhaltungserfordernisse der isolierten Individuen, so behandelt die Theorie des bürgerlichen Zustandes die Selbsterhaltungsschwierigkeiten und Selbsterhaltungserfordernisse der Gemeinschaft. Diese Parallelisierung ist keine den Text dehnende Stilisierung. Sie wird durch die anthropologische Metaphorik der politischen Philosophie nahe gelegt. Auch Rousseau macht ja ausgiebig von ihr Gebrauch. Die Gesetzgebung ist der Erscheinungsort des Allgemeinwillens. Die Gesetze beleben den „politischen Körper"; sie geben seinen Bewegungen Richtung und Sinn; nur durch die Gesetze ist er „aktiv und empfindungsfähig"; ohne sie verliert er seine „Seele", seine Handlungsfähigkeit und Empfindungskraft.[88] Durch sie gibt sich der Allgemeinwille zu erkennen.[89]

„Wenn das ganze Volk über das ganze Volk beschließt, sieht es nur sich selbst. Entsteht jetzt ein Verhältnis, so findet es ohne eine Teilung des Ganzen nur zwischen dem ganzen Objekt unter einem Standpunkt und dem ganzen Objekt unter einem anderen Standpunkt statt. Dann ist der Gegenstand, über den man beschließt, genauso allgemein wie der Wille, der beschließt. Diesen Akt nenne ich ein Gesetz" (II.6; 379; 97). Der Gesetzesbegriff beinhaltet zwei Allgemeinheitskriterien. Das aktive Allgemeinheitskriterium besagt: Gesetz kann nur ein Beschluss sein, der dem Willen aller Bürger entstammt. Niemand darf von der Entscheidung ausgeschlossen werden, denn jeder Bürger ist gleichberechtigter Mitgesetzgeber. Daher ist die Mitautorschaft eines jeden eine notwendige Bedingung legitimer Gesetzgebung. Das passive Allgemeinheitskriterium besagt: Gesetz kann nur ein Beschluss heißen, der sich inhaltlich auf die Allgemeinheit bezieht, der die allgemeinen Lebensumstände gestaltet und daher jeden in gleicher Weise trifft. Dadurch ist Gleichbehandlung gesichert, wird jede Form von Diskriminierung und Privilegierung abgewiesen. Wenn so die Allgemeinheit über sich selbst beschließt, dann ist jede Spaltung ausgeschlossen: Weder kann sich ein Partikularwille als Allgemeinwille ausgeben, noch kann das Gesetz zu unterschiedlichen Belastungen und Bevorzugungen in der Bevölkerung führen. Auch Kant orientiert sich an diesem Kriterium der doppelten Sender-Adressaten-Allgemeinheit, wenn er sagt, dass jedes Gesetz, von dem denkbar ist, dass die Bürgerschaft es sich selbst hätte geben können, als gerecht zu gelten habe. Denn wenn man fragt, wie denn ein Gesetz aussehen mag, das die Bürgerschaft sich sicherlich nicht selbst geben würde, dann wird die Antwort lauten, dass das Gesetze sind, die eine differente Behandlung unterschiedlicher Teile der Bürgerschaft ermöglichen, die Ungleichbelastungen implizieren und daher Vorrechte sichern, denn es ist nicht vorstellbar, dass die durch das Gesetz Benachteiligten ihre Zustimmung geben werden.

Der ursprüngliche Vertrag „ist eine bloße *Idee* der Vernunft, die aber ihre unbezweifelte (praktische) Realität hat: nämlich jeden Gesetzgeber zu verbinden, dass er seine Gesetze so gebe, als sie aus dem vereinigten Willen eines ganzen Volks haben entspringen *können*, und jeden Unterthan, so fern er Bürger sein will, so anzusehen, als ob er zu einem solchen Willen mit zusammen gestimmt habe. Denn das ist der Probirstein der Rechtmäßigkeit eines jeden öffentlichen Gesetzes. Ist dieses nämlich so beschaffen, dass ein ganzes Volk unmöglich dazu seine Einstimmung geben könnte (wie z. B. dass eine gewisse Klasse von Unterthanen erblich den Vorzug des Herrenstandes haben sollten), so ist es nicht gerecht; ist es aber nur möglich, dass ein Volk dazu zusammen stimme, so ist es Pflicht, das Gesetz für gerecht zu halten: gesetzt auch, dass das Volk jetzt in einer solchen Lage, oder Stimmung seiner Denkungsart wäre, dass es, wenn es darum befragt würde, wahrscheinlicherweise seine Beistimmung verweigern würde.“[90]

Freilich ist nicht ganz klar, ob die Allgemeinheit des Gesetzes bei Rousseau so weitreichende normative Implikationen hat wie bei Kant. Da Kant nicht von sittlich geläuterten und gemeinwohlfähigen Individuen, sondern bei seinem Gedankenexperiment der hypothetischen Zustimmung von rationalen Egoisten ausgeht, die bei der Gesetzgebung durchaus an deren Auswirkung auf ihre eigenen Interessen denken, steht Kants Allgemeinwille in der Nähe der konvergierenden Willen rationaler Egoisten. Rousseaus Gemeinwille ist hingegen auf das Wohl der Allgemeinheit gerichtet, orientiert sich also gerade nicht an der Auswirkung der Gesetze auf die Privatinteressen der Individuen und erhebt damit auch nicht die mögliche Zustimmung rationaler Egoisten zum Gerechtigkeitskriterium. Daher nehmen die Grenzziehungen der doppelten Allgemeinheitsbedingung des Gesetzes bei ihm auch einen anderen Verlauf als im kantischen Gedankenexperiment. Zwar müssen sich die Gesetze an die Gesamtheit der Untertanen richten und nur allgemeine Handlungsbeschreibungen enthalten, also „nie einen besonderen Menschen“ adressieren und auch „nie eine einzigartige und individuelle Handlung“ verlangen[91], jedoch ist es, so Rousseau jedenfalls in der Erstfassung des *Contrat social*, mit dieser doppelten Allgemeinheitsschranke durchaus vereinbar, dass die Vergabe von Privilegien oder die Einteilung der Bürgerschaft in verschiedene Klassen durch ein Gesetz beschlossen werden kann. Das Rousseau'sche Allgemeinheitskriterium ist also weitaus ungleichheitstoleranter als das kantische. Der Grund liegt in der unterschiedlichen Statur der abstimmenden Bürger: allgemeinheitsfähige Bürger, die stets dem Gemeinwohl den Vorzug geben, können durchaus Gesetze erlassen, die Ungleichheit einführen oder bestehende Ungleichheit vergrößern, wenn es ihrer Überzeugung nach um der Selbsterhaltung und Selbstbehauptung des Gemeinwesens willen erforderlich ist. Sollten sie selbst Opfer dieser therapeutischen Ungleichheit sein, wird das ihr Abstimmungsverhalten als Bürger nicht beeinflussen.

Kants Gedankenexperiment rechnet mit dem eigeninteressierten Bürger. Wenn der Fürst sich fragen soll, ob die Gesamtheit der Bürger seinem Gesetz hätte zustimmen können, dann muss er sich nicht überlegen, ob sein Gesetz dem Gemeinwohl dient, sondern ob es gerecht ist. Und es ist dann eben aus der Perspektive des kantischen Vernunftrechts nicht gerecht, wenn aufgrund allgemeiner Menschenerfahrung anzunehmen ist, dass dieser oder jener, diese oder jene Gruppe, das Gesetz wegen offenkundiger Nachteiligkeit für sich abgelehnt hätte. Hier zeigt sich der große Unterschied zwischen der kantischen Republik des Rechts und der Rousseau'schen Republik des Guten. *Während bei Rousseau das Gute den Horizont der Gerechtigkeit bestimmt, zeigt bei Kant umgekehrt die Gerechtigkeit dem Guten die Grenze.* Diese Inversion des Verhältnisses zwischen der Gerechtigkeit und dem Guten ist tief greifend. Während das Gute bei Rousseau das kollektive Gute ist, das als Erhaltungsinteresse des Gemeinwesens alle individuellen Glücksstrategien dominiert, existiert das Gute bei Kant ausschließlich im Gewand individueller Lebensführungsprogramme. Denn die Republik des Guten ist partikularistisch; und der politische Partikularismus kann sich eine normative Orientierung an einem gehaltvollen Begriff des Guten leisten, da er keinerlei Inklusionsverpflichtungen hat. Kants Republik des Rechts ist hingegen universalistisch und darf daher niemanden ausschließen. Es gibt aber kein gehaltvolles Konzept des Guten, das jeder politischen Gemeinschaftsform gleichermaßen einen verpflichtenden politischen Lebenssinn stiften könnte. Das Konzept des Guten ist nicht universalisierbar, daher kann sich ein um universelle Geltung bemühendes Staatsrecht nicht auf den Begriff des Guten stützen. Dann muss aber auch der Allgemeinwille, wenn er als Kriterium der Richtigkeit positiver Gesetze im Kontext einer Republik des Rechts verwendet wird, von einer materialen Gemeinwohlorientierung abrücken und sich auf die Bestimmung der Gleichheit bzw. der Vermeidung ungleicher Lastenverteilung bei der Freiheitseinschränkung und bei der Steuererhebung stützen.

Und darum muss Kant genau den Bürgertypus ins Spiel bringen, gegen den Rousseau seine Republik des Guten errichtet, dessen Verhinderung sein ganzes ethisch-politisches Bestreben ist: den Typus des eigeninteressierten, liberalen Individualisten, der die Gesetze daraufhin beurteilt, wie sie sich auf die Verwirklichung der eigenen Interessen auswirken.

Nur dann kann man den Vorteil eines gesetzlich geregelten Zusammenlebens mit der Bedingung unveräußerlicher individueller Autonomie verknüpfen, wenn die Gesetze selbstgegebene Gesetze sind. Und nur dann sind die Gesetze des Staates selbstgegebene Gesetze der Bürger, wenn die Bürgerschaft direkter Autor der Gesetze ist. Damit erweist sich der republikanische Gesetzesbegriff als die Auflösung des legitimationstheoretischen Rätsels des *Contrat social*, eine Form von Herrschaft zu finden, unter der jeder weiterhin ausschließlich sein eigener Herr bleibt.

„Diese Schwierigkeit, die unüberbrückbar zu sein schien, wurde durch die großartigste aller menschlichen Einrichtungen behoben, oder vielleicht gar durch eine himmlische Eingebung, die die Menschen lehrte, schon hier auf Erden die unverrückbaren Beschlüsse der Gottheit nachzuahmen. Auf welch unbegreifliche Art und Weise hat man das Mittel gefunden, die Menschen zu unterjochen, um sie frei zu machen (assujettir les hommes pour les rendre libres)? Um im Dienste des Staates die Güter, die Hände, das Leben selbst aller ihrer Mitglieder zu beanspruchen, ohne sie zu zwingen und ohne sie zu befragen? Ihren Willen an ihre eigene Zustimmung zu ketten (d'enchainer leur volonté de leur propre aveu)? Ihre Einwilligung gegen ihre Verweigerung durchzusetzen und sie zu zwingen, sich selbst zu bestrafen, wie sie tun, was sie nicht tun sollten? Wie kommt es, dass sie gehorchen und niemand befiehlt, dass sie dienen und doch keinen Herrn haben? Und umso freier sind unter einer scheinbaren Unterwerfung, als jeder nur das von seiner Freiheit verliert, was der Freiheit eines anderen schaden kann? Das Wunder ist das Werk der Gesetze. Dem Gesetz allein verdanken die Menschen die Gerechtigkeit und die Freiheit. Dieses heilsame Organ des Gesamtwillens stellt im Recht die natürliche Gleichheit unter den Menschen wieder her. Diese göttliche Stimme diktiert jedem Menschen die Vorschriften der öffentlichen Vernunft und lehrt sie, nach den Maximen ihres eigenen Urteils zu handeln und mit sich selbst nicht in Widerspruch zu sein.“[92]

Das Paradox freiheitsbewahrender Herrschaft kann nur durch die Herrschaft der Gesetze gelöst werden. Nur dann, wenn nicht Menschen über Menschen herrschen, sondern das Gesetz gleichermaßen über alle herrscht, ist Freiheit Wirklichkeit. Rousseau vertritt nicht mehr wie Hobbes die Imperativtheorie des Gesetzes. Das Gesetz ist kein Befehl eines Oberen an einen Unteren. Sondern das Gesetz ist Ausdruck der Selbstherrschaft des Volkes über sich selbst. Nicht das Gesollte, sondern das Gewollte macht den Begriff des Gesetzes im Kontext des republikanischen Kontraktualismus aus.

Aber diese Hymne an das Gesetz ist nur die erste Strophe vom großen Lied der Freiheit. Damit der Allgemeinwille wirklich zur Herrschaft gelangt und die Gesetze wirklich Ausdruck der Selbstherrschaft der Gemeinschaft über sich selbst sind, bedarf es der Voraussetzung der Tugend. „Wollt ihr, dass der Gemeinwille erfüllt werde? Dann müsst ihr alle Partikularwillen darauf abstimmen. Da die Tugend nun nichts anderes als diese Übereinstimmung der Einzelwillen mit dem Gemeinwillen ist, kann man dasselbe mit einem Wort zusammenfassen: Macht, dass die Tugend regiert!“[93] Die Herrschaft der Freiheit setzt also die Herrschaft der Tugend voraus. Weil die Herrschaft der Freiheit nur im Rahmen einer autonomen Selbstgesetzgebung der Bürgerschaft möglich ist, diese hingegen nur gelingen kann und einen authentischen Ausdruck des Allgemeinwillens erreichen kann, wenn die Bürger, die Gesetzgeber, tugendhaft sind, in ihrem Denken, Fühlen und Urteilen ausschließlich sich am Gemeinwohl orientieren, wenn Entscheidungen über allgemeine Angelegenheiten anstehen. Wie aber entsteht diese Haltung in den Bürgern?

Die Antwort, die Rousseau in der *Abhandlung über die Politische Ökonomie* gibt, lautet: durch die Erziehung zur Vaterlandsliebe: „Wenn wir wollen, dass die Völker tugendhaft werden, müssen wir damit beginnen, dass sie das Vaterland lieben lernen.“[94] Aber nur das Vaterland kann ein Gegenstand der Liebe werden, das sich als liebenswert erweist, das geliebt zu werden verdient. Auch die Hingabe an das Ganze basiert auf einem Tauschverhältnis. Und das, was die Patrioten als Gegenleistung verlangen dürfen, ist: Schutz ihrer Habe, Respektierung ihrer Freiheit. Ersichtlich vertritt Rousseau einen politischen Patriotismus, der nichts mit dem ethnischen Nationalismus des 19. Jahrhunderts zu tun hat. Nicht die ethnische Zugehörigkeit, nicht die Bande des Bluts, nicht biologische Genealogien und Geburtsurkunden bestimmen das Vaterland, sondern die in einem Gemeinwesen den Bürgern offerierte politische Lebensqualität. Das Vaterland ist ein Vaterland der Bürger. Es ist eine *koinonía politiké* aristotelischen Zuschnitts, eine Gemeinschaft der Freien und Gleichen, die ihre Angelegenheiten selbst regeln. Unter Tyrannen und Despoten gibt es kein Vaterland, kann sich keine politische Autonomie entfalten. Erst dann kann ein Gemeinwesen von den Menschen als Vaterland erlebt, geschätzt und dann auch gegen äußere Feinde mit Engagement und Opfermut verteidigt werden, wenn es ihr Gemeinwesen ist. Und nur dann werden sie es als ihr Gemeinwesen betrachten, wenn sie sich selbst als gleichberechtigten Teil der Gemeinschaft ansehen können. Und nur dann ist diese identifikationsgünstige Bedingung erfüllt, wenn die Gemeinschaft sich selbst regiert, wenn die öffentliche Macht ausschließlich der Verwirklichung des Gemeinwohls dient.

7. Allgemeinwille, Wille aller, Mehrheitswille

a) Zum Verhältnis von „volonté générale“ und „volonté de tous“

Noch in der *Abhandlung über die Politische Ökonomie* von 1755 hat Rousseau die *volonté générale* ausschließlich gerechtigkeitsethisch verstanden und mit ihr keinerlei herrschaftsrechtliche Präferenzen verknüpft. Sie war folglich nicht notwendig an die *volonté de tous* gebunden, sondern konnte als Richtigkeitskriterium der Gesetzgebung von jedem Gesetzgeber verwendet werden, sei dieser eine Einzelperson oder ein Gremium. Erst die Ausbuchstabierung des kontraktualistischen Assoziationsmodells bindet *volonté générale* und *volonté de tous* unauflöslich zusammen, erklärt die versammelte Bürgerschaft zum einzig legitimen Herrschaftssubjekt und damit den Willen aller zum einzigen Medium, durch das sich der Gemeinwille verwirklichen kann.

Freilich impliziert die unauflösliche Verknüpfung beider Willensformen nicht ihre Identität. Zwar kann die *volonté générale* nur durch die *volonté de tous* realisiert werden, da eben nur demokratische Selbstherrschaft legitime Herrschaft ist. Jedoch ist die *volonté de tous* kein Garant der *volonté générale*. Was alle wollen, ist nicht notwendig identisch mit dem, was die Allgemeinheit will. Offenkundig besteht für Rousseau eine wichtige Differenz zwischen dem distributiv Allgemeinen und dem kollektiv Allgemeinen. Das distributiv Allgemeine kommt durch Aggregation und Konvergenz zustande; es ist episodisch und okkasionalistisch; ändert sich die Entscheidungssituation, ist nicht damit zu rechnen, dass sich wieder eine Konvergenz der Interessen aller einstellen wird. Das kollektiv Allgemeine ist authentischer Ausdruck einer Einheit, die als eigene politisch-moralische Wirklichkeit immer schon in den Individuen lebt und daher jeder Abstimmung vorhergeht und diese zuverlässig prägt. Daher können Interessenkonvergenz, Konsens und einmütige Beschlussfassung nicht als empirische Indikatoren des Gemeinwohls und der Gerechtigkeit dienen.

Die *volonté de tous* kann das treffen, was die *volonté générale* will, aber sie kann es genauso gut verfehlen. Und selbst wenn *volonté de tous* und *volonté générale* konvergieren würden, wüsste es der Wille aller nicht mit Notwendigkeit. Denn der Wille aller ist erst einmal nichts anderes als die Aggregation von Einzelwillen, die ihr individuelles Interesse verfolgen, ihren individuellen Meinungen und Bewertungen verhaftet sind. Da der selbst ja bereits empirisch höchst unwahrscheinliche Gesamtwille kein zuverlässiger Indikator des Gemeinwohls ist, ist also die Konsenssuche keinesfalls ein Königsweg zur Gerechtigkeit. Denn die Gerechtigkeit steht im Dienst des Guten; und das Gute ist das, was im Interesse des Allgemeinen liegt, was der Erhaltung, inneren Stabilisierung und Verbesserung der politischen Einheit dient. Gerechtigkeit ist Egoismus des Allgemeinen. Damit sich aber dieser Egoismus des Allgemeinen entfalten kann, damit das moi commun seine Interessen unverfälscht äußern kann, müssen die vielen einzelnen Ichs von der Strategie individueller Nutzenmaximierung abrücken, müssen sie ihrerseits bereits empfänglich für die Erfordernisse des Gemeinwohls sein. Und ob dieses der Fall ist oder nicht, ist gänzlich unabhängig von irgendeinem Verfahren. Daher ist es durchaus möglich, dass sich die *volonté générale* auch als Mehrheitswille äußern kann. Aber eben nur dann, wenn in der Gesellschaft noch so viel sittliche Substanz, noch so viel Gemeinschaftlichkeit enthalten ist, dass das Gemeinwohl im Kräftespiel der Interessen die Oberhand behält. Der Mehrheitswille kann dann als Gemeinwille angesehen werden, wenn die *citoyens* noch die Mehrheit besitzen. Sollten die *citoyens* nur noch eine politische Minorität darstellen, dann ist ihr Wollen Ohnmacht und Nostalgie, weil die Gemeinschaft nicht mehr besteht, um deren Bestand und Kontinuierung sie sich Sorgen machen. Dann wird irgendwann die *volonté générale* nur noch einen Cato auf ihrer Seite haben.

„Oft besteht ein großer Unterschied zwischen dem Willen aller *(volonté de tous)* und dem Gemeinwillen *(volonté générale)*. Er zielt nur auf das Gesamtinteresse, der andere auf das Einzelinteresse und ist nur die Summe der Einzelinteressen. Zieht man davon die Extreme ab, die sich gegenseitig aufheben, so bleibt als Summe der Differenzen der Gemeinwille übrig" (II.3; 371; 88). Rousseau ist ein begnadeter Schriftsteller, dessen Talent besonders in der Kritik aufblüht. Und wenn sich die kritisierte Sache zudem noch mit der eigenen verwundeten Seele verbindet, wenn die Kritik zur Klage wird, dann strömen seine Worte hinreißend. Um die Prinzipien des Staatsrechts im Rahmen einer philosophischen Argumentation zu entwickeln, bedarf es jedoch einer begrifflichen Genauigkeit, die nicht zu Rousseaus Tugenden gehört. Der *Gesellschaftsvertrag* ist gespickt mit missverständlichen Sätzen. Dies ist so einer, scheint er doch ein Verfahren zu nennen, mit dem sich nahezu schematisch der Allgemeinwille aus der Summe der Willensäußerungen ermitteln lässt – wie bei der Wertung sportlicher Leistungen, bei denen bei bestimmten Disziplinen ebenfalls die Extremwertungen herausfallen und die restlichen addiert werden. Offenkundig hat Rousseau hier so etwas im Sinn wie Kompromissbildung; Suche nach Gemeinsamkeit, die nur dann zu einem Erfolg führt, wenn alle von dem sie Trennenden abrücken und sich auf das sie Verbindende konzentrieren.

Die *volonté de tous*, die Einzelinteressen summiert, ist offenkundig ein Wille, der ein einstimmiges Ergebnis hat. Zwar wollen nicht alle dasselbe, aber sie wollen das Gleiche. Jeder will ausschließlich für sich, aber was jeder ausschließlich für sich will, ist gleich. Würde eine direkt-demokratische gesetzgeberische Versammlung sich in ihrer Gesetzesproduktion auf diese

Fälle eines konvergierenden, eines generalisierbaren Egoismus beschränken, dann würde in dem Geltungsbereich dieser Gesetze ebenfalls jeder ausschließlich sich selbst gehorchen, dann wäre die Rousseau'sche Bedingung legitimer Herrschaft erfüllt. Eine solche Form der Allgemeinheitsgewinnung ist nicht ungewöhnlich; sie bildet immerhin das Rückgrat des kontraktualistischen Arguments. Aber im Rahmen des Rousseau'schen Denkens ist die Vorstellung, das Gemeinwohl durch die Konvergenzzonen sich überlappender Privatinteressen zu definieren, gänzlich abwegig.

In der Forschung ist der Unterschied zwischen *volonté de tous* und *volonté générale* oft nicht richtig gesehen worden. Wenn gilt: „Der Gemeinwille umfasst konsequenterweise nur jene Inhalte des Selbstinteresses, die (a) nicht mehr in isolierter Existenzweise, sondern nur im Verein realisierbar, die (b) zugleich Objekte des Selbstinteresses jedes einzelnen Bürgers sind und die (c) als unter alle teilbar gesetzt werden können“[95], dann stellt sich die Frage, warum denn der Wille aller und der Allgemeinwille je auseinander treten können. Denn die hier aufgezählten Definitionselemente bestimmen genau das, was man in der politischen Ökonomie als öffentliches Gut bezeichnet; öffentliche Güter sind Güter, die alle Individuen gleichermaßen wollen, weil sie eine signifikante Verbesserung ihrer Nutzenposition darstellen, folglich distributiv vorteilhaft sind, und weil sie durch private Anstrengungen nicht produziert werden können. Genau diese Überlegung hat die Hobbes'schen und die Locke'schen Menschen aus dem Naturzustand herausgetrieben. Sowohl der Hobbes'sche als auch der Locke'sche Vertrag konstituiert eine *volonté de tous*; in beiden Fällen ruht die Übereinstimmung auf dem Sockel eines generalisierten Egoismus. Wäre diese Lesart richtig, würde nicht nur die Differenz zwischen dem Willen aller und dem Gemeinwillen wegfallen, sondern dann würde auch der Unterschied zwischen substanzieller republikanischer Einheit und universalistischer liberaler Einheit verschwinden, dann würde sich Rousseau nahtlos in die moderne kontraktualistische Traditionslinie eingliedern.

Es wird oft übersehen, dass die *volonté de tous* empirisch nicht weniger unwahrscheinlich ist als die *volonté générale*. Die *volonté de tous* ist genauso eine theoretische Konstruktion wie die *volonté générale*. Sie taucht philosophiegeschichtlich zuerst im Kontraktualismus auf, denn der vertraglich übereinstimmende Wille der Naturzustandsbewohner ist ein Musterbeispiel einer *volonté de tous*: Alle wollen das Gleiche, weil das, was jeder für sich will, identisch ist. Die Allgemeinheit der *volonté de tous* ist eine distributive Allgemeinheit, ist konvergierendes Einzelinteresse, ist ein Konsens von rationalen Egoisten. Die Möglichkeit eines solchen Konsenses ist in hohem Maße abhängig von dem Inhalt. Nur solche Interessen können die Zustimmung aller finden, die als notwendige Voraussetzungen individueller Interessenbildung überhaupt identifizierbar sind. Ich nenne solche Interessen transzendentale Interessen und die ihnen entsprechenden Güter transzendentale Güter. Transzendentale Güter erweisen sich aus der Perspektive des menschlichen Individuums als grundlegende Lebensvoraussetzungen. Dazu zählen: das Leben selbst, körperliche Unversehrtheit, Sicherheit, Gesundheit, daseinssichernde Grundversorgung mit Lebensmitteln, Wohnung und Kleidung usf. Von derartigen Gütern gilt allgemein, dass sie nicht alles sind, alles aber ohne sie nichts ist. Ihr gesicherter Besitz ist für die Menschen notwendig, damit sie ihre unterschiedlichen Lebensprojekte überhaupt mit einer Aussicht auf Minimalerfolg angehen, verfolgen und ausbauen können. Sie werden nicht um ihrer selbst willen angestrebt, sondern nur als unerlässliche Ermöglichungsbedingungen für ein gelingendes, sich in Nebensächlichkeiten zerstreuendes Leben. Güter dieser Art stellen also universelle Präferenzen dar; ein jeder hat diese Präferenzen, denn sie müssen erfüllt sein, damit er ein Leben im Horizont seiner individuellen Präferenzen führen kann. In Zeiten der Normalität bleiben diese Grundgüter unauffällig; denn dann sind wir uns ihres Besitzes sicher und vergessen in der Routine des ruhigen Lebensalltags ihren Wert. Wenn sie uns jedoch knapp werden und wir darum in existenzielle Grenzsituationen und Notlagen geraten, dann bilden sie den einzigen Inhalt unserer Sorge; alle anderen Interessen verblassen dann, der Erwerb und Wiedererwerb der transzendentalen Güter wird zum ausschließlichen Ziel unseres Handelns.

Der enge Zusammenhang zwischen dem neuzeitlichen Kontraktualismus und der *volonté de tous* ist deutlich geworden. Aber die in der *volonté de tous* enthaltene Allgemeinheitsvorstellung ist nicht die Allgemeinheitsvorstellung der *volonté générale*. Die Formel der kontraktualistischen Gerechtigkeit lautet: Gerechtigkeit ist allgemeinheitsfähiger Egoismus. Die Formel der republikanischen Gerechtigkeit lautet: Gerechtigkeit ist Egoismus des Allgemeinen. Historisch ist der Sachverhalt klar: Gerade weil die substanzielle Allgemeinheit nicht mehr zur Verfügung steht, das sittliche Gemeinwohl der Traditionswelt aufgrund der modernitätseigentümlichen Tendenzen der Individualisierung und Pluralisierung keinen allgemein verbindlichen normativen Orientierungswert mehr besitzt, musste der Kontraktualismus sich darum bemühen, Allgemeinheit auf individualistischer Grundlage herzustellen. Es wäre also aberwitzig, die von Rousseau gegen den generalisierten Egoismus der modernen Theorie in Stellung gebrachte *volonté générale* nach dem Muster konvergierender Einzelinteressen auszulegen. Das wäre mit der Emphase nicht vereinbar, mit der Rousseau die Gemeinschaft, die politische Einheit, das gemeinschaftliche Ich als politisches Subjekt einführt. Dieses politische Subjekt hat keinen Willen, der identisch ist mit den Konvergenzbereichen individueller Interessenlagen; dieses politische Subjekt hat einen eigenen, davon verschiedenen Willen. Dieser Wille ist ebenfalls auf Selbsterhaltung, Kontinuierung und

Glücksmehrung gerichtet; aber seine Sorge gilt der Erhaltung, Kontinuierung und Glücksmehrung der Gemeinschaft.

Aber die republikanische Emphase darf nicht mit metaphysischer Überschwänglichkeit verwechselt werden. Trotz seiner deutlichen anti-individualistischen Affekte ist Rousseau kein Anhänger einer holistischen Ontologie. Nur im Willen der Bürger lebt die *volonté générale*; nur in dem sie verbindenden sozialen Band, in der in ihrem Denken, Fühlen, Wollen wirksamen Gemeinwohlorientierung lebt die Gemeinschaft. Daher ist das gemeinsame Beschlussfassen eine unerlässliche Bedingung für die Entstehung des Gemeinwillens. Jedoch ist es nicht auch bereits schon die hinreichende Bedingung. Damit die *volonté générale* ihre republikanische Epiphanie erleben kann, bedarf es zusätzlicher, von allen Abstimmungsmodalitäten und Beratungsprozeduren unabhängiger Voraussetzungen.

„Solange sich eine Anzahl von versammelten Menschen als einen einzigen Körper betrachtet, haben sie gemeinsam nur einen einzigen Willen, der sich auf die gemeinsame Erhaltung und auf das allgemeine Wohl bezieht. Dann sind alle Triebkräfte des Staates kraftvoll und einfach, seine Grundsätze klar und deutlich; er hat keine Interessen, die verwickelt und widersprüchlich sind. Das allgemeine Wohl tritt überall deutlich hervor, und man braucht nur gesunde Vernunft, um es wahrzunehmen [...] Wenn das soziale Band nachgibt und der Staat schwächer wird, wenn sich die Privatinteressen bemerkbar machen und die kleinen Parteien auf die Gesellschaft Einfluss auszuüben beginnen, dann verändert sich das Gemeininteresse und erzeugt Gegner; es herrscht keine Einstimmigkeit mehr, und der Gemeinwille ist nicht mehr der Wille aller; Widersprüche und Einwände werden laut, und die beste Ansicht wird nicht ohne Streit angenommen. Wenn schließlich der untergehende Staat nur mehr in einer Scheinform besteht und leer ist, das Gesellschaftsband in allen Herzen zerrissen ist und krasser Eigennutz sich schamlos mit dem heiligen Namen des Allgemeinwohls schmückt, dann verstummt der Gemeinwille, und die Leute, von geheimen Beweggründen geleitet, argumentieren nicht mehr als Bürger, sondern als ob der Staat niemals existiert hätte, und unter dem Namen von Gesetzen treten gesetzlose Verordnungen in Kraft, die nur das Privatinteresse zum Ziel haben“ (IV.1; 437 f.; 167 f.).

Diese Passage lüftet das Geheimnis, das über der *volonté générale* liegt. Sie ist frei von allen Anflügen eines prozeduralistischen Selbstmissverständnisses der Gemeinwillenkonzeption. Voraussetzung für Existenz und Wirksamkeit des Gemeinwillens ist Bürgergesinnung, Tugendhaftigkeit, gelebte Gemeinschaftlichkeit. Dass jedem Individuum ein gleiches Recht auf faktische Mitwirkung bei der Gesetzgebung zukommt, ist so lange eine kontraktualistische Formalie wie die Menschwerdung, die Verwandlung des Naturwesens in ein moralisches Wesen, und die Bürgerwerdung, die Verwandlung des Einzelwesens in ein Gemeinschaftswesen, nicht vollzogen worden sind. Denn durch die gemeinsame Beratschlagung und Beschlussfassung mag dem hohen freiheitsrechtlichen Anspruch Genüge getan werden, doch ist gemeinsames Gesetzgeben selbst noch nicht Garantie einer gerechten, und das heißt: gemeinwohlorientierten Politik. Nicht das organisationspolitische Herrschaftsschema des Assoziationsvertrags verhilft der *volonté générale* zur Erscheinung, sondern erst die Versittlichung der Vertragspartner. Damit die *volonté de tous* Medium des Gemeinwillens sein kann, müssen alle Bürger dem Gemeinwohl verpflichtete Patrioten sein.

In dem Maße, in dem das soziale Band schwächer wird, die Bürger das Gemeinwohl missachten und ausschließlich an der Mehrung ihres Eigennutzens interessiert sind, wird die *volonté générale* schwächer. Denn Tugendhaftigkeit ist das Ferment, das den Gemeinwillen in die Existenz bringt. Schwindet die Tugendhaftigkeit, verliert der Gemeinwille jede Möglichkeit, in die Existenz zu treten, verliert das Gemeinwohl jede politische Unterstützung. Was der nach wie vor legislatorische Souverän an Gesetzen produziert, kann dann irgendwann auch nicht mehr als Gesetz bezeichnet werden, da das Gemeinwohl unsichtbar geworden ist und nur noch obsiegende Partikularinteressen sich mit Gesetzen unwiderstehlich machen. Der Beginn des sittlichen Niedergangs eines Gemeinwesens ist das Auftreten von Parteien und Fraktionen. Parteien und Fraktionen sind sich politisch organisierende Partikularität. Diese skeptische Einstellung gegenüber Parteien ist ein republikanischer Gemeinplatz. Ein weiterer Gemeinplatz ist die Überzeugung, dass ein tüchtiges, tugendhaftes Gemeinwesen mit wenigen Gesetzen auskommt. Eine wachsende Anzahl von Gesetzen ist ein Zeichen beginnender Lasterhaftigkeit; wenn sich sittliche Schwäche breit macht, sich die Einzelinteressen aus dem disziplinierenden Griff der Tugendhaftigkeit emanzipieren, auseinander driften und sich wechselseitig zu verdrängen trachten, werden die gesellschaftlichen Verhältnisse unübersichtlich, die zwischenmenschlichen Beziehungen verwickelt; der gesellschaftliche Bedarf an Koordinationsregeln steigt, immer mehr Gesetze sind vonnöten, Gesetze, die nicht mehr der Beförderung des Gemeinwohls dienen, sondern lediglich die Konflikte sich verabsolutierender Einzelinteressen regulieren.

Da die Konsenschancen immer geringer werden, je mehr sich die Menschen von ihren Privatinteressen leiten lassen, ist die schnell erzielte Einigkeit ein Anzeichen dafür, dass der Gemeinwille noch lebt und wirksam ist. „Je mehr Übereinstimmung bei den Volksversammlungen herrscht, d. h. je mehr sich die Ansichten der Einstimmigkeit nähern, um so dominanter ist der Gemeinwille. Lange Debatten dagegen, Streitigkeiten und Tumulte zeigen das Anwachsen der Privatinteressen und den Niedergang des Staates“ (IV.2; 439; 169 f.).

b) „Volonté générale“ und Mehrheitsprinzip

Ohne die mit dem vertraglichen Konstitutionsakt von vornherein verbundene Verpflichtung, sich den Mehrheitsbeschlüssen zu unterwerfen, kann der politische Körper nie Handlungsfähigkeit gewinnen und die ihm zugewiesenen Funktionen der Rechtsicherung durch Legislation, Jurisdiktion und Exekution effektiv wahrnehmen. „Denn wenn man nicht vernünftigerweise die Übereinkunft der Mehrheit für den Beschluss der Gesamtheit hält, der jedes Individuum verpflichten soll, so kann nur die Zustimmung jedes Einzelnen etwas zum Beschluss machen. Eine solche Zustimmung jemals zu erlangen ist aber so gut wie unmöglich“; politische Herrschaft auf das Einmütigkeitsprinzip zu gründen „würde dem mächtigsten Leviathan eine kürzere Lebensdauer geben als den schwächsten Kreaturen und ihn nicht einmal den Tag seiner Geburt überleben lassen“[96]. Aus diesem Grund

„muss von allen Menschen, die sich aus dem Naturzustand zu einer Gesellschaft vereinigen, auch vorausgesetzt werden, dass sie alle Gewalt, die für das Ziel, um deretwillen sie sich zu einer Gesellschaft vereinigen, notwendig ist, an die Mehrheit der Gesellschaft abtreten. Und das geschieht durch die bloße Übereinkunft, sich zu einer politischen Gesellschaft zu vereinigen, was schon den ganzen Vertrag enthält, der zwischen den Individuen, die in das Staatswesen eintreten oder es begründen, geschlossen wird und notwendig ist. So ist der Anfang und die tatsächliche Konstituierung einer politischen Gesellschaft nichts anderes als die Übereinkunft einer für die Bildung der Mehrheit fähigen Anzahl freier Menschen, sich zu vereinigen und sich einer solchen Gemeinschaft einzugliedern. Und allein nur das ist es, was jeder rechtmäßigen Regierung auf der Welt den Anfang gegeben hat oder geben konnte.“[97]

Neben der großen staatsphilosophischen Aufgabenstellung der Herrschaftslegitimation gerät die Aufgabe der normativen Begründung des Majoritätsprinzips allzu schnell aus dem Blick. Die Kontraktualisten haben erkannt, dass zwischen dem normativ notwendigen gesellschaftsvertraglichen Egalitarismus und dem pragmatisch unerlässlichen Majoritätsprinzip eine Spannung besteht, die nur durch eine normative Begründung der Mehrheitsregel aufgelöst werden kann. Diese ist jedoch nicht extra-kontraktualistisch zu erlangen, sondern muß sich auf das Argument des gesellschaftsvertraglichen Egalitarismus selbst stützen. Damit rückt die Mehrheitsregelentscheidung mit in das Zentrum des staatsphilosophischen Kontraktualismus. Die demokratische Urversammlung hat neben der Bildung einer gesellschaftlich-politischen Einheit, neben der Formung eines Souveränitätsschemas immer auch die Aufgabe, durch einmütige Einigung auf das Entscheidungsverfahren des Majoritätsprinzips, dieser unerlässlichen Entscheidungsregel für Realsituationen, die erforderliche normative Begründung zu verleihen.

Weil das Mehrheitsverfahren nicht nur die Konsensfindungskosten senkt und damit Handlungsmächtigkeit bewahrt, sondern darüber hinaus auch alle Angehörigen der Minderheit zur Respektierung der Mehrheitsentscheidung verpflichtet, also nicht nur auf eingesehene Effizienz setzt, sondern sich auf ein Recht der Mehrheit und eine korrespondierte Pflicht der Minderheit beruft, ist eine Fundierung des Mehrheitsprinzips in einem allseits verpflichtenden Basiskonsens notwendig. Konsenseinschränkungen auf der Entscheidungs- und Handlungsebene können nur dann legitim sein, wenn sie durch einen Konsens auf der Verfassungsebene zugelassen worden sind. Umgekehrt lässt sich folglich auch aus dem Postulat der normativen Rechtfertigung des Mehrheitsprinzips ein Argument für den legitimierenden Basiskonsens und für den Gesellschaftsvertrag ableiten: die aus unzähligen Individualhandlungen gewebte Kollektivhandlung, durch die aus Individuen ein Volk, durch die ein Volk zu einem Volk wird. So hat ja auch Rousseau im *Gesellschaftsvertrag* argumentiert:

„Nach Grotius ist ein Volk also schon ein Volk, ehe es sich einem Könige überantwortet. Diese Überantwortung selbst ist eine rechtlich-politische Handlung und setzt eine Volksabstimmung voraus. Ehe man also die Handlung untersucht, durch die ein Volk einen König wählt, täte man gut daran, die Handlung zu prüfen, durch welche ein Volk zum Volke wird. Denn da diese Handlung notwendig der anderen vorausgeht, ist sie die wahre Grundlage der Gesellschaft. In der Tat, wenn es keine vorausgehende Übereinkunft gäbe, woher käme, sofern die Wahl nicht einstimmig ist, die Verpflichtung der Minderheit, sich der Wahl der Mehrheit zu unterwerfen? Und woher haben hundert, die einen Herrn haben wollen, das Recht, für zehn zu stimmen, die keinen wollen? Das Gesetz der Stimmenmehrheit ist selbst nur durch Übereinkunft entstanden und setzt voraus, dass wenigstens einmal Einstimmigkeit geherrscht habe“ (I.5; 72).

In seiner Darstellung des Vertrages findet sich freilich keine ausdrückliche Einführung des Mehrheitsprinzips. Und das scheint auch nur konsequent zu sein. Denn ist das Mehrheitsprinzip nicht aus systematischen Gründen mit dem herrschaftslegitimatorischen Konzept Rousseaus unverträglich? Schließlich soll der Vertrag eine Herrschaftsorganisation etablieren, in der jeder so frei bleibt, wie er zuvor im Naturzustand gewesen ist. Und diese Bedingung kann nur erfüllt werden, wenn jedem das Recht eingeräumt wird, nur selbstgegebenen Gesetzen zu gehorchen. Damit ist nicht nur verlangt, dass jeder bei der Beratung und Beschlussfassung der Legislative gleichberechtigt mitwirken kann; damit ist auch gefordert, dass es keine anderen Gesetze geben kann als einmütig verabschiedete. Natürlich ist die Einmütigkeitsbedingung desaströs für jede Politik, stattet sie doch jeden Einzelnen mit einem Vetorecht aus, macht sie den Staat damit zur Geisel von Querulanten, Dissidenten und Egoisten. Aber, so scheint es, genau diese Einmütigkeitsbedingung ist für Rousseau unverzichtbar. Im 4. Buch jedoch, im Kapitel über das Stimmrecht, lesen wir, dass es nur ein einziges Gesetz gibt,

„das seiner Natur nach Einstimmigkeit verlangt: den Gesellschaftsvertrag. Denn die bürgerliche Vergesellschaftung ist die freiwilligste Handlung von der Welt. Weil jeder Mensch von Geburt an frei und Herr seiner selbst ist, kann ihn niemand –

unter welchem Vorwand auch immer – ohne seine Einwilligung unterwerfen. […] Abgesehen von diesem Urvertrag ist die Stimmenmehrheit für alle anderen verpflichtend. Sie ist eine Folge aus dem Vertrag selbst. Die Frage lautet: Wie kann ein Mensch frei und dennoch gezwungen sein, sich dem Willen anderer, der nicht sein Wille ist, zu fügen? Wie können Opponenten frei und trotzdem Gesetzen unterworfen sein, denen sie nicht zugestimmt haben? Meine Antwort lautet, dass die Frage falsch gestellt worden ist. Der Bürger stimmt allen Gesetzen zu, selbst denen, die gegen seinen Willen erlassen worden sind, ja selbst denen, die ihn bestrafen, wenn er ein Gesetz zu verletzen wagt. Der beständige Wille aller Mitglieder des Staates ist der Gemeinwille; durch ihn sind sie erst Bürger und frei. Wenn in einer Volksversammlung ein Gesetz vorgeschlagen wird, so heißt die Frage an das Volk nicht, ob es dem Vorschlag zustimmen oder ihn ablehnen soll, sondern ob er dem Gemeinwillen, der ja ihr Wille ist, entspricht oder nicht. Jeder gibt mit seiner Stimme seine Meinung kund, und aus der Stimmenzahl liest man den Gemeinwillen ab. Wenn ich überstimmt werde, so beweist das nur, dass ich mich geirrt habe, und dass es nicht der Gemeinwille war, was ich dafür gehalten habe. Hätte sich meine persönliche Meinung durchgesetzt, dann hätte ich etwas anderes getan, als ich gewählt habe: gerade dann wäre ich nicht frei gewesen. Das setzt in der Tat voraus, dass alle Kennzeichen des Gemeinwillens auch wirklich in der Stimmenmehrheit zu sehen sind. Sind sie es nicht mehr, dann gibt es auch keine Freiheit mehr, welche Partei man auch ergreift“ (IV.2; 171/2).

Man muss dieses Zitat von rückwärts lesen, dann bleibt die Verwirrung aus, die sich notwendig einstellt, wenn man die in den letzten beiden Sätzen mitgeteilte Bedingung nicht mitdenkt und von einer sittlich unqualifizierten Mehrheit ausgeht. Denn dass der Mehrheitswille für alle verpflichtend ist, ist keinesfalls aus dem Vertrag ableitbar. Aus dem Vertrag ist allein ableitbar, dass zum einen jeder Bürger ein unveräußerliches Mitherrschaftsrecht hat und zum anderen der Allgemeinwille allgemein verpflichtend ist. Setzen wir aber nun einmal voraus, dass während der Assoziation der Bürger auch das Mehrheitsprinzip als staatsrechtlich legitime Entscheidungsregel eingeführt worden ist – auf der Grundlage von pragmatischen Überlegungen, wie sie etwa Locke angestellt hat –, dann stellt sich Rousseau das große Problem, wie sichergestellt werden kann, dass der Mehrheitswille als Ausdruck des Allgemeinwillens gelten kann. Denn was für die *volonté de tous* gilt, gilt für den bloß mehrheitlichen Willen a fortiori. Wenn schon die *volonté de tous* nicht notwendig mit der *volonté générale* in Übereinstimmung steht, dann der Mehrheitswille erst recht nicht.

8. Zwei Mehrheitsprinzipien

In der Mitte des obigen Zitats steht eine der wichtigsten Passagen für ein angemessenes Verständnis des *Contrat social*: „Wenn in einer Volksversammlung ein Gesetz vorgeschlagen wird, so heißt die Frage an das Volk nicht, ob es dem Vorschlag zustimmen oder ihn ablehnen soll, sondern ob er dem Gemeinwillen, der ja ihr Wille ist, entspricht oder nicht." Alles hängt also davon ab, dass die Abstimmungsprozedur auf die richtige Frage antwortet. Werden die Bürger gefragt, ob die Gesetzesvorschläge mit ihren Interessen in Übereinstimmung stehen? Oder lautet die Frage: Welcher der Gesetzesvorschläge ist deiner Meinung nach dem Gemeinwohl am dienlichsten? Im ersten Fall würde das Gesetz eine Mehrheit hinter sich bringen, das mit den meisten Privatinteressen übereinstimmt. Im zweiten Fall würde das Gesetz eine Mehrheit hinter sich bringen, das den Gemeinwohlmeinungen der meisten entspricht. Wenn eine Mehrheit den Anspruch erheben kann, für den Gemeinwillen genommen zu werden, dann die Mehrheit im zweiten Fall. Es ist nicht einzusehen, in welcher Beziehung die Mehrheit des ersten Falls zu irgendeinem Gemeinwillen stehen kann. Wird die Mehrheit so, wie im ersten Fall angegeben, ermittelt, dann gibt es entweder keinen Gemeinwillen, oder keine Anwendung des Mehrheitsprinzips kann je den Anspruch erheben, den Gemeinwillen zur Darstellung zu bringen.

Der entscheidende Punkt ist, dass das Mehrheitsprinzip nicht Interessenübereinstimmungen zählt, sondern übereinstimmende Gemeinwohlinterpretationen. Der entscheidende Punkt ist also die Einstellung, mit der die Bürger die ihnen vorliegenden Gesetzesvorschläge betrachten: Achten sie nur darauf, ob und wie sie in ihre private Interessenstrategien passen, dann hat die Republik verloren, dann wird der Gemeinwille für immer stumm bleiben. Gehen die Bürger hingegen an die Aufgabe mit der Frage heran, was sie für gemeinwohldienlich halten, was sie für sich als Gemeinschaft als Gesetz wollen, dann kann das Mehrheitsprinzip durchaus als Gemeinwohlindikator dienen. Im ersten Fall haben wir ein Mehrheitsprinzip der Ich-Perspektive. Im zweiten Fall haben wir ein Mehrheitsprinzip der Wir-Perspektive. Die Wir-Perspektive einzunehmen verlangt, den Ich-Standpunkt zu transzendieren, der in der Ich-Perspektive absolut gesetzt wird.

Das Mehrheitsprinzip der Ich-Perspektive ist pragmatisch und ohne jede kognitive Funktion. Es ermöglicht eine Kooperation in einer pluralistischen und individualistischen Gesellschaft. Es dient nur dem Zweck, die Mehrheit zu finden. Das Mehrheitsprinzip der Wir-Perspektive ist hingegen kognitivistisch. Es ist ein Mittel zur Erkenntnis des Gemeinwohls. Und kann darum als Erkenntnismittel dienen, weil unter der Voraussetzung, dass die Bürger von ihren Privatinteressen absehen und die Abstimmung von vornherein unter die Frage stellen, was dem Gemeinwohl in dieser Situation am dienlichsten ist, eine Gemeinwohlinterpretation, die die Mehrheit gefunden hat, eine starke Richtigkeitspräsumtion auf ihrer Seite hat und getrost für den Gemeinwillen genommen werden kann. Nur dann, wenn das Mehrheitsprinzip als Mehrheitsprinzip der Wir-Perspektive verstanden wird, macht die Vorstellung Sinn, die Mehrheit könnte den Gemeinwillen zum Ausdruck bringen. Aber es wird auch deutlich, wie anspruchsvoll diese Variante des Mehrheitsprinzips ist. Damit es die in es gesetzten republikanischen Hoffnungen erfüllen kann, muss es auf Bürger angewandt werden. Die Abstimmenden müssen Bürger sein, müssen Gemeinsinn haben, sonst gehen sie mit einer falschen Fragestellung in die Abstimmung.

„Damit sich der Gemeinwille klar ausdrücken kann, darf es im Staat keine Sondergesellschaften geben, und jeder Bürger darf nur seiner eigenen Meinung folgend abstimmen“ (II.3; 372; 89). Rousseaus Kampf gegen den politischen Einfluss von Sondergesellschaften, von Gruppen, Verbänden, Parteien macht übrigens auch nur im Licht der zweiten Lesart des Mehrheitsprinzips Sinn. Im Lichte der ersten Lesart ist es gleichgültig, ob Bürger sich schon im vorpolitischen Raum zusammenfinden, um ihre Interessen zu organisieren, und dann bei der Abstimmung versuchen, ihrem gebündelten Interesse Einfluss zu sichern – während bei der zweiten Lesart die Sondergesellschaft eine Gefahr darstellt, da sie die Gemeinwohlorientierung als Camouflage benutzen kann, um ihr Partikularinteresse unter dem Deckmantel des Gemeinwohls durchzusetzen. Hier ist in der Tat die Separatheit, das Fürsichsein des Stimmbürgers eine Forderung, die um der Sicherung der Möglichkeit, den Gemeinwillen zu finden, aufgestellt werden muss.

Es ist durchaus denkbar, dass wir eine plebiszitäre Demokratie haben, in der der Gemeinwille nicht zur Sprache kommt. Nicht die Einmütigkeit bei der Gesetzgebung sorgt dafür, dass die starke Autonomiebedingung erfüllt ist, denn der Wille aller ist nicht der Allgemeinwille. Wie die Analyse des Verhältnisses von Gemeinwille, Wille aller und Mehrheitswille gezeigt hat, ist die Freiheit in der Republik keine ausschließliche Funktion von Verfahrensrechten. Zwar besitzt jeder das unveräußerliche Recht auf gleichberechtigte Mitwirkung bei der Gesetzgebung. Aber die von der prozedural-staatsrechtlichen Ebene unabhängige Normativität der *volonté générale* verlangt, das Recht auf politische Herrschaft mit der Herrschaft des Allgemeinwillens zu verknüpfen. Und diese Verknüpfung gelingt nur, wenn die Wahrnehmung dieses Rechts auf Mitgesetzgeberschaft unter bestimmte, staatsrechtsexterne und prozeduralistisch uneinlösbare ethische Bedingungen gestellt wird. Erst dann, wenn sich der Bürgersinn des Rechts auf politische Herrschaft bedient, ist die Herrschaft des Allgemeinwillens gesichert, ist die Republik ein Ort wirklich gewordener Freiheit. Denn wenn der Allgemeinwille herrscht, sei es in Gestalt des Willens aller, sei es in Gestalt einer Mehrheitsentscheidung, dann leben alle in Freiheit, auch die, die überstimmt worden sind. Diese sind nicht um ihre Freiheit gebracht worden, diese, so sagt Rousseau, haben sich nur geirrt. Wie ist das zu verstehen?

Bürger, so haben wir gelernt, nähern sich den zur Abstimmung vorgelegten Gesetzen mit der Frage, ob sie dem Gemeinwillen entsprechen. Es existiert kein Gemeinwohlwissen; es gibt kein Gemeinwohl a priori; die Bürger der Rousseau'schen Republik sind keine platonischen Philosophen, die einen unmittelbaren Zugang zu den Ideen des Guten und Gerechten haben. Die Bürger sind die einzigen Gemeinwohlexperten, auf die die Republik sich stützen kann. Aber dieses Expertentum ist kein kognitives, sondern ein ethisches. Es bedarf schon der konzentrierten Beratung und Abstimmung, um herauszufinden, was das Gemeinwohl in der vorliegenden Situation verlangen könnte. Es existiert in den Bürgern nur eine Gemeinwohleinstellung, eine grundlegende Disposition, die eigenen Interessen hintanzustellen und ausschließlich nach der Allgemeindienlichkeit des Gesetzes, nach seinen Auswirkungen auf Bestand und Qualität der Gemeinschaft zu fragen. Da kein Gemeinwohlwissen, sondern nur eine Gemeinwohlwilligkeit in den Bürgern vorhanden ist, gibt es unterschiedliche Gemeinwohlinterpretationen. Sicherlich werden sie nicht allzu sehr voneinander abweichen, aber es wäre unrealistisch, spontane Einmütigkeit zu erwarten. Die Abstimmung wird zeigen, welche der Interpretationen die Mehrheit hinter sich hat. Und es besteht kein Anlass, diese mehrheitlich vertretene Gemeinwohlinterpretation nicht für das zu halten, was das Gemeinwohl in der vorliegenden Situation verlangte. Denn würde weiterhin an einer normativen Differenz zwischen dieser mehrheitlichen Gemeinwohlinterpretation und dem wirklichen Gemeinwohl festgehalten, dann muss auch angegeben werden, wie diese Differenz festgestellt werden kann. Es gibt aber keinen, der hier analog zum platonischen Philosophen als Hüter des Gemeinwohls zu Rate zu ziehen wäre. Gäbe es ihn, wäre sein Wille der Allgemeinwille; gäbe es ihn, müsste man ihn zum Gesetzgeber machen. Damit würde aber die ganze staatsrechtliche Konstruktion in sich zusammenbrechen. Also kann es kein Gemeinwohl a priori geben; also ist auch in der Republik Rousseaus nur ein Gemeinwohl a posteriori zu erreichen.[98]

Dann aber ist es nur konsequent, wenn der in der Abstimmung Unterlegene sich eingestehen muss, dass er sich geirrt hat. Freilich muß Rousseau vorgehalten werden, dass seine Beschreibungen zu undifferenziert sind, dass er notwendige Unterscheidungen nicht trifft. Denn es ist eines, eine unterlegene Gemeinwohlinterpretation vertreten zu haben, ein anderes, ein Privatinteresse zum Kriterium seiner Abstimmung gemacht zu haben. Wir haben hier zwei gänzlich unterschiedliche Weisen der Verfehlung vor uns. Im letzten Fall liegt eine ethische Verfehlung vor; würden alle so handeln, würde die Republik sich auflösen. Im ersten Fall liegt eine kognitive

Verfehlung vor. Hätte der Unterlegene die Mehrheit erhalten, wäre seine Gemeinwohlinterpretation als Gemeinwohlfestlegung akzeptiert worden, würde sich nichts an der politischen Qualität des Zusammenlebens ändern. Denn er ist nicht weniger Bürger, nicht weniger Patriot gewesen als der, der mit anderen die mehrheitsfähige Gemeinwohlinterpretation vertreten hat.

Die *volonté générale* ist nicht etwas, was durch ein kontextfreies Verfahren, im Rahmen eines demokratischen Individualismus erzeugt werden könnte. Die diskursethische Illusion sich selbst tragender demokratischer Beratungs- und Abstimmungsverfahren findet sich bei Rousseau nicht. Nur dann kann das Verfahren ein zufrieden stellendes Ergebnis erzeugen, wenn die Verfahrensteilnehmer bestimmte Voraussetzungen mitbringen. Diese, nicht das Verfahren, bestimmen über die Qualität des Ergebnisses. Die *volonté générale* ist nie prozeduralistisches Ergebnis; sie ist Manifestation eines wirksamen Gemeinsinns; sie ist Ausdruck von Tugendhaftigkeit und Bürgersinn. Die Achse der politischen Philosophie Rousseaus ist kein demokratischer Prozeduralismus, sondern ein republikanischer Expressionismus, der sich des staatsrechtlich gebotenen demokratischen Verfahrens bedient. Daher verbindet Rousseau mit der Abstimmungsprozedur auch keine Lerneffekte. Die Bürgerversammlung ist kein Ort der Deliberation, des Argumentvergleichs, der Abwägung. Die Vernunft, die das Gemeinwohl findet, wird allein von der Tugendhaftigkeit der Bürger gespeist. Sie muss nicht erst deliberativ erarbeitet werden, durch Diskussionen getestet und gehärtet werden. Der Republikaner Rousseau verdächtigt die kollektive Deliberation, die Bürger immer weiter vom Gemeinwohl zu entfernen. Sie eröffnet einen Weg, der anfangs noch nach dem besseren Argument sucht, dann aber schnell in den sophistischen Strudel des kompetitiven Argumentierens gerät und schließlich in einem nackten Verdrängungswettbewerb der Privatinteressen endet.

9. Rousseaus Lehre vom Allgemeinwillen, thesenförmig zusammengefasst

1. Legitimität kommt nur der politischen Herrschaftsorganisation zu, bei der jeder so frei bleibt wie zuvor (im Naturzustand) und ausschließlich sich selbst gehorcht. Legitime Herrschaft kann daher nur von der Gemeinschaft der Bürger ausgeübt werden. Nur das Volk ist ein rechtmäßiger Souverän.
2. Das Herrschaftsrecht umfasst ausschließlich die Befugnis zur Gesetzgebung.
3. Das Herrschaftsrecht ist unteilbar, unveräußerlich, unrepräsentierbar.

4. Der Souverän ist absolut, in seiner Herrschaftsausübung weder durch Naturrechtsprinzipien noch durch individuelle Grundrechte eingeschränkt.
5. Der souveräne Wille des Volkes ist unfehlbar.
6. Der souveräne Wille des Volkes ist der Allgemeinwille.
7. Der Allgemeinwille äußert sich in allgemeinen Gesetzen.
8. Gesetze sind Beschlüsse, die die Allgemeinheit über sich selbst fasst.
9. Gesetze sind Beschlüsse, die die Allgemeinheit zum Wohl der Allgemeinheit fasst.
10. Das Gemeinwohl ist der „natürliche" Inhalt des Allgemeinwillens. Die Begriffe des Gemeinwohls und des Allgemeinwillens sind korrelativ bestimmbar.
11. Der Allgemeinwille ist normativ. Als gemeinwohladressierter Wille ist er die Norm, das verbindliche Muster jeder empirischen Gesetzgebung.
12. Der Allgemeinwille ist nicht notwendig identisch mit dem Gesamtwillen.
13. Ist der Gesamtwille der vereinigte Wille gemeinsinniger Bürger, dann ist der Gesamtwille Ausdruck des Allgemeinwillens. Ist der Gesamtwille hingegen der Konvergenzwille von eigeninteressierten Individuen, dann ist der Konvergenzwille nicht Ausdruck des Allgemeinwillens. Einstimmigkeit als solche ist weder ein notwendiges noch ein hinreichendes Kriterium für den Allgemeinwillen.
14. Daher kann der Allgemeinwille auch durch den Mehrheitswillen zum Ausdruck gebracht werden.
15. Dann kann der Allgemeinwille durch den Mehrheitswillen zum Ausdruck gebracht werden, wenn es sich um eine Mehrheit aus der Wir-Perspektive handelt. Liegt hingegen eine Mehrheit aus der Ich-Perspektive vor, ist die Mehrheit nicht Ausdruck des Allgemeinwillens. Bei der Mehrheit aus der Wir-Perspektive werden Gemeinwohlinterpretationen, Auffassungen vom Gesamtinteresse gezählt; bei der Mehrheit aus der Ich-Perspektive werden Individualinteressen gezählt.
16. Rousseaus Lehre vom Allgemeinwillen darf nicht prozeduralistisch verkürzt werden. Das demokratische Verfahren garantiert nicht, dass der Gemeinwille in Erscheinung tritt. Allein die ethische Verfassung der abstimmenden Bürger entscheidet darüber, ob bei der Gesetzgebung der Gemeinwille zum Ausdruck kommt.
17. Andererseits gilt, dass aufgrund der Konzeption der Volkssouveränität eine verfahrensexterne, von der Abstimmungsprozedur der Bürger unabhängige Ermittlung von Gemeinwohl und damit vom Inhalt des Gemeinwillens nicht zulässig ist. Gäbe es ein von dem Abstimmungs-

verfahren unabhängiges Gemeinwohlwissen, dann gäbe es auch einen von der Bürgerversammlung unabhängigen Gemeinwillen.

18. Die Schwierigkeit der Rousseau'schen Konzeption liegt darin, dass sie zwei Normativitätsdimensionen beinhaltet, die nicht zusammenfallen. Da ist einmal die staatsrechtliche Legitimitätsbestimmung, dass nur direkte Volksherrschaft legitime Herrschaft ist. Da ist zum anderen die ethische Normativitätsbestimmung, dass nur Gesetze, die den Allgemeinwillen zum Ausdruck bringen, gerechte Gesetze sind und eine Herrschaft der Freiheit gestatten.
19. Im Prozeduralismus koinzidieren diese beiden Normativitätsdimensionen. Die staatsrechtlich ausgezeichnete Herrschaftsform ist zugleich auch das rechtsmoralisch ausgezeichnete Verfahren zur Gewinnung richtiger, gerechter Gesetze.
20. Diese prozeduralistische Koinzidenz verwirft Rousseau. Seine Konzeption ist durch eine staatsrechtlich-ethische Gabelung charakterisiert. Die direkt-demokratische Gesetzgebung ist eine notwendige, aber keine hinreichende Bedingung für die Identifikation des Gemeinwohls und das Zustandekommen eines Gemeinwillens. Es bedarf zusätzlicher, über die staatsrechtliche Korrektheit hinausgehender Bestimmungen, um der Normativitätsbestimmung der Gerechtigkeit zu entsprechen. Das staatsrechtlich notwendige direkt-demokratische Gesetzgebungsverfahren muss ethisch kontextualisiert werden, um zu garantieren, dass staatsrechtlich legitime Herrschaftsausübung auch wirklich den Allgemeinwillen zur Geltung bringt, um zu garantieren, daß die formal gültigen Gesetze auch wirklich gute und gerechte Gesetze sind.
21. Aufgrund dieser staatsrechtlich-ethischen Gabelung der Gesetzgebung muss Rousseau das Pensum der politischen Philosophie beträchtlich erweitern, kann er sich doch nicht wie seine kontraktualistischen Vorläufer mit einer Entwicklung der staatsrechtlichen Implikationen des Vertrages begnügen. Er muss dem staatsrechtlichen Traktat vielmehr eine Untersuchung über die Maßnahmen folgen lassen, die ergriffen werden müssen, um den ethischen Rahmen zu schaffen, in dem die staatsrechtlich legitime Herrschaft zuverlässig ein dem Gemeinwohl dienliches Gesetzeswerk schafft.

10. Eigentum und Allgemeinwille

Der geschichtsphilosophische Diskurs erblickt im Eigentum den Sündenfall. Mit der Einführung des Eigentums endet die vorgeschichtliche Phase der Menschheit und beginnt die Geschichte, beginnt die bürgerliche Gesellschaft.

„Der erste, der ein Stück Land eingezäunt hatte und es sich einfallen ließ zu sagen: *dies ist mein*; und der Leute fand, die einfältig genug waren, ihm zu glauben, war der wahre Gründer der bürgerlichen Gesellschaft. Wie viele Verbrechen, Kriege, Morde, wie viel Not und Elend und wie viele Schrecken hätte derjenige dem Menschengeschlecht erspart, der die Pfähle herausgerissen oder den Graben zugeschüttet und seinen Mitmenschen zugerufen hätte: ‚Hütet euch, auf diesen Betrüger zu hören; ihr seid verloren, wenn ihr vergesst, dass die Früchte allen gehören und die Erde niemandem.'"[99]

Im *Gesellschaftsvertrag* rückt Rousseau von diesem harschen Urteil ab. Jetzt gilt ihm die *prima occupatio* nicht mehr generell als Betrug. Der erste Besitznehmer kann sich durchaus einen Rechtstitel erwerben, vorausgesetzt, er erfüllt bei seiner Landnahme drei Bedingungen[100]: (1) das von ihm okkupierte Land muss herrenlos und unbewohnt sein; (2) er bearbeitet es; (3) er beschränkt sich auf die Menge Land, die für die Befriedigung seiner Bedürfnisse ausreichend ist. Wenn diese Bedingungen nicht erfüllt sind, besteht keinerlei Rechtsanspruch auf die gesellschaftliche Sanktionierung des Besitzes.

Diese Konzeption erinnert an Lockes Arbeitseigentum. Locke entwickelt das Eigentumsrecht als natürliches Recht und setzt sich damit von der vertraglichen Begründung des Eigentums ab, die von den Naturrechtsjuristen Grotius und Pufendorf vertreten wurde. Soll Eigentum ein natürliches Recht sein können, dann müssen Handlungen angegeben werden, die Besitzansprüche begründen. Solche Handlungen sind Handlungen der Arbeit, durch die sich die Subjektivität des Arbeitenden mit dem herrenlosen Gegenstand vermischt und diesem damit seine unverletzbare Rechtspersonalität mitteilt. Das ursprüngliche Freiheitsrecht dehnt sich durch die Bearbeitung auf den bearbeiteten Gegenstand aus, und dieser ist von allen so zu betrachten, als sei er ein Teil der unverletzbaren personalen Rechtssphäre des Individuums. Die Arbeit begründet Eigentum, indem sie ein inneres Eigentumsverhältnis auf ein äußeres Sachenverhältnis überträgt: Insofern der Mensch Eigentümer seiner selbst und seiner Handlungen ist, ist er berechtigt, das durch seine Arbeitshandlungen zuerst Veränderte und aus dem ursprünglichen Zustand des Gemeinbesitzes Herausgelöste als sein Eigentum zu beanspruchen und alle anderen von seinem Gebrauch notfalls unter Gewaltanwendung fern zu halten.[101]

In der Rousseau'schen Konzeption wird die Arbeit weitaus nüchterner betrachtet.[102] Sie ist nicht mehr der Ort eines mystischen Transfers von Subjektivität in die Welt der Dinge. Sie wird daher auch nicht zur Grundlage des Rechtstitels. Rousseaus Eigentumskonzeption kann man als Konzeption einer qualifizierten Okkupation bezeichnen. Die Bearbeitung ist die Handlung, durch die Existenz und Grenze der Bedürftigkeit sinnfällig werden. Bearbeitung und Bestellung dienen ausschließlich der naturrechtlichen Qualifizierung der Okkupation. Diese veränderte Bedeutung der Arbeit für die Konzeption eines natürlichen Besitzanspruchs hat tief reichende Auswirkungen auf das Verhältnis von Staat und Eigentum. Es ist leicht zu sehen, dass das Locke'sche Arbeitseigentum politisch und rechtlich unantastbar ist; durch die Vermischungsthese begegnet im Eigentum der Eigentümer. Dadurch gewinnt das Eigentumsrecht die Unantastbarkeit des Freiheitsrechts. Locke benötigt diese ausgezeichnete rechtliche Qualität des Eigentums, um den Staat von dem Eigentum der Bürger fern zu halten. Die alte Vorstellung vom *dominium eminens*, vom Staat als oberstem Besitzer aller Besitztümer seiner Bürger, ist mit dem Locke'schen Eigentumsrecht nicht vereinbar. Indem Rousseau die Arbeit auf eine okkupationsqualifizierende Bedingung reduziert, verliert das Eigentum alle staatsabwehrende Widerständigkeit. Die Rechtsfigur des *dominium eminens* kann zurückkehren; die *volonté générale* wird in der Rousseau'schen Republik zum obersten Besitzer aller bürgerlichen Besitztümer.

Der Entäußerungsvertrag verlangt die vollständige Übereignung der Individuen, all ihrer Kräfte und Güter an die Gemeinschaft. Im Tausch dafür – das verspricht ihnen Rousseau – erhalten sie Gerechtigkeit und Sicherheit. Die in ihrer Wirksamkeit beschränkten naturrechtlichen Rechtstitel gewinnen jetzt effektive Rechtskraft; die einsame Selbstbehauptung der Naturzustandsbewohner weicht dem machtvollen Schutz, den die Gemeinschaft ihren Mitgliedern und deren Habe bieten kann. „An dieser Entäußerung ist eigentümlich, dass die Gemeinschaft durch die Vereinnahmung der Privatgüter die Einzelnen nicht beraubt, sondern ihnen den rechtmäßigen Besitz sichert und die Besitznahme in ein wirkliches Recht und die Nutznießung in Eigentum verwandelt.“ Hinter dem Entäußerungsvertrag steckt jedoch mehr als ein Modalitätssprung von der Besitzunsicherheit zur Eigentumssicherheit, vom besitzrechtlichen Provisorium des Naturzustandes zu peremtorischen Eigentumsverhältnissen im *status civilis*. Wie der folgende Satz zeigt, teilt sich der Antiliberalismus der Rousseau'schen politischen Philosophie auch seiner Eigentumskonzeption mit, färbt der Antiindividualismus des Gesellschaftsvertrags auch das Eigentumsverständnis. „Die Eigentümer werden als Depositäre des öffentlichen Besitzes (dépositaires du bien public) angesehen. Ihre Rechte werden von den Mitgliedern des Staates anerkannt und mit aller Kraft gegen Fremde verteidigt. Sie haben durch ihre Abtretung, die für die Öffentlichkeit und mehr noch für sie selbst günstig ist, gewissermaßen alles das zurückerhalten, was sie aufgegeben hatten“ (I.9; 367; 82). Mitnichten: die Allgemeinheit gibt dem Besitzer keinesfalls unentgeltlich einen sicheren Eigentumstitel; sie trägt sich vielmehr als Miteigentümer ein, als Haupteigentümer, im Vergleich mit dem der individuelle Eigentümer nur noch Verwahrer, Sachwalter, Treuhänder ist. Die innere rechtliche Beziehung zwischen Individualeigentümer und Eigentum ist so schwach, dass keinerlei rechtliche Einspruchsmöglichkeit gegen mögliche legislatorische Vorhaben der *volonté générale*, die Eigentumsordnung zu ändern oder das Prinzip des Privateigentums überhaupt abzuschaffen, existiert. Denn der Souverän, wir haben es gesehen, ist in seinen Handlungen weder durch Naturrechtsprinzipien, den Willen Gottes oder individuelle Grundrechte eingeschränkt, schon gar nicht durch selbstgegebene Gesetze.

Das Eigentumsrecht steht damit gänzlich zur Disposition des Souveräns. Er besitzt das *dominium eminens* aller Besitztümer auf seinem Territorium und kann mit diesen verfahren wie er will. Rousseaus Eigentumsrecht gleicht in mancher Hinsicht darum dem subjektiven Recht in totalitären Gesellschaften. Totalitäre Gesellschaften ruhen auf einer holistischen Ontologie, die dem Allgemeinen ontologische, axiologische und politische Höherrangigkeit zuschreibt und das Individuelle und Private in den Dienst der Gemeinschaft stellt. Subjektive Rechte werden „den einzelnen Individuen in erster Linie nicht um ihrer selbst willen eingeräumt [...], sondern nur, um ihnen die Durchführung ihrer Lebensaufgabe, als Glied der Gemeinschaft in deren Dienst zu wirken, möglich zu machen“[103]. Im *Gesellschaftsvertrag* ist es nicht viel anders: zwar kann der Souverän nicht einzelnen Individuen das Eigentum nehmen, aber als eminenter Gesamtbesitzer kann er über das Insgesamt der Besitztümer verfügen, die Eigentumsordnung ändern, Größe, Qualität und Verwendung des Eigentums überprüfen, seinen Zielen unterwerfen und seinen Zwecken anpassen.[104] Und angesichts der engen Verbindung, die zwischen dem sittlich-politischen Gelingen der Republik und einer sparsamen Lebensführung, weitgehend gleichen Vermögensverhältnissen und einer bedarfsdeckenden, auf innere wie äußere Unabhängigkeit bedachten Ökonomie besteht, darf sich auch die Allgemeinheit nicht die politische Oberaufsicht über die Privatrechtsordnung nehmen lassen. Unbeaufsichtigte *property rights* werden zu Totengräber jeder republikanischen Lebensform. Sie sind ein Motor der Begehrlichkeit, vertiefen die gesellschaftlichen Unterschiede, lassen zugleich Luxus und Elend entstehen, verdichten das Netz der Abhängigkeiten, heizen den Wettbewerb an.

IV. Souverän und Regierung

Selbst ein republikanischer Kleinstaat ist so komplex, dass nicht alle politischen Funktionen durch die Bürgerschaft selbst ausgeübt werden können. Die Bürger betätigen sich als Gesetzgeber, sie greifen selbst zu den Waffen, wenn das Vaterland bedroht ist; sie legen auch eigenhändig Straßen und Plätze an, errichten möglicherweise sogar die öffentlichen Gebäude in Eigenarbeit, aber alles andere, insbesondere die Kraft raubende und Zeit konsumierende alltägliche Sicherung des reibungslosen Miteinanders, die Aufrechterhaltung der Ordnung und die kompetente Verwirklichung der Gesetze überlassen sie der Regierung und Verwaltung. Die Regierung ist die Exekutive der Republik, eine „Zwischenkörperschaft (corps intermédiaire)" (III.1; 396; 118), die Souverän und Staat miteinander verknüpft, indem sie dem allgemeinen Bürgerwillen in der Gesellschaft der Bürger selbst Geltung verschafft. Regierung, Verwaltung und Justiz sind die Organe, durch die sich die *volonté générale* in Raum und Zeit verwirklicht. Sie sind die Verkörperung des Gemeinwillens, der wie jeder Individualwille physischer Unterstützung bedarf, damit seine Absichten und Vorstellungen Tat werden. „Jede freie Tat hat zwei Ursachen, die zu ihrem Zustandekommen zusammenwirken: eine moralische, nämlich den Willen, der die Tat auslöst, und eine physische, die Kraft, die sie ausführt" (III.1; 395; 117).

Liegt die Regierungsleitung in den Händen eines Einzelnen, dann spricht Rousseau von „Fürst"; liegt die Regierungsverantwortung in den Händen einer Körperschaft, dann gebraucht Rousseau die – sicherlich nicht glückliche – Bezeichnung „Souveränität". Denn Souveränität besitzt natürlich auch der Souverän, aber die Regierung ist ja gerade nicht der Souverän. Sie ist Vollzugsgewalt des Souveräns, der die Grenzen der (Regierungs-)Souveränität nach Belieben bestimmen kann. Nach Meinung der pufendorfianischen Naturrechtsjuristen unterwirft sich das Volk dem Fürsten im Rahmen eines *pactum subjectionis*. Bei Rousseau ist der Fürst nur noch der oberste Angestellte der Bürgervereinigung. Im legitimationstheoretischen Kontext des *Contrat social* wird er seines Herrschaftsrechts beraubt; er ist nur noch herrschaftsabhängiger Leiter der Regierung. Er genießt nicht mehr das Recht der Gesetzgebung. Dieses ist an die Bürgerversammlung übergegangen; er ist nur noch ausführendes Organ, dessen Tätigkeit auf gesetzesgebundene Einzelakte beschränkt ist.

In der Nachfolge Pufendorfs verknüpft der zweistufige Kontraktualismus des älteren deutschen Naturrechts ein *pactum unionis virium* mit einem *pactum unionis voluntatum*. Der erste Vertrag ist gleichsam der Körpervertrag. Er konstituiert den politischen Körper als eine machtvolle Konzentration aller Kräfte. Aber mit der Zusammenlegung aller Kräfte ist wenig gewonnen, wenn da nicht auch ein einheitlicher und durchsetzungsstarker Wille wirksam ist, der diese Kräfte auf ein Ziel hin ausrichtet, und wenn da nicht auch ein Kopf ist, der die Ziele des Handelns des Gesellschaftskörpers bedenkt und formuliert. Die durch vertragliche Einigung entstandene Gesellschaft ist zwar bereit, die Kräfte aller Mitglieder zum allseitigen Nutzen einzusetzen, aber sie kann sich selbst nicht auf Ziele und Zwecke einigen. Ihr gebricht es an Entscheidungs- und Handlungsfähigkeit; sie wird durch die vielen einander widersprechenden Köpfe und die vielen divergierenden Willen politisch gelähmt. Der zweite Vertrag reagiert auf diese politische Immobilität der Gesellschaft; er ist der Kopf und Willensvertrag, der der Willen- und Kopflosigkeit der Gesellschaft ein Ende macht und sie zu rationalem Entscheiden und wirksamem Handeln befähigt. „Das *Pactum unionis virium* war unzulänglich, solange nicht *unio voluntatum* hinzukam. Letztere ward nicht anders möglich, als auf die beschriebene Art, durch das *pactum subjectionis.*“[105] In der politischen Philosophie Rousseaus wird dieses Verhältnis von Körper und Wille umgekehrt. Im *Contrat social* sucht sich kein Körper einen Willen, sondern ein Wille einen Körper. Beide Vervollständigungen erfolgen freilich aus demselben Grund: um Handlungsfähigkeit zu gewinnen.

Rousseau hat ausdrücklich die Vorstellung verworfen, dass der Einsetzungsakt der Regierung auf einem Vertrag basiert. Eine vertragliche Freiheitseinschränkung der absoluten Souveränität ist unzulässig. Das Staatsrecht kennt nur einen einzigen Vertrag: den Vergesellschaftungsvertrag. Wenn sich der durch ihn konstituierte vereinigte Bürgerwille seinerseits vertraglich binden würde, würde der Gesellschaftsvertrag verletzt werden. Die Verfassung, der Inbegriff der politischen Gesetze, die die Kompetenzen der Regierungsorgane regeln, ist kein Bestandteil des Gesellschaftsvertrags. Die Regierung selbst wird durch einen Erlass, also einen Einzelakt, eingesetzt. Da sich der Souverän aber nur in Gestalt von Gesetzen äußern darf, entsteht für Rousseau ein Problem. Die Gewaltenteilung zwischen Legislation und Exekutive bedeutet nach Rousseau ja, dass jeder Funktionsbereich seine eigentümliche Äußerungsform hat: die allgemeinheitskompetente Legislation erlässt Gesetze; die besonderheitskompetente Regierung vollzieht Einzelakte. Der Souverän setzt die Regierung ein, darf aber keine Einzelakte vollziehen. Für Einzelakte zuständig ist die Regierung, aber diese existiert noch nicht. Um dieser Schwierigkeit Herr zu werden, verwandelt sich die Bürgerversammlung selbst in einen Ausschuss, durch den die Bürger als Magistratsbeamte den Beschluss vollziehen, den sie als Gesetzgeber erlassen haben.

Näherhin durchläuft der Prozess der Regierungseinsetzung bei Rousseau die folgenden Stadien: (1) gesellschaftsvertragliche Konstitution des Souveräns; (2) Festlegung der Regierungsform durch ein Gesetz; (3) „plötzliche Verwandlung (conversion subite) der Souveränität in Demokratie" (III.17; 433; 163), d. h. in eine provisorische Regierung; durch diese Verwandlung wird jeder Bürger gleichsam Regierungsmitglied; damit ist die Ebene der Einzelakte und Vollzugshandlungen erreicht; (4) Vollzug der Regierungseinsetzung durch die demokratische Versammlung nach Vorschrift des Gesetzes; (5) wenn der Souverän sich für eine demokratische Regierungsform entschieden hat, bleibt die provisorische Regierung im Amt; wenn die Regierung eine aristokratische oder monarchische Struktur haben soll, wird die provisorische Regierung, die demokratische Versammlung, im Namen des Souveräns eine aristokratische oder monarchische Regierung einsetzen.

Rousseaus Vorstellungen von der Institution einer Regierung ähneln Hobbes'schen Überlegungen zum „government by institution". Der Rechtsverzichts-, Begünstigungs- und Autorisationsvertrag des *Leviathan* definiert und konstituiert Souveränität; die Souveränitätsposition selbst ist aber noch eine vakante Stelle, die besetzt werden muss. Der Begünstigte, der als Monopolist des *ius in omnia* seinen Willen ungehindert an die Stelle aller anderen Willen setzen kann, der Autorisierte, der die ihm übertragenen Rechte auf Selbstregierung wahrnimmt, muss erst noch bestimmt werden. Der ursprüngliche Vertrag selbst ist nur eine Art Souveränitätsschema, das das rationale Programm der Naturzustandsüberwindung in nuce enthält und die Grundstruktur von Staatlichkeit überhaupt festlegt.

> „Ein Staat wird eingesetzt genannt, wenn bei einer Menge von Menschen jeder mit jedem übereinstimmt und vertraglich übereinkommt, dass jedermann, sowohl wer dafür als auch wer dagegen stimmte, alle Handlungen und Urteile jedes Menschen oder jeder Versammlung von Menschen, denen durch die Mehrheit das Recht gegeben wird, die Person aller zu vertreten, das heißt ihre Vertretung zu sein, in derselben Weise autorisieren soll, als wären sie seine eigenen, und dies zum Zweck eines friedlichen Zusammenlebens und zum Schutz vor anderen Menschen."[106]

Da grundsätzlich nicht damit zu rechnen ist, dass sich die mit der Menge der vertragsschließenden Naturzustandsbewohner identische demokratische Institutionsversammlung, gleichsam die Hobbes'sche Constituante, auf eine Herrschaftsform oder auf das Herrschaftspersonal einigen wird, muss als pragmatisches Scharnier zwischen Begriff und Realität eine einmütige Einigung auf das Mehrheitsprinzip als gültige Entscheidungsregel für die Einsetzung des Souveräns erfolgen. Die so durch das Zusammenspiel von Vertragseinmütigkeit (zur Konstitution der Rechtsperson Staat) und Majoritätsprinzip (zur Bestimmung des Herrschaftspersonals) instituierten Souveräne können monarchischen, aristokratischen und auch demokratischen Zuschnitts sein. Die Herrschaftsorganisationen sind unterschiedliche institutionelle Kleider der Souveränität und unterscheiden sich folglich nicht hinsichtlich der Legitimität, sondern allein hinsichtlich der „Angemessenheit oder Eignung für den Frieden und die Sicherheit des Volkes“[107].

1. Locke über die Regierung

Freilich besteht ein großer Unterschied zwischen Hobbes und Rousseau. Bei Hobbes verhalten sich Vertrag und Institution wie Stellenbeschreibung und Stellenbesetzung. Die Paziszenten einigen sich einmütig auf eine Beschreibung der Souveränitätsposition und bestimmen dann mehrheitlich, mit wem sie besetzt werden soll, welche interne Verfassung die Souveränität erhalten soll. Bei Rousseau hingegen steht die Besetzung der Position des Souveräns nicht mehr zur Disposition. Das Volk herrscht, und das Volk wählt sich – wie bei Locke – eine Regierung, die seinem Willen Geltung verschafft. Während Kompetenz und Macht der Hobbes'schen Regierung durch den Vertrag festgelegt sind, die Regierung als physische Verkörperung der durch die Autorisierung konstituierten moralischen Staatsperson angesehen werden kann, ist die Regierung bei Locke und Rousseau eine vertragsexterne Instanz. Das rechtliche Verhältnis zwischen ihr und der Vertragsgemeinschaft bzw. dem Souverän ähnelt den Bestimmungen eines Werkvertrags.

„Politische Gewalt ist jene Gewalt, die jeder Mensch im Naturzustand hatte und die er in die Hände der Gesellschaft gegeben und innerhalb der Gesellschaft an die Regierenden, die die Gesellschaft über sich eingesetzt hat, und zwar mit jenem ausdrücklichen oder stillschweigenden Vertrauen, dass sie zu seinem Wohl und zur Erhaltung seines Eigentums gebraucht werde. Diese Gewalt nun, die jeder Mensch im Naturzustand hat und auf die er zugunsten der Gesellschaft in all den Fällen verzichtet, wo diese ihn schützen kann, besteht darin, zur Erhaltung seines Eigentums solche Mittel zu gebrauchen, wie er sie für gut hält und sie ihm die Natur erlaubt. Ferner soll er den Bruch des natürlichen Gesetzes bei anderen so bestrafen, wie es (nach bestem Wissen und Gewissen) am ehesten zur Erhaltung seiner selbst und der übrigen Menschheit dienen kann. Da der Zweck und das Maß dieser Gewalt, wenn sie im Naturzustand in den Händen eines jeden liegt, die Erhaltung aller in seiner Gesellschaft ist, d. h. der ganzen Menschheit im Allgemeinen, so kann sie auch, wenn sie in den Händen der Obrigkeit liegt, keinen anderen Zweck und kein anderes Maß haben, als das Leben, die Freiheit und den Besitz der Glieder jener Gesellschaft zu erhalten [...]. Und diese Gewalt hat ihren Ursprung allein in Vertrag und Übereinkunft und in der gegenseitigen Zustimmung derjenigen, die die Gemeinschaft bilden.“[108]

Der Locke'sche Vertrag konstituiert eine politische Gesellschaft, indem jeder sich gegenüber jedem vertraglich verpflichtet, sein Recht auf eigenhändige Rechtsdurchsetzung, auf naturrechtliche Vollstreckungsbefugnis auf die Gemeinschaft zu übertragen. Diese Rechte zweiter Ordnung, die nichts anderes zum Inhalt haben als die Befugnis, zum Schutz der unveräußerlichen Individualrechte und zur Durchsetzung der Naturrechtsprinzipien Gewalt anzuwenden, sind die Wurzeln der politischen Gewalt der Gemeinschaft; durch ihre vertragliche Bündelung konstituiert sich das Herrschaftsrecht der Gemeinschaft. Die politische Gewalt gibt diese Rechte nicht ab, sie überträgt sie nicht etwa im Rahmen eines zweiten Vertrages an die herrschaftsausübenden Instanzen, an Regierung, Justiz und Exekutive. Sie überträgt nur die Wahrnehmung dieser Rechte aus pragmatischen Gründen an geeignete, von ihr zu diesem Zweck eingerichtete Institutionen der Legislative und der Justiz und der Polizei. *Haben wir bei Hobbes einen über die Gesellschaft der Vertragspartner herrschenden Souverän, so haben wir bei Locke einen nicht-herrschenden Souverän und eine nicht-souveräne Regierung.* Da der Souverän nicht direkt herrscht, gehört zu den Aufgaben der nicht-souveränen Regierung bei Locke auch die Gesetzgebung. Bei Rousseau nun ändert sich das Verhältnis von Souverän und Regierung erneut. In der Republik wird das politische Geschäft der Selbstregierung durch einen herrschenden Souverän und eine nicht-souveräne, seinem Willen unterworfene, auf Exekutivfunktionen beschränkte Regierung betrieben.

Die Regierung ist bei Locke weder vertraglich autorisierter Souverän wie bei Hobbes noch Vertragspartner wie in den Doppelvertragslehren des deutschen Naturrechts: Sie ist nicht in ein wechselseitiges Recht-Pflicht-Verhältnis eingebunden, und schon gar nicht ist sie im Besitz aller rechtlichen Macht und aller Pflichten ledig. Zwischen Volk und Regierung besteht nach Locke eine Art Treuhänderschaft: Der Gesetzgeber ist Treuhänder des ihm anvertrauten Herrschaftsrechts des Volks, er verwaltet die politische Gewalt der Gemeinschaft kommissarisch im Rahmen der Verfassung und besitzt keinerlei eigenständiges staatsrechtliches Profil. Die Verfassung bestimmt die Form, in der die politische Gesellschaft ihr Herrschaftsrecht und die von ihr konzentrierten Gewalten der Rechtssicherung und Naturrechtsvollstreckung ausübt. Die politische Gemeinschaft begibt sich zu keinem Zeitpunkt eines Rechts und einer Gewalt, die auf sie durch den Prozess der vertraglichen Vereinigung übertragen wurde: Sie arrangiert nur ihre effektive Ausübung, indem sie handlungsfähige und funktionsgerechte Institutionen kreiert und bestimmte Positionen mit der Wahrnehmung bestimmter Aufgaben betraut. Und wenn diese Aufgaben nicht zweckgerecht erfüllt werden, wenn Legislative, Jurisdiktion und Exekutive sich nicht als Rechtsschutzinstitutionen und Bastionen des individuellen Eigentumsrechts bewähren, sondern ihre Funktionsmacht missbrauchen, den naturrechtlichen Zweck der Sicherung und Steigerung des öffentlichen Wohls verhöhnen, die natürlichen Rechte der Bürger missachten, in die privaten Freiheitsräume der Individuen eindringen und sich an ihrem Eigentum vergreifen, dann ist die politische Gesellschaft berechtigt, der Regierung Widerstand zu leisten, sie zu entmachten und aus dem Amt zu jagen.

2. Die Konzeption der Regierung in Rousseaus „Abhandlung über die Politische Ökonomie“

Die ausführlichsten Äußerungen Rousseaus zur Regierung finden sich in seinem *Enzyklopädie*-Artikel von 1755. Denn politische Ökonomie ist für ihn nichts anderes als der Tätigkeitsbereich der Regierung und der Verwaltung. Regierung und Verwaltung agieren nicht selbstständig; sie sind weisungsgebunden; ihre Funktion ist Rechtsverwirklichung durch Gesetzesdurchsetzung. Sie hat die allgemeinen Gesetze des Souveräns situationsangemessen zu konkretisieren und zu partikularisieren, das Allgemeine in die je besondere Problemgrammatik der vorliegenden kontingenten Situation einzulassen. Denn nur dann kann die Gemeinwohlabsicht des Gesetzgebers Wirklichkeit werden, wenn eine sich der Allgemeinheit verpflichtende, den Gesetzen dienende Exekutive die allgemeinen Entscheidungen des Souveräns dem Wandel der Verhältnisse anpasst. Dazu benötigen Regierung und Verwaltung eine spezifische Kompetenz, denn in einer sich ändernden Welt wird sich das Allgemeine nicht durch subsumtionslogische Schematik verwirklichen lassen. Die Regierung verwaltet die Republik, ist für die situationsgerechten Ausführungsbestimmungen des Allgemeinen zuständig. Sie besitzt keinerlei legislatorische Befugnis, aber sie muss über hermeneutische Fertigkeiten verfügen, denn ohne Berücksichtigung der eigentümlichen Textur des Besonderen wird sich die allgemeine Regel nicht verwirklichen lassen. Ihre Qualität zeigt sich daran, dass sie in veränderten Situationen Entscheidungen trifft, die dem Geist des Gesetzes treu bleiben. Würde sie am Buchstaben des Gesetzes kleben, würde sie ihrer Vermittlungsaufgabe nicht gerecht werden und Unvernünftiges tun.

a) Gesetzesanwendung

Mit der Bestimmung der gesetzeshütenden, den Geist der Gesetze bei sich ändernder Wirklichkeit beachtenden Regierung hat Rousseau ein Problem angesprochen, das die politische Philosophie von Beginn an beschäftigt hat: das Problem der Regelanwendung. Schon Platon hat in den *Nomoi* darauf hingewiesen, dass der regelgeleiteten Gerechtigkeit eine immanente Dialektik zukommt, die sie unter bestimmten Umständen in ihr Gegenteil umschlagen lässt. Der vollendet Gerechte muss daher auch ein Gespür für die der Gesetzesgerechtigkeit innewohnende Tendenz zur Ungerechtigkeit haben und den Willen zeigen, dann, wenn sich diese Tendenz zum Ausdruck bringt, korrigierend einzugreifen. Daher vervollständigt Aristoteles etwa seine Ausführungen zur Gerechtigkeit durch eine Betrachtung von der Notwendigkeit der *epieíkeia*, der Billigkeit. Der wahrhaft Gerechte weiß, dass die Gesetzesgerechtigkeit eine innere Grenze besitzt, dass sie strukturell insuffizient ist. Grund dieser gerechtigkeitstheoretischen Mangelhaftigkeit der Gesetzesgerechtigkeit ist der notwendige Allgemeinheits- und Abstraktionscharakter der Gesetzesregel. Das Recht benötigt allgemeine Normen, nicht nur aus Gründen regulatorischer Effizienz, sondern auch aus Gründen der Gerechtigkeit: Denn die von der Gerechtigkeit verlangte Gleichbehandlung stützt sich auf eine Gleichheit des Absehens von allen Besonderheiten, kennt nur entindividualisierende Tatbestandsmerkmale und allgemein gehaltene Zuschreibungen. Das Handlungsleben aber ist konkret; die Menschen sind sehr verschieden; und keine Situation gleicht der anderen. Und manchmal kann der Unterschied zwischen den Menschen und den Situationen so groß sein, daß sie sich dagegen sperren, unter ein und dasselbe Gesetz subsumiert zu werden.

Kein Gesetzgeber kann alle Fälle durch seine Gesetzesformulierungen abdecken. Gesetze sind für Normalsituationen zuständig, weil sie selbst Normalsituationen definieren. Aber es gibt Randfälle, Ausnahmesituationen, in denen für den Billigdenkenden die Unzuständigkeit der Gesetzesregel offensichtlich ist, in der rücksichtslose Gesetzesanwendung zu ethisch kontraproduktiven Ergebnissen führen würde. Hier verlangt die Gerechtigkeit dann, um der Gerechtigkeit willen nicht auf konsequenter Regelanwendung zu beharren, sondern die Rechtsnorm zu vernachlässigen. Der vollendet Gerechte ist kein Prinzipienreiter und Regelfetischist; er kennt auch das, so Cicero, „schon abgegriffene Sprichwort“: *summum ius summa iniuria*[109]. Er verabsolutiert nicht die Gesetze, sondern er kontextualisiert sie. Klug und situationskompetent betrachtet er sie vor dem Hintergrund der je vorliegenden Anwendungssituation und befindet dann darüber, ob die Gerechtigkeit hier Gesetzesvollzug verlangt oder vielmehr fordert, vom Gesetzesvollzug abzusehen. Und dass er sich dabei ausschließlich auf seine Klugheit, auf Situationswahrnehmung und gerechtigkeitsethisches Fingerspitzengefühl verlassen darf, versteht sich von selbst: Es kann keine Regel geben, die die Unzuständigkeit von Regeln regelt.

Der *Enzyklopädie*-Artikel setzt einen funktionsgerechten, mit Legislative und Exekutive ausgestatteten Staat voraus. Die Konstitution des Staates, die Entstehung des Souveräns wird in ihm nicht behandelt. Erst der *Gesellschaftsvertrag* widmet sich der staatsrechtlichen Aufklärung der Konstitution von Herrschaft; er bringt das Vertragsmodell ins Spiel und gibt damit der *volonté générale* staatsrechtliches Profil. In der *Abhandlung über die Politische Ökonomie* fungiert der Gemeinwille dagegen noch als ein freistehendes normatives Prinzip, das zur unmittelbaren Normierung der Regierungstätigkeit von Rousseau herangezogen wird. Der Gemeinwille ist als „oberstes Prinzip der Volkswirtschaft und als Grundregel des Regierens" zu betrachten.[110] Zwar rüttelt Rousseau keinesfalls an der Gesetzesbindung der Regierung, aber er macht deutlich, dass nicht allein die Gesetze den normativen Maßstab der Regierungstätigkeit bilden können. Die Regierung darf sich durchaus einen selbstständigen, vom rechtssetzenden Willen des Souveräns unabhängigen Zugang zum Allgemeinwillen verschaffen. Anders könnte sie ihrer Arbeit nicht gerecht werden. Denn der gesetzgebende Souverän ist nur dann präsent, wenn Regulationsbedarf entsteht, die Republik einer neuen gemeinwohlorientierten Normierung bedarf, wenn die Verhältnisse nach einer Aufnahme der Tätigkeit der Rechtsbestimmung rufen. Die Regierung hingegen ist immer gegenwärtig. Auch dann, wenn der Souverän, der „Herr der Gesetze", nicht tagt, muss die Regierung, die „Hüterin der Gesetze", wachsam sein.[111]

Die Gesetze zu hüten besagt aber, in einer sich unaufhörlich ändernden Wirklichkeit den Gesetzen Wirksamkeit zu verschaffen. Gesetze sind aber allgemeine Regeln, die nicht jeden Fall vorwegnehmen können. Sie sind daher auslegungsbedürftig, von der Situationskompetenz kluger Anwender abhängig. Eine Regierung muss daher mehr besitzen als die Kenntnis der Gesetze. Sie muss wissen, wie sie die Gesetze anzuwenden hat. Dabei kann sie sich auf „zwei unfehlbare Regeln" stützen: „Die eine ist der Geist des Gesetzes, der zur Entscheidung in den Fällen, die es nicht vorgesehen hat, dienen muss. Die andere ist der Gemeinwille, die Quelle und Ergänzung aller Gesetze, die man, wenn das Gesetz ausfällt, immer befragen muss."[112] Die Norm des Gemeinwillens definiert also nicht nur die Gesetzesgerechtigkeit, sie ist auch in der Lage, die mangelnde Einzelfallkompetenz der Gesetzesregel zu kompensieren und dem Gesetzesanwender zu einer einzelfallbezogenen Gerechtigkeitskenntnis zu verhelfen. Wie aber vermag sich der Regierungs- und Verwaltungsapparat diese Erkenntnis zu verschaffen? Rousseaus Antwort lautet: durch ethische Exzellenz. Die Mitglieder der Regierung müssen nicht minder als die Mitglieder der Gesetzgebung zuverlässige Diener des Gemeinwohls sein, dürfen sich in ihrer Tätigkeit ebenso wenig wie die gesetzgebenden Bürger von Privatinteressen und Gruppeninteressen leiten lassen.

b) Bürgererziehung

In allem ist der Gemeinwille zu befolgen, so lautet die erste Grundregel der Regierung oder der Volkswirtschaft. Und wie sie verwirklicht werden kann, sagt die zweite Grundregel: „Faites regner la vertu!"/„Macht, dass die Tugend regiert!"[113] Die Regierung darf also keinesfalls mit der vorfindlichen Beschaffenheit der Bürger zufrieden sein. Sie muss – wie später dann im *Contrat social* der *Législateur* – an der ethischen Besserung der Bevölkerung arbeiten. „Wenn es gut ist, die Menschen so zu nehmen, wie sie sind, dann ist es viel besser, wenn man sie so macht, wie man sie braucht."[114] Die Tätigkeit der Regierung erschöpft sich also keineswegs in der situationskompetenten Regelanwendung. Sie hat sich um die Erziehung der Bürger zu kümmern. Gerade auf dem Feld der Tugendpädagogik, des Bürgermachens, zeigt sich, ob sie „Talent" besitzt. Und daher ist es kein Wunder, dass die Erziehungsthematik in Rousseaus *Abhandlung über die Politische Ökonomie* den größten Raum einnimmt. Über weite Strecken ist er nichts anderes als ein Traktat über Bürgererziehung, der lediglich die einander spiegelnden Gemeinplätze republikanischer Tugendethik und Korruptionstheorie aneinander reiht.

Zu den vordringlichen Aufgaben einer guten und weisen Regierung gehört es also keinesfalls, ein wirksames Zwangssystem zu etablieren, sondern die Bürger so zu formen, dass sich Zwangsandrohung und Zwangsanwendung erübrigen, dass äußere Handlungsbeaufsichtigung durch innere Selbstkontrolle ersetzt werden kann. „Die unwiderstehlichste Autorität ist diejenige, die die Menschen völlig durchdringt und bis in ihr Inneres reicht und ihren Willen nicht weniger als ihre Handlungen prägt (L'autorité la plus absolue est celle qui pénétre jusqu'à l'intérieur de l'homme, et ne s'exerce pas moins sur la volonté que sur les actions)."[115] Eine talentierte „Hüterin der Gesetze" verfügt „über tausend Mittel", um „Liebe für sie einzuflößen". Ist der Bürger gesetzestreu, nützt sein Verhalten dem Gemeinwohl, kann sich die Regierung unsichtbar machen und ihre Macht verhüllen; dann scheint es so, als ob das Gemeinwesen sich durchgängig selbst bestimmt und keiner Führung und Überwachung mehr bedürftig ist. Eine gute Regierung ist eine Regierung, die entschieden an ihrer eigenen Überflüssigkeit arbeitet, der bürgerlichen Selbstbestimmung verpflichtet ist und durch geschickte Erziehungsarbeit die Bürger selbstbestimmungstauglich macht, die zurücktritt und das Feld dem Regiment der Tugend überlässt. Wenn die Tugend verschwindet, greift Korruption um sich, beginnt der sittlich-politische Verfall. Tugenderziehung ist daher Zerfallsprävention, Korruptionsprophylaxe. Indem sich eine weise Regierung um die Sittlichkeit der Bürger kümmert, trifft sie „Vorsichtsmaßnahmen". Sie lässt die Zentrifugalkräfte der Gesellschaft nicht zur Entfaltung kommen, beugt der Desintegration, der Machtergreifung des Privaten und Besonderen vor. Sie pflegt die „guten Sitten", um „die Achtung für die Gesetze, die Liebe für das Vaterland und die Geltung des Gemeinwillens aufrechtzuerhalten"[116].

Bürger fallen nicht vom Himmel; sie zu bilden ist „nicht die Angelegenheit eines Tages". Bürgerbildung ist mühsam und muss in der Kindheit beginnen. „Will man sie als Erwachsene haben, muss man sie als Kinder belehren."[117] Der Lehrplan ist eindeutig; die Republik des Allgemeinwillens benötigt gemeinsinndurchdrungene Bürger. Eine Erziehung ist vonnöten, die das Besondere, Sperrige unterdrückt. Wo Eigensinnigkeit aufblüht, kann sich kein Gemeinsinn breit machen. Schon Platon hat für den Allgemeinheitsstand eine Erziehung gefordert, die das Individuum lehrt, sich allein aus der Perspektive des Allgemeinen wahrzunehmen und zu bewerten. Diesem Entindividualisierungsprogramm folgt auch der Rousseau'sche Republikanismus: „Wenn man sie zum Beispiel früh schon lehrt, niemals ihre Person anders zu sehen als in ihren Beziehungen mit dem Staatskörper, und ihre eigene Existenz sozusagen nur als einen Teil des Staates anzusehen, dann könnten sie dahin gelangen, sich in gewissem Maße mit dem Ganzen zu identifizieren, sich als Glieder des Staates zu fühlen."[118] Diese bedeutsame Aufgabe der politischen Entschärfung gefährlicher Eigensinnigkeit kann nun nicht den Eltern überlassen bleiben. Bürgererziehung ist politisch lebenswichtig und in die Hände des Allgemeinen zu legen. Bürgererziehung muss in der Rousseau'schen Republik daher notwendig zu einer öffentlichen Angelegenheit werden.

„Die öffentliche Erziehung unter den von der Regierung vorgeschriebenen Regeln und unter den vom Herrscher eingesetzten Beamten ist also eine der Grundmaximen der legitimen Regierung oder auch Volksregierung. Wenn die Kinder gemeinsam im Schoß der Gleichheit erzogen werden, wenn sie von den Gesetzen des Staates und den Maximen des Gemeinwillens durchdrungen sind, wenn sie gelernt haben, sie über allem anderen zu beachten, [...] dann sollten wir nicht zweifeln, dass sie auf diese Art lernen, sich gegenseitig als Brüder zu lieben, immer nur zu wollen, was die Gesellschaft will."[119]

Möglicherweise kann man mit einem Volk rationaler Teufel einen Staat machen, sicherlich jedoch keine Republik. Es ist eine alle Republikaner von Aristoteles bis zu den heutigen Kommunitaristen einende Überzeugung, dass ein gedeihliches politisches Zusammenleben mit den Rationalitätshomunculi der liberalen Standardtheorie nicht denkbar ist, dass ein politisches Gemeinwesen sich aus ethischen Quellen speist, die tiefer liegen als der oberflächliche Nutzenmaximierungskalkül des aufgeklärten Egoisten. Eine Republik benötigt Bürger; nur sie bringen das Allgemeine zum Leben. Die Institutionen und Gesetze der Republik müssen in den Tugenden der Bürger Unterstützung finden. Nicht an der Effizienz des Zwangssystems entscheidet sich das Schicksal der Republik, sondern an der ethischen Verfassung ihrer Bürger: „In den Herzen der Bürger findet die öffentliche Autorität ihren größten Halt (le plus grand ressort de l'autorité publique est dans le cœur des citoyens)."[120] Müssen die Gesetze und Einrichtungen dieser Tugendunterstützung entbehren, wird auch das ausgeklügeltste Rechtssystem das Gemeinwesen nicht vor dem Untergang bewahren. Für den Republikaner ist es eine ausgemachte Sache, dass die liberale Leidenschaft für Recht und Gesetz nicht ausreicht, um ein Gemeinwesen vor ethischer Auszehrung und politischem Niedergang zu bewahren. Ohne Bürgerloyalität, ohne Gemeinsinn und Tugend werden die Gesetze nicht die ihnen abverlangten Koordinations- und Integrationsleistungen erbringen können. Sie werden von dem immer dreister agierenden Einzelwillen missbraucht und verhöhnt. Und die Antwort des allein auf die Gesetze setzenden Herrschers lautet dann in der Regel: noch mehr Gesetze. In dem Maße, in dem die Verbindlichkeit des Rechts erodiert, nimmt dann die Regulationsdichte zu. Aber damit tritt keine Heilung ein, sondern die Krankheit gewinnt nur deutlicheren Ausdruck: „Je mehr man die Gesetze vervielfältigt, umso verachtenswerter werden sie.“[121]

Diese Geringschätzung des formalen Rechts ist ein Leitmotiv republikanischen Denkens. Es ist zuerst von Platon angestimmt worden und ist seitdem fester Bestandteil der republikanischen Theorie politischer Korruption. Wenn sich das Gemeinwesen zur Sicherung seines Bestands auf äußere Regel, auf Zwang und dann schließlich auf das Handwerkszeug der Staatsräson verlassen muss, wenn sich die Herrschenden genötigt sehen, die Gesetze zu verschärfen und zu vermehren und auf „all die kleinen und schäbigen Listen zurückzugreifen, die sie Staatsmaximen und Kabinettsgeheimnisse“ nennen, dann werden die Bürger dem Gemeinwesen entfremdet, dann wird das Gemeinwesen zu einer Privatangelegenheit von Regierung und Verwaltung, dann zerfällt der politische Körper, stirbt das Politische. Während sich der Liberalismus vorwiegend mit Fragen der institutionellen Ordnung und des konstitutionellen Profils des Staates beschäftigt, interessiert den Republikanismus vor allem die ethisch-politische Beschaffenheit des Gemeinwesens. Seit je hat er sich darum der Erforschung der Erfolgs- und Misserfolgsbedingungen des politischen Zusammenlebens gewidmet. Republikanische Politiktheorie ist darum immer zugleich Bürgerethik und Korruptionstheorie. Auch Rousseau stimmt in das Hohe Lied der Bürgertugend und Vaterlandsliebe ein; auch er greift die altbekannten korruptionstheoretischen Gemeinplätze des Republikanismus auf und gibt eine weitere Darstellung der Leidens- und Zerfallsgeschichte des Politischen.

c) Güterverwaltung

Neben der Gesetzesverwirklichung und der Bürgererziehung ist die Sorge um den Unterhalt der Bürger die „dritte wesentliche Pflicht der Regierung“[122]. Näherhin ist damit eine Wirtschafts- und Sozialpolitik gemeint, die zum einen durch angemessene Besteuerung für das erforderliche staatliche Einkommen sorgt, das benötigt wird, um die Aufgaben der Regierung und Verwaltung in hinreichender Weise zu erfüllen, die zum anderen aber auch darauf achtet, dass die Besitzverhältnisse niemanden von der Notwendigkeit der Arbeit entbinden. „Arbeiten ist eine unerlässliche Pflicht des Menschen innerhalb der Gesellschaft [...] Jeder müßige Bürger ist ein Schmarotzer.“[123] Während Rousseaus Modifikation des Diderot'schen Gemeinwillens, seine Gesetzesskepsis und seine Ausführungen über öffentliche Bürgererziehung und das Regiment der Tugend den *Enzyklopädie*-Artikel zu einem Dokument republikanischen Denkens machen und als Vorentwurf der politikphilosophischen Konzeption des *Contrat social* erscheinen lassen, weisen Rousseaus Ausführungen zur „Verwaltung der Güter“ seitens einer legitimen Regierung in eine Richtung, von der sich der Gesellschaftsvertrag dann mit Entschiedenheit abwendet. Denn Rousseau vertritt in dem Artikel über die politische Ökonomie einen orthodoxen Lockeanismus. Galt ihm im zweiten *Discours* die Locke'sche politische Philosophie als Ideologie der Reichen und Legitimation einer Despotie des Eigentums, so wendet er im Artikel über die politische Ökonomie die politische Philosophie Lockes ins Positive. Nicht nur betrachtet er das Eigentumsrecht als das „heiligste aller Bürgerrechte“, das „in gewisser Hinsicht wichtiger selbst als die Freiheit“ ist, er erblickt in ihm sogar den Grund und die Ursache der Gesellschaft. Das Eigentum, so heißt es ohne jeden kritischen Unterton und frei von jeder geschichtsphilosophischen Konnotation, ist „die wahre Begründung der menschlichen Gesellschaft und der wahre Garant der Verpflichtung der Bürger“[124]. Und weiter unten heißt es: „Hier muss man sich ins Gedächtnis rufen, dass die Grundlage des Gesellschaftsvertrags das Eigentum ist, und seine erste Bedingung, dass jeder im Genuss dessen gesichert ist, was ihm gehört.“[125] Daher ist es nur konsequent, dass die Regierung keine Steuern ohne die mehrheitliche Zustimmung der Bürger erheben kann.

Der Lockeanismus zwingt Rousseau im wirtschaftspolitischen Teil seines Artikels zu einer liberalen Empfindlichkeit, die mit dem Republikanismus seiner Konzeption öffentlicher Tugenderziehung schwerlich zusammenpasst. War gerade noch von der Sorge der Regierung um Sittlichkeit und Vaterlandsliebe die Rede, tritt jetzt das Eigentum in den Vordergrund der politischen Philosophie. Der gemeinwohlorientierte Patriot verwandelt sich in den Steuer- und Abgabenbürger, dessen legitimes Interesse an der Erhaltung seines Vermögens Regierung und Verwaltung unter Rechtfertigungsdruck stellt. War im Erziehungskapitel die Allgemeinheit Gegenstand der Sorge, deren Erhaltungserfordernisse nach einer effektiven Bürgererziehung riefen, so ist im wirtschaftspolitischen Kapitel das Besitzinteresse der Vermögenden die Instanz, vor der sich die um die Finanzierung ihrer Aufgaben sich kümmernde Regierung rechtfertigen muss. Und wo bleibt das Volk?, möchte der Rousseau-Leser hier fragen. Wo bleibt der Souverän? Das Volk tritt im *Enzyklopädie*-Artikel nur im Rahmen der

Steuergesetzgebung politisch in Erscheinung. Aber selbst hier vermag es noch nicht die Aktivität zu entfalten, die für die Volkskonzeption des *Contrat social* charakteristisch ist. Denn es darf sich bei dieser Gesetzgebungstätigkeit durchaus durch Repräsentanten vertreten lassen. Das Volk besitzt also in der *Abhandlung über die Politische Ökonomie* noch keinesfalls die eigentümliche staatsrechtliche Signatur, die aus dem Gesellschaftsvertrag bekannt ist. Der Artikel kennt auch noch nicht den rigorosen Entäußerungsvertrag des *Contrat social*; daher kommt dem Volk auch noch nicht die staatsrechtliche Autorität des Souveräns zu. Politisch und staatsrechtlich ist es noch nicht ins Leben getreten. Von der Mitwirkung bei der Steuergesetzgebung abgesehen ist das Volk des *Enzyklopädie*-Artikels vor allem passiv, Erziehungs- und Betreuungsobjekt einer wohlmeinenden und sittlich kompetenten Regierung.

Der *Enzyklopädie*-Artikel nimmt innerhalb des Rousseau'schen Denkens eine merkwürdige Stellung ein, denn er ist weder mit der gesellschaftskritischen Position der Diskurse noch mit der Konzeption des *Contrat social* vereinbar. Während sich die gesellschaftskritischen Diskurse in einen schroffen Gegensatz zur zeitgenössischen kulturellen, gesellschaftlichen und politischen Wirklichkeit setzen, akkomodiert sich der *Enzyklopädie*-Artikel den vorfindlichen Verhältnissen. Die ideologiekritische Entlarvung von Vertrags- und Rechtsform weicht ihrer affirmativen Verwendung. Andererseits liefert aber der *Enzyklopädie*-Artikel auch kein programmatisches Präludium des *Contrat social*. Im Gegenteil: Staatsrecht und politische Philosophie des Werkes von 1762 widersprechen den Positionen des Artikels entschieden. Aber nicht nur innerhalb der Entwicklungsgeschichte des Rousseau'schen Denkens erscheint der *Enzyklopädie*-Artikel als konzeptionelle Sackgasse, er ist auch intern widersprüchlich und zutiefst inkohärent. Sein sich besonders in der Erziehungspassage ausdrückender Republikanismus ist nicht vereinbar mit dem Lockeanismus der Eigentümergesellschaft, den die wirtschaftspolitische Passage ihren Ausführungen über Regierungsaufgaben und Staatseinkommen zugrunde legt. Eine Gesellschaft, deren Zweck die Sicherung des Eigentums ist, kann nie die Statur einer politischen Gemeinschaft gewinnen, von der der Republikanismus träumt.

Andererseits darf man die Bedeutung des Lockeanismus für Rousseaus politische Philosophie in den fünfziger Jahren nicht überschätzen. So richtig es ist, dass dem Eigentumsrecht in der *Abhandlung über die Politische Ökonomie* erhebliche Bedeutung für die Begründung und Zweckbestimmung des Staates eingeräumt wird, so richtig es auch ist, dass der orthodoxe Republikanismus des Erziehungskapitels sich schwerlich mit dem Geist des Besitzindividualismus verträgt, der in der Locke'schen Theorie Gestalt angenommen hat, so wenig kann aber auch übersehen werden, dass jenseits der Bekundungen eben dieser Bedeutung für Begründung und Zweckbestimmung des Staates der liberale Gedanke im *Enzyklopädie*-Artikel nicht zur kleinsten Entfaltung kommt. Das Kapitel über das Staatseinkommen und die Mitwirkung der Bürger bei der Steuergesetzgebung entwickelt keinesfalls die Grundzüge einer liberalen Wirtschafts- und Sozialpolitik. Der Tenor aller Rousseau'schen Äußerungen in diesem Artikel über Besteuerungshöhe und Steuergerechtigkeit, über die richtige Behandlung des sozio-ökonomischen Gegensatzes zwischen Arm und Reich ist eindeutig republikanisch. Auch hier begegnen wir der typisch Rousseau'schen Konstellation eines republikanisch integrierten, modifizierten und denaturierten Residualliberalismus. Auch hier wird der liberale Rechtsdiskurs durch einen republikanischen Tugenddiskurs überlagert und erstickt. Ohne ihre liberale Offensichtlichkeit der einschlägigen Bekundungen leugnen zu wollen – „das Eigentumsrecht ist das heiligste der Rechte“, „der Staat ist um des Eigentums willen ins Leben getreten“ etc. –, sie sollten nicht überbewertet werden. Das hermeneutische Prinzip der Kontextberücksichtigung mahnt zur Vorsicht. Letztlich wird ihnen keine Entfaltung gegönnt; sie prägen nicht das politische Leben, das Rousseau im Artikel zeichnet. Der Residualliberalismus bleibt im Begründungstheoretischen stecken und zeitigt keine politischen Folgen.

In welchem Maße der Republikanismus den Besitzindividualismus übermannt, zeigen Rousseaus Vorstellungen von einer gerechten Besteuerung. Zum einen verlangt er, dass sich die Höhe des Vermögens in der Höhe der Steuer spiegelt. Aber mit einer progressiven Einkommensteuer ist es beileibe nicht getan. Denn es ist auch das „Verhältnis der Verwendungsweisen (der Güter)“ (le rapport des usages)[126] zu beachten; Rousseau meint damit den Unterschied zwischen dem, was für die Befriedigung der natürlichen Bedürfnisse unerlässlich ist, und dem, was überflüssiger Luxus ist. „Wer nur das einfach Notwendige hat, braucht überhaupt nichts zu bezahlen. Die Besteuerung desjenigen aber, der Überfluss hat, kann notfalls bis zur gesamten Habe gehen, die das Notwendige übersteigt. Er wird einwenden, dass das, was für einen untergeordneten Menschen Überfluss wäre, für ihn, seinem Rang nach, das Notwendige ist. Aber das ist eine Lüge. Denn auch ein Großer hat nur zwei Beine wie ein Kuhhirt, und hat, wie er, auch nur einen Magen.“ Diese Ausführungen münden in eine Kritik des sozio-ökonomischen Inegalitarismus, die direkt an die furiose Gesellschaftskritik des zweiten Diskurses anschließt und in einer satirisch zugespitzten Wiederholung des Betrugsvertrags der Reichen gipfelt. Auch hier erinnert Rousseau daran, dass die Vorteile der sozialen Vereinigung höchst ungleich sind: Während der Reiche mit jedem Tag, an dem er reicher wird, mehr davon profitiert, sucht der Arme vergeblich nach den Vorzügen des gefestigten sozialen Zusammenlebens.

Diese Spannung zwischen Grundlagenliberalismus und politisch-ethischem Republikanismus, die den in dem zweiten *Discours* angegriffenen Lockeanismus zugleich zur Basistheorie erhebt und in Gestalt einer ungleichheitsmehrenden Eigentums- und Eigentümerherrschaft kritisiert, wird wohl daher rühren, dass Rousseau dem modernitätsaffirmativen Programm der Enzyklopädisten entgegenkommen musste. Er ist den Planern der *Enyzklopädie* in den Grundlagen entgegenkommen; er hat ihnen einen basalen Lockeanismus präsentiert, der modernen Eigentümergesellschaft opportunistischen Tribut gezollt, um jedoch sofort alle Zugeständnisse unter eine dichte republikanische Decke zu stecken, so dass ihnen jeder politischer Entfaltungsraum genommen wird. So erklärt sich die Passage von der Verpflichtung der Regierung zur Tugenderziehung, so erklärt sich das Besteuerungskapitel, das mit Locke'schem Zungenschlag anhebt und in einer Klage über die unfairen Auswirkungen des formal-egalitären Vertrags und die Kritik einer ungleichheitsmehrenden Eigentumsgesellschaft endet. Auch hier wird schnell der Rechtsdiskurs verabschiedet und durch den Tugenddiskurs ersetzt. Nicht das Recht der Bürger und Eigentümer ist der normative Bezugspunkt der Wirtschaftspolitik der Regierung, sondern die Tugendsicherung. Auf einer lockeanischen Grundlage wird so eine republikanische Wirtschaftspolitik skizziert, die nicht nur die erforderlichen Staatseinnahmen sichert, sondern vor allem auch Bereicherungsbekämpfung ist. So wird einmal der von den Aufgaben der Regierung abgelesene Finanzbedarf zur Grundlage des Steuerwesens; zum anderen aber soll die Steuer auch dafür sorgen, dass die Gewinnmargen nicht allzu hoch ausfallen. „Wichtig ist, zwischen dem Preis der Waren und den Steuern, mit denen man sie belegt, eine Beziehung herzustellen, so dass die Habgier der Privatleute nicht durch die Größe des Gewinns angestachelt wird."[127] Steuerpolitik hat einen ethischen Auftrag; die Steuer ist ein Instrument, um Ungleichheit zu minimieren und die schädlichen Auswirkungen des Reichtums einzudämmen.

Diese republikanische Umstellung der Steuererhebung ist gegen puritanische Auswüchse nicht gefeit. Das wird bei der Luxussteuer deutlich. Luxusgüter zu besteuern ist nicht nur ein Akt der Gerechtigkeit, es ist vor allem von großem volkspädagogischem Nutzen und zur Sittenstärkung geboten. Nicht die Mehrung der Staatseinnahmen ist das Ziel, sondern die Minderung des Luxus. Mit geradezu Savonarola-haftem Eifer trägt Rousseau einen Scheiterhaufen steuerpflichtiger Überflüssigkeiten und Eitelkeiten zusammen.

„Man sollte Gebühren erheben auf Dienerkleidung, auf Kutschen, auf Spiegel, Lüster und Möbel, auf Stoffe und Vergoldungen, auf die Höfe und Gärten von Herrenhäusern, auf Schauspiele aller Art, auf Müßiggängerberufe wie Possenreißer, Sänger, Schauspieler. Mit einem Wort, auf diese Menge von Gegenständen des Luxus, der

Vergnügungen und des Müßigganges, die in die Augen stechen und die umso weniger zu verbergen sind, weil ihr einziger Zweck ist, sich zu zeigen, und die unnütz wären, wenn man sie nicht sehen könnte."[128]

Es ist evident, dass sich hier ein antizivilisatorischer Affekt bemerkbar macht, der bereits im ersten *Discours* sichtbar ist, der aber wenig mit der politisch sinnvollen Fragestellung zu tun hat, wie die sozio-ökonomischen Verhältnisse gestaltet werden müssen, damit das Gemeinwesen seinem vertraglichen Zweck entsprechen kann und jedem Bürger Sicherheit, Freiheit und ein hinreichend zufrieden stellendes Auskommen garantieren kann. Hier schlägt der Republikanismus in Tugendterror um.

Es ist Aufgabe der Regierung, alle ungleichheitsmehrenden Entwicklungen zu bekämpfen und für ein sozio-ökonomisches Gleichmaß zu sorgen. Ihr Leitstern ist die „mediocrité"[129], die Mittelstellung zwischen Arm und Reich. Sobald die sozio-ökonomische Homogenität aufgelockert wird, tritt die Bürgerexistenz hinter die aufdringlichen sozio-ökonomischen Charaktere des Reichtums und der Armut zurück. Annähernde Besitzgleichheit ist eine Vorbedingung republikanischen Gelingens. Annähernde Besitzgleichheit ist aber auch die Voraussetzung effektiver Rechtsanwendung. An den beiden Rändern der Gesellschaft verliert das Recht an Einfluss; sowohl die Bezirke der Reichen als auch die Bezirke der Armen sind rechtsfreie Räume. Und da die Individuen um der Sicherheit ihrer Rechte – im Kontext des Artikels über Politische Ökonomie: ihrer Locke'schen Grundrechte – willen sich vertraglich vereinigt und eine Regierung eingesetzt haben, ist die für Rechtssicherheit aufkommende Regierung gehalten, auch deren sozio-ökonomischen Voraussetzungen zu garantieren. „Allein in der gesellschaftlichen Mitte vermögen die Gesetze ihre Wirksamkeit zu entfalten. Sie sind gleichermaßen ohnmächtig gegenüber den Schätzen der Reichen und der Not der Armen."[130]

3. Politische Arithmetik und Regierungsform

Die Stabilität eines republikanischen Gemeinwesens ist davon abhängig, dass Volk, Souverän und Regierung in einem genau ausbalancierten Verhältnis zueinander stehen. Nicht nur kommt es darauf an, dass jedes dieser drei Elemente sich auf seine ihm staatsrechtlich zugewiesene Funktion beschränkt, der Souverän ausschließlich Gesetze erlässt, die Regierung sich mit dem Regieren begnügt und das Volk am Gehorsam festhält, wichtig ist auch ihr Größenverhältnis. Die soziale Kontrolle nimmt mit zunehmender Bevölkerungsgröße ab; in der Anonymität der Masse wird das Motiv, sich durch sittlichen Konformismus die Achtung der sozialen Partner zu verschaffen, unwirksam. Somit fällt die Unterstützung der Gesetze durch Sitte und Gewohnheit fort. Die Regierung muss ihren Zwangsapparat ausbauen, um die sich immer weiter vergrößernde Schere zwischen Gesetz und sittlicher Befolgungsbereitschaft zu überbrücken. Je größer die Bevölkerung des Staates, desto stärker muss die Regierung auftreten. Desto stärker muss aber auch der Souverän sein, damit er die Regierung in Schach halten kann. Da sicherlich die von einer steigenden Bevölkerungszahl verlangte Stärkung der Regierung auch und vor allem eine Vermehrung des Regierungspersonals impliziert, entsteht ein Problem, denn mit den Beamten ist es nach Rousseau wie mit den Gesetzen: je weniger, desto besser. Ein Gemeinwesen, das viele Gesetze benötigt, ist im Niedergang begriffen. Eine Regierung, die zahlreiche Beamte benötigt, ist schwach, da sie einen Großteil ihrer Energie für die interne Kontrolle und die Sicherung des reibungslosen Ablaufs der Behördengeschäfte abzweigen muss, der, so Rousseaus Vorstellung von der Regierungsmacht als Nullsummenspiel, der Erfüllung ihrer eigentlichen Pflichten nicht mehr zur Verfügung steht.

So unerlässlich die Regierung ist, so darf nicht übersehen werden, dass sie eine beträchtliche politische Gefahrenquelle darstellt. Denn um ihrer Aufgabe gerecht zu werden, um wirksamen Dienst am Allgemeinen leisten zu können, muss sie als einheitliche Körperschaft agieren; sie muss die identitätsbildende Strategie der politischen Gesellschaft übernehmen, selbst ein allgemeines Regierungs-Ich ausbilden, sich eine corporate identity zulegen, Korpsgeist und Zusammengehörigkeitsgefühl entwickeln. Sie benötigt einen Gruppenwillen, der den Einzelwillen ihrer Mitglieder aufsagt und so die effizienzsichernde Gemeinschaftlichkeit garantiert. Die Regierung ist also der einzige Bereich in der Republik, wo um der Allgemeinheit willen die Ausbildung eines durchsetzungsfähigen Sonderwillens erwünscht ist. Nur muss gleichzeitig sichergestellt werden, dass dieser Sonderwillen seine segensreiche Tätigkeit ausschließlich der Allgemeinheit widmet, dass die Gruppenintegration nur dafür sorgt, dass das Widerstandspotenzial der individuellen Eigensinnigkeit in den Mitgliedern des Regierungsapparats entschärft wird. Wenn sich hingegen der Sonderwille als Sonderwille nach außen richtet und dem Allgemeinwillen Konkurrenz macht, nach Eigenmacht verlangt und die Bürgerversammlung übergeht, dann wird die Regierung zur Totengräberin der Republik.

Wird die Regierung einem übertragen, der sich dann seine Minister sucht, dann haben wir eine monarchische Regierungsform. Wird die Regierung von einer Gruppe geleitet, dann ist die Regierungsform aristokratisch. Macht sich die legislatorische Versammlung selbst vollständig oder mehrheitlich zum Gouverneur, dann liegt eine demokratische Regierungsform vor. Welche dieser Regierungsformen ist nun die beste? Das hängt davon ab, ob man nach einer normativ besten oder nach einer politischtechnisch besten Regierungsform fragt. Da die Regierung nach Rousseau sich auf den Tätigkeitsbereich der Exekutive beschränkt, dürfen wir Rousseaus Trias der Regierungsformen nicht mit der traditionellen Verfassungslehre vermischen. Es gibt kein Kriterium, mit dessen Hilfe die normative Vorzugswürdigkeit einer Regierungsform festgestellt werden könnte. Natürlich kann eine Regierung korrupt sein, machtgierig und sich als Feind der Republik entpuppen, nur hängt das nicht von der Personalstruktur ihrer Leitung ab. Das einzige Kriterium, mit deren Hilfe sich die drei Regierungsformen gewichten lassen, ist politisch-technischer Natur; es ist das Kriterium der Effizienz. Die beste Regierungsform ist diejenige, die unter den je gegebenen Bedingungen der fest umrissenen Funktion der Regierung am besten entsprechen kann. Und da die Gegebenheiten unterschiedlich sind, wird mal eine demokratische, mal eine aristokratische und mal eine monarchische Regierungsform besser sein als die anderen. Als Faustregel gibt Rousseau an, dass die Zahl der obersten Magistrate, also der Regierungschefs, im umgekehrten Verhältnis zur Bevölkerungszahl bzw. zur Größe der Bürgerversammlung stehen muss. Daraus folgt, dass die demokratische Regierungsform sich für kleine Staaten empfiehlt, die aristokratische Regierungsform für Staaten von mittlerer Größe und die Monarchie für große Staaten.[131]

Demokratie bedeutet nach Rousseau, dass ein und dieselbe Körperschaft Gesetze gibt und Gesetze vollzieht. Diese Machtkonzentration ist in seinen Augen bedenklich. Sie kann nur zum Nachteil der Qualität beider Funktionen geraten. Die legislatorische Qualität ist wesentlich daran geknüpft, dass die Beschlüsse der Versammlung durch einen doppelten Allgemeinheitsfilter laufen. Wenn nun die Bürger zugleich Gouverneure sind, dann wird ihre legislatorische Allgemeinheitsperspektive durch Einzelfallaufmerksamkeit korrumpiert. Über die gleichzeitige Regierungsverantwortung wird die Bürgerversammlung für die Ansprüche von Einzelinteressen und Sonderinteressen durchlässig. Die *volonté générale* verbirgt sich.

Die Demokratie ist überdies aus pragmatischen Gründen noch unwahrscheinlicher als die Republik. Denn die Republik hat eine Bürgerversammlung, zu der die Bürger gelegentlich zusammenkommen, und eine Schar von bezahlten Regierungsbeamten. Wenn der Souverän jedoch selbst die Regierung übernimmt, wird das Land verkommen müssen. Wer sollte denn die Güter produzieren, die die Bevölkerung zum Überleben braucht, wenn alle Bürger zugleich Berufsbeamte wären? „Man kann sich nicht vorstellen, dass das Volk ständig zusammenbleibt, um über die Staatsangelegenheiten zu beraten" (III.4; 404; 128). Weiterhin verdient die Demokratie größtes Misstrauen, weil sie die unbeständigste Regierungsform ist, überaus bürgerkriegsanfällig und fortwährend inneren Aufständen ausgesetzt. Um diesen Verbund als Volksherrschaft und Volksregierung politisch zu stabilisieren, bedürfte es eines „Volks von Göttern", denn normale Menschen würden das Maß an Tugendhaftigkeit, das sie die Verführungen dieser ungeteilten Gewalt erfolgreich bestehen ließe, nicht aufbringen können (III.4; 406; 130).

V. Die Verwirklichung der Republik

Damit der Allgemeinwille in die Wirklichkeit treten kann, muss die Wirklichkeit für den Allgemeinwillen empfänglich sein, muss sowohl die innermenschliche wie die außermenschliche Wirklichkeit sein Erscheinen begünstigen. Und dann trifft der Allgemeinwille in den Menschen auf entgegenkommende Bedingungen, wenn diese Menschen in ihren individuellen Denk- und Handlungsverhältnissen gemeinwohlorientiert agieren, wenn sie sich selbst als Teil des Allgemeinen und mit den Belangen der Allgemeinheit identifizieren. Und dann wird in der Gesetzgebungsversammlung Gemeinsinn wirksam, wenn die Menschen zu Bürgern geworden sind, wenn ihnen durch Erziehung und gemeinschaftsbildende Lebensumstände Tugendhaftigkeit zur zweiten Natur geworden ist.

Rousseaus Untersuchung der Verwirklichungsbedingungen der Republik des Allgemeinwillens ist noch disparater und unsystematischer als seine staatsrechtliche Analyse legitimer Herrschaft. Sie beginnt mit der Figur des Gesetzgebers und endet mit der Bürgerreligion. Mittelstück dieser Passage ist das in keinem republikanischen Traktat fehlende Lehrstück über die Ursachen des Niedergangs einer politischen Gemeinschaft und die erforderlichen politischen Präventivmaßnahmen.

1. Zwei Gesetzgeber

Das VII. Kapitel des ersten Buches der ersten Fassung des *Contrat social* handelt von der „Notwendigkeit positiver Gesetze". Sein vorletzter Abschnitt endet mit der Konklusion: „Voilà d'ou nait la necessité d'une législation." Und in genauer Entsprechung heißt es zum Schluss des letzten Abschnittes: „Voilà d'ou nait la necessité d'un Législateur."[132] Aber der Gesetzgeber, dem das folgende und in die veröffentlichte Fassung übernommene Kapitel gewidmet ist, ist nicht der Gesetzgeber, der das positive Recht setzt. Denn diesen kennen wir bereits: Der Gesetzgeber des positiven Rechts ist der Souverän, die Gesamtheit der Bürger.

Der aus dem Gesellschaftsvertrag geborene Souverän muss zwei Qualifikationen besitzen, eine staatsrechtliche und eine ethische. In staatsrechtlicher Hinsicht muss er um seiner Legitimität willen mit der Gesamtheit der Bürger identisch sein, denn nur dann sind Gesetze gültige Gesetze, wenn sie auf einer Versammlung aller Bürger beschlossen worden sind. In ethischer Hinsicht muss er zuverlässig den Gemeinwillen zum Ausdruck bringen. Nur Gesetze, die als Gesetze des Gemeinwillens gelten können, sind gerecht und Ausdruck der Freiheit. Unglücklicherweise folgt die zweite Qualifikation nicht aus der ersten. Staatsrechtliche Legitimität impliziert nicht Gerechtigkeit. Direkt-demokratische Gesetzgebung garantiert nicht die Herrschaft des Allgemeinwillens. Gültige Gesetze sind nicht immer auch schon gerechte Gesetze. Da aber erst die Herrschaft des Allgemeinwillens die starke Autonomiebedingung erfüllt, an die Rousseau legitime Herrschaft und gelingende Vergesellschaftung bindet, muss sich Rousseau Gedanken darüber machen, wie sichergestellt werden kann, dass die gesetzgeberische Allgemeinheit auch wirklich dem Gemeinwohl dienlich ist und nur Gesetze erlässt, die als Selbstbestimmung der Gemeinschaft betrachtet werden können. Seine Lösung dieses Problems ist der *Législateur.*

Rousseaus politische Philosophie kennt also zwei Gesetzgeber: einmal den formal-staatsrechtlichen Gesetzgeber, der durch die Assoziationslogik des Gesellschaftsvertrags definiert ist; zum anderen den *Législateur*, der dafür sorgt, dass der formal-staatsrechtliche Gesetzgeber genau die Einstellung in sich ausbildet, genau die Dispositionen und Tugenden besitzt, die erforderlich sind, damit er das demokratische Gesetzgebungsverfahren nicht für seine Partikularinteressen missbraucht, sondern als Ermittlung und Durchsetzung des Allgemeinwillens und Gemeinwohls verwendet. Der *Législateur* sorgt durch sein Erziehungswerk dafür, dass der zur Gesetzgebung berechtigte Bürger über die notwendige legislatorische Kompetenz verfügt. Und er verfügt über die notwendige legislatorische Kompetenz, wenn er sein Denken, Fühlen und Handeln am Gemeinwohl ausrichtet, wenn er gemeinwohlfähig ist. Gemeinwohlfähigkeit erreicht er durch Versittlichung; der Versittlichte lässt sein Handeln nicht durch sein Eigeninteresse dominieren; er hat sein Eigeninteresse durch das Gemeininteresse überformt, er wird – im Idealfall – das Gemeininteresse als Eigeninteresse auffassen. Damit verschaffen ihm gemeinwohlförderliche Aktivitäten die Befriedigung, die dem Egoisten nutzenmehrende Strategien bringen.

2. Die Menschen, wie sie sind, und die Menschen, wie sie sein sollen

„Wenn es gut ist zu wissen, wie man die Menschen, wie sie sind, verwenden kann, so ist es noch besser, sie so zu formen, wie man sie braucht; die unwiderstehlichste Autorität ist die, die bis ins Innere des Menschen dringt und den Willen nicht weniger als die Handlungen beeinflusst.“[133] Als er sich daranmachte, „für die Gesellschaftsordnung eine legitime und sichere Verfassung“ zu suchen, wollte Rousseau die Menschen nehmen, wie sie sind (III, 351; 59). Diese programmatische Absicht muss er jedoch aufgeben, sobald er sich der Verwirklichungsfrage zuwendet. Denn mit den Menschen, wie sie sind, ist die Republik nicht zu machen, die er als einzig legitime, als einzig freiheitsbewahrende Vergesellschaftungsform entwickelt hat. Die Rousseau'sche Republik müsste sich selbst voraussetzen, um überhaupt entstehen zu können. Rousseau wusste das. „Damit ein Volk, das erst entsteht, Freude an gesunden politischen Maximen hat und den Grundregeln der Staatsvernunft folgt, müsste die Wirkung zur Ursache werden. Der Gemeinschaftsgeist, der das Werk der Verfassung sein soll, müsste schon vor den Gesetzen das sein, was er durch sie erst werden soll. Die Menschen müssten schon vor den Gesetzen das sein, was sie durch sie erst werden sollen" (II.7; 383; 102). Daher stellt sich die dringende Frage, wie die Menschen zu dem gemacht werden können, was sie sein müssen, damit die Republik der Freiheit Wirklichkeit werden kann. Welches Veränderungspensum muss von ihnen verlangt werden, damit die Gemeinwohlorientierung ihr Denken, Fühlen und Handeln zuverlässig ausrichtet? Welche Maßnahmen muss der Gesetzgeber ergreifen, welche Erziehungsmittel muss er einsetzen? Und vor allem auch: Welche Eigenschaften muss der Gesetzgeber selbst besitzen, um erfolgreich diese Verwandlung in den Menschen vornehmen zu können?

Wie geht Rousseaus Gegenspieler das Problem der Vertragsverwirklichung an? Nimmt der neuzeitliche Kontraktualismus die Menschen, wie sie sind? Der Kommunitarismus wird nicht müde, allen Spielarten des Liberalismus vorzuwerfen, dass sie ihren Vorstellungen gesellschaftlicher Wohlgeordnetheit ein völlig verfehltes Menschenbild zugrunde legen.[134] Natürlich sind die Menschen, die die kontraktualistischen Entscheidungsszenarien bevölkern, allesamt Konstrukte. Menschen sind keine Sozialatome, keine geschichtslosen Nutzenmaximierer von geradezu monadischer Selbstzentriertheit. Aber es geht Rousseau nicht um das Problem der deskriptiven Angemessenheit der politischen Anthropologie. Im Gegenteil: Im Gegensatz zu den heutigen Kommunitaristen ist er der Meinung, dass die atomistische Anthropologie des neuzeitlichen Kontraktualismus ein durchaus zutreffendes Bild von den zeitgenössischen Menschen zeichnet, dass in den individualistischen Sozialmodellen von Hobbes und Locke ein genaues Bild des zeitgenössischen gesellschaftlichen Menschen gezeichnet wird. Genau darum konnte er ja auch den Kontraktualismus in seinem geschichtsphilosophischen Diskurs ideologiekritisch entlarven und als begriffliches Spiegelbild einer durch partikulare Interessen zerrissenen, nur durch despotische Politik zusammengehaltenen Gesellschaft charakterisieren. In der Tat nimmt der neuzeitliche Kontraktualismus den Menschen so, wie er ist. Hinter der rationalitätstheoretischen Modellkonstruktion des Vertrags steckt das neuzeitliche Individuum. Und seine rechtsförmigen Ordnungsmodelle, seine Idee einer Befriedung der Gesellschaft durch handlungskoordinierende Gesetze sind genau auf dieses Individuum zugeschnitten.

Kant hat in seiner *Friedensschrift* gemeint, dass das „Problem der Staatserrichtung … selbst für ein Volk von Teufeln … auflösbar“ sei, „wenn sie nur Verstand haben“[135], und mit diesem drastischen Bild der grundlegenden Überzeugung des Liberalismus einprägsamen Ausdruck gegeben, dass alle erforderlichen sozialen Integrationsaufwendungen aus dem motivationalen Fond des aufgeklärten Eigeninteresses bestritten werden könnten, dass die rechtlichen Ordnungsnormen des Liberalismus zur Sicherung ihrer Wirklichkeit, Stabilität und Kontinuität nicht mehr als Klugheit und reflektiertes Selbstinteresse verlangten. Der durch erzwingbares Recht geordnete soziale Friede ist eine allgemeine Vorteilsdistribution, und um sich den Bedingungen zu unterwerfen, die die Wirklichkeit dieser für jedermann vorteilhaften Ordnung garantiert und ihre Aushöhlung durch *free-rider*-Parasitismus verhindert, ist keinerlei moralische Disziplinierung, kein Gemeinsinn, keine Tugendhaftigkeit der Bürger vonnöten. Das Integrationsprogramm des Liberalismus basiert auf einem motivationalen Externalismus, der alle Disziplinierungskosten dem rationalen Zusammenspiel von zwangsbewehrter Rahmenordnung, Anreizsystem und strategischer Anpassung überträgt. Mit großer Genugtuung haben frühe liberale Denker die politische Gemeinschaftsordnung mit privatrechtlich organisierten Wirtschaftsbetrieben verglichen: Bei Assekuranzanstalten, Rechtsversicherungsorganisationen und Aktiengesellschaften bedarf es keiner Tugend, nur kluger Interessenverwaltung.

Der dogmatische Liberalismus glaubt an die konstruktive Kraft des reflektierten Interesses, an die produktive List des sich selbst bindenden Egoismus; er ist davon überzeugt, dass er keiner Tugend bedarf. Sein alle Disziplinierungsanstrengungen externalisierendes rationales Ordnungsarrangement entspricht genau dem staatlichen Maschinenwerk, das nach Montesquieus Überzeugung besonders in der Monarchie perfekt zur Sicherung des inneren Friedens gehandhabt wird: der Staat als zugleich Befreier und Meister der Interessen.

> „In den Monarchien bringt die Politik die wichtigen Dinge mit so wenig wie möglich Tugend zuwege. Ähnlich besteht bei schönen Maschinen die Kunst gerade darin, so wenig wie möglich Triebwerk, Energie und Räder zu verwenden. Der Staat behauptet sich unabhängig von Vaterlandsliebe, echter Ruhmesbegier, Selbstüberwindung, Opferung der Lieblingsinteressen und allen jenen heroischen Tugenden, denen wir bei den Alten begegnen, während wir davon lediglich haben reden hören. Die Gesetze treten hier an die Stelle all jener Tugenden, deren man nicht mehr bedarf. Deren enthebt euch der Staat.“[136]

Genauso wie Rousseau davon überzeugt war, dass sich seine Vorstellungen einer Republik kollektiver Autonomie mit den Mitteln der kontraktualistischen Konzeption begrifflich fassen lassen, hat er auch gemeint, in seiner politischen Philosophie mit dem gleichen anthropologischen Personal auskommen zu können, auf das auch die Philosophen Hobbes und Locke zurückgegriffen haben. Beides hat sich als Irrtum erwiesen. Den ersten Irrtum hat er nicht erkannt; den zweiten Irrtum hat er aufwendig korrigiert. Je weiter das Unternehmen, die Republik in die Form eines Vertragsstaats zu gießen, voranschritt, umso mehr veränderte der Vertrag unterschwellig seine Natur, umso mehr verlor er seine kategoriale Gestalt und verwandelte sich in eine Metapher. Und nachdem die republikanische Gemeinschaft dann entwickelt war, musste Rousseau eingestehen, dass sie nach Bewohnern verlangt, die mit den Naturzustandsbewohnern und kompetitiven Individualisten moderner Gesellschaften nichts gemein haben. Damit bleibt Rousseau nur folgende Alternative: entweder zuzugeben, dass seine politische Philosophie nicht mehr ist als eine sich in ohnmächtigem Trotz gegen die Zeit stellende republikanische Träumerei, oder Möglichkeiten aufzuzeigen, wie die Menschen, wie sie sind, zu Menschen gemacht werden können, wie sie sein sollen und um der Konstitution und Fortentwicklung der Republik willen sein müssen. Am Ende dieser ganzen Anstrengungen, aus den Menschen Bürger, Republikaner und Patrioten zu machen, wird sich freilich herausstellen, dass all die unterschiedlichen Lehrstücke, die sich zu einer umfassenden Republikanisierungslektion verbinden, das Lehrstück vom Gesetzgeber, von der Zivilreligion und von der sozio-ökonomischen Immobilität, doch nichts anderes sind als ein umwegig-aufwendiges Geständnis, statt einer wirklichkeitstauglichen politischen Philosophie einen republikanischen Traum verfasst zu haben, denn all diese Bedingungen sind ihrerseits nicht minder unwahrscheinlich, nicht minder unzeitig als die Republik der *volonté générale* selbst.

3. Der „Législateur“

„Um die dem Wohl der Völker am besten dienenden Prinzipien der Gesellschaftseinrichtung zu finden, bedürfte es eines überragenden Geistes, der alle menschlichen Leidenschaften kennt und selbst keiner unterworfen ist, der keinerlei Beziehung zu unserer Natur hat und sie dennoch von Grund auf kennt; dessen Glück von uns unabhängig ist und der sich dennoch um unser Glück kümmert; der auf späten Ruhm wartet und in einem Jahrhundert arbeitet, um in einem anderen die Früchte seiner Arbeit zu ernten. Götter brauchte es, um Menschen Gesetze zu geben [...] Wer es wagt, einem Volk eine Verfassung zu geben, muss sich imstande fühlen, gleichsam die menschliche Natur umzuwandeln, jeden Einzelnen, der ein in sich abgeschlossenes und selbstständiges Ganzes ist, in einen Teil eines größeren Ganzen umzuschaffen, von dem dieses Einzelwesen gewissermaßen erst Leben und Dasein empfängt, die Beschaffenheit des Menschen zu ändern[137], um sie zu verstärken; eine anteilig-abhängige und moralische Existenzweise an die Stelle einer natürlichen und unabhängigen Lebensweise zu setzen. Mit einem Wort, er muss dem Menschen seine eigenen Kräfte nehmen, um ihm andere zu geben, die ihm fremd sind, und die er, ohne den Beistand der anderen, nicht zu nutzen versteht. Je mehr diese naturgegebenen Kräfte absterben und vernichtet werden und je größer und dauerhafter die erworbenen sind, desto stabiler und vollkommener ist auch die Verfassung“ (II.7; 381 f.; 99 f.).

Dieses Veränderungsprogramm ist uns bereits bei der Vorstellung des Kontrakts begegnet. Das, was nach Rousseau der Vertrag eigentlich bedeutet, nämlich eine Umwandlung der Natur des Menschen vom biologischen Gattungswesen zum Sozialwesen, vom Naturwesen zum Moralwesen, vom selbstständigen, für sich seienden Individuum zum integrierten und abhängigen Gemeinschaftsmenschen, was aber mit den Begriffsmitteln des Kontraktualismus gar nicht dargestellt werden kann, da es mit der rechtfertigungstheoretischen Natur des Vertragsarguments nichts, aber auch gar nichts zu tun hat, all das wird jetzt noch einmal aufgenommen. Die Mensch- und Bürgerwerdung erweist sich als Voraussetzung gelingender Vergesellschaftung, als Voraussetzung gesellschaftlicher Selbstregierung. Aber diese muss in einem zweiten Anlauf noch einmal thematisiert werden. Das Vertragsargument ist durch den bekannten Einwand, dass doch Staaten in der Regel nicht durch vertragliche Vereinigungen entstanden sind, nicht zu Fall zu bringen. Denn es vertritt ja keine deskriptive These über Staatsentstehungen, sondern eine normative, die die vorliegenden Herrschaftsverhältnisse unter Legitimationsdruck setzt und sie mit der Verpflichtung konfrontiert, die Herrschaft so auszuüben, dass sie den Interessen, Rechten, Zielen und Zwecken, die sich in der gewählten Form des Vertragsarguments als leitend erweisen, gerecht wird. Aber diese Möglichkeit ist Rousseau verschlossen. Sein Assoziationsvertrag ist so geartet, dass er nicht zu einem normativen Argument kondensiert werden kann, das an vorfindliche Herrschaftsorganisationen gerichtet ist. Sondern es verlangt eine bestimmte Herrschaftsorganisation, nämlich die bürgerschaftliche Selbstregierung.

Damit ist ein doppeltes Verwirklichungsproblem verknüpft. Zum einen muss gefordert werden, dass die vorhandene Herrschaftsstruktur verschwindet und bürgerlicher Selbstregierung Platz macht. Zum anderen muss sichergestellt werden, dass die Bürger die Selbstregierungschance auch angemessen nutzen können. Denn mit einer Machtübernahme der Bürger ist der republikanische Traum Rousseaus noch lange nicht Wirklichkeit geworden. Wenn die Bürger nicht Patrioten, Gemeinschaftsmenschen sind, sondern liberale Individuen, dann kommt bestenfalls eine pluralistische Demokratie zustande, in der die einzelnen Interessen sich organisieren und das Wahlvolk zur Unterstützung zu gewinnen versuchen, aber nicht eine Republik der Freiheit, in der ausschließlich der Gemeinwille herrscht und kein Privatwille die Chance bekommt, sich der politischen Macht zu bemächtigen.

Merkwürdigerweise hat Rousseau sich ausschließlich dem zweiten – und logisch nachgeordneten – Verwirklichungsproblem zugewandt. Wie die vorfindlichen Herrschaftsverhältnisse so verändert werden können, dass die herrschaftsstrukturelle Neuerung wirksam werden kann, die die Etablierung einer Republik verlangt, hat er nicht weiter untersucht – als ob es Raum für politische Neugründungen im Überfluss gäbe. Das hat zur Konsequenz, dass es Rousseaus politische Philosophie selbst mit ihrer Verwirklichungsdiskussion nicht gelingt, mit der politischen Wirklichkeit in Kontakt zu treten und sich an die vorfindliche Staatenwelt anzuschließen, um in sie verändernd eingreifen zu können. Normalerweise wendet sich die politische Philosophie den Problemen der Verwirklichung ihrer normativen Entwürfe zu, um die Differenz zwischen dem Sein und dem Sollen zu mindern, entweder revolutionär, indem sie dazu auffordert, dass das Sollen gewaltsam sein neues Sein an die Stelle des alten, abgelebten Seins setzt, oder evolutionär, indem sie zeigt, dass das Sollen mit der Vernunft des Gegebenen Gewinn bringend kooperieren kann, oder darauf hinweist, dass das Sollen langfristig siegen wird, dass es die Geschichte auf seiner Seite hat. Rousseaus Verwirklichungsdiskussion hingegen folgt diesem Muster nicht. Da sie das erste Verwirklichungsproblem ausspart, verlässt sie die Grenzen des Utopischen nicht. *Sie erweitert nur die Legitimationsutopie durch eine Verwirklichungsutopie.* Um überhaupt eine herrschaftsstrukturelle Nische zu haben, in der die Republik der Freiheit aufblühen kann, muss die Verwirklichungsutopie eine Oase der Staatsfreiheit, einen politisch herrenlosen Raum unterstellen. In diesem Niemandsland finden sich Menschen, wie wir sie kennen. Sie besitzen nicht die erforderliche charakterliche Beschaffenheit, die eine erfolgreiche Republikgründung verlangt. Sollten sie sich unvorbereitet an die schwierige Aufgabe der Selbstgesetzgebung machen, würden sie scheitern. Sie können nicht aus eigener Kraft eine Herrschaft des Gemeinwillens errichten. Es bedarf fremden Bestandes, es bedarf der Unterstützung durch einen *Législateur*.

Im Verwirklichungsdiskurs begegnet uns ein Szenario, das sich kaum vom Naturzustandshintergrund des Legitimationsdiskurses unterscheidet. In beiden Fällen haben wir es mit einem vorpolitischen Zustand zu tun; in beiden Fällen geht es um die Frage der Verwirklichung der Republik. Der erste Diskurs, der Legitimationsdiskurs, erzählt die Verwirklichungsgeschichte als kontraktualistische Entstehungsgeschichte; der zweite Diskurs erzählt die Verwirklichungsgeschichte als Mythos vom *Législateur*. Beide Darstellungen verstehen sich ausdrücklich als Darstellung eines anthropologischen Verwandlungsprozesses, in dem das humanbiologische Naturwesen einer ethisch-politischen Formierung unterworfen wird; es kommt zu Vernunft, vermag seine menschlichen Qualitäten zu entfalten und wird zum Bürger. Ansonsten jedoch könnten die beiden Diskurse verschiedener nicht sein: Während der Legitimationsdiskurs aufgrund seiner kontraktualistischen Begrifflichkeit die Konstitution der Republik als kollektiv-autonomen Akt darstellt, wird die Republik im Mythos vom *Législateur* zu einer heteronomen Stiftung, die sich die Bürger nachträglich aneignen, zu Eigen machen müssen.

a) Geschichte und „Législateur"

Kant legt die Verwirklichung der Rechtsvernunft in die Hände der Geschichte. Die Geschichte wird von ihm als Rechtsfortschritt gedeutet, als progressive Verwirklichung eines verborgenen Vorhabens der Natur, das inhaltlich mit der von der Rechtsvernunft verordneten Errichtung einer Republik und eines internationalen Friedenszustandes zusammenfällt. Die Mittel, deren sich die Natur bei der Ausführung ihres heimlichen vernunftfreundlichen Planes bedient, sind die menschliche Naturausstattung und die natürlichen Lebensbedingungen der menschlichen Gattung, sind insbesondere der Egoismus, die Unfriedlichkeit und die Aggressivität der Menschen. Diese Ursachen der Ungeselligkeit werden durch die Dialektik der Natur hinter dem Rücken der Individuen in Produktivkräfte der Vergesellschaftung verwandelt. Der Fortschritt der Geschichte basiert auf listig abgenötigter, gleichsam anonym entstandener Vernünftigkeit.

„Die Natur hat also die Unvertragsamkeit der Menschen, selbst der großen Gesellschaften und Staatskörper dieser Art Geschöpfe wieder zu einem Mittel gebraucht, um in dem unvermeidlichen Antagonism derselben einen Zustand der Ruhe und Sicherheit auszufinden; d. i. sie treibt durch die Kriege, durch die überspannte und niemals nachlassende Zurüstung zu denselben, durch die Noth, die dadurch endlich ein jeder Staat selbst mitten im Frieden innerlich fühlen muss, zu anfänglich unvollkommenen Versuchen, endlich aber nach vielen Verwüstungen, Umkippungen und selbst durchgängiger innerer Erschöpfung ihrer Kräfte zu dem, was ihnen die Vernunft auch ohne so viel traurige Erfahrung hätte sagen können."[138]

Die Geschichte erscheint hier als ein sich sukzessiv selbst befriedender Naturzustand Hobbes'scher Provenienz, der aus sich selbst heraus die Vertragswirkungen hervortreibt, ohne dass die Menschen die Verträge schließen würden. Ja, man möchte meinen, dass eine möglichst bornierte Unvernünftigkeit der Menschen seitens der Naturabsicht erwünscht sein mag, da so ihr listiger Dienst an der Vernunft erfolgreicher sein kann, als wenn linkische Anflüge menschlicher Vernünftigkeit sich störend einmischen würden. Damit wäre aus geschichtsphilosophischer Perspektive die Sache der Vernunft am besten bei der Natur aufgehoben. Rousseau ist dieser kantische Weg gleich doppelt versperrt. Zum einen kann er nicht auf die Vergesellschaftungseffekte der Natur setzen: die natürlichen Ungeselligkeitseigenschaften und die strategische Vernunft der Individuen mögen als umwegige Ursache eines liberalen Rechtsstaats dienen können; eine Republik des Gemeinwohls können sie jedoch nicht erzeugen. Die Republik verlangt eine anspruchsvollere anthropologische Basis. Sie verlangt Bürger, und Bürger vermag der kantische geschichtsphilosophische Zwitter aus Natur und Vorsehung nicht zu produzieren. Zum anderen ist für Rousseau die Geschichte vergiftet. Ihr kann die Sache der Republik nicht anvertraut werden. Rousseau vermag Kants Geschichtsoptimismus nicht zu teilen. Dort, wo Kant Spuren des Rechtsfortschritts sieht, erblickt Rousseau Niedergang, wachsende Unfreiheit, wachsende Ungleichheit, wachsende Ungerechtigkeit. Darum hat er die Republik gegen die mit der geschichtlichen Entwicklung deutlich verbündeten liberalen Ordnungsformen in Stellung gebracht. Ihre Verwirklichung kann daher nicht den gleichen Ursachen übertragen werden, die den liberalen Rechtsstaat bewirken. An die Stelle der Geschichte tritt der *Législateur*.

Gemeinsam ist beiden, der kantischen Geschichte und dem Rousseau'schen *Législateur*, dass die von ihnen getragene Normverwirklichung radikal heteronom ist. Sowohl bei Rousseau als auch bei Kant steht eine radikal autonome Handlung im Zentrum der normativen Begründungsargumentation, denn Rousseau – und ihm folgend Kant – verwenden das Modell der vertraglichen Assoziation ja zugleich auch als Modell der Selbstkonstitution des Volkes, der legitimen Herrschaft und der gerechten Herrschaftsausübung. Deswegen kann man getrost sagen, dass die dem kontraktualistischen Legitimationsargument innewohnende Autonomiestruktur bei Rousseau und Kant eine unüberbietbar radikale Ausprägung erhält. Dieser radikalen Fassung des Autonomiegedankens im Legitimationsdiskurs korrespondiert bei beiden aber auch eine radikal heteronome Lösung des Verwirklichungsproblems. Was könnte heteronomer sein als die unsichtbare Hand der Geschichte, die hinter dem Rücken der modernen Individuen ihre Ungeselligkeit für sie verwendet? Was könnte heteronomer sein als der übermenschliche *Législateur* und demiurgische Menschenformer, dem Rousseau die sittliche und politische Erziehung der Menschen ans Herz legt?

Auch Hegels Konzept der Geschichtsphilosophie wirft kein Licht auf den Rousseau'schen *Législateur*. Der Gesetzgeber ist kein „welthistorisches Individuum“, kein „Geschäftsführer des Weltgeistes“.[139] Sicherlich, er muss wie die Hegel'schen Heroen ein Genie des Partikularen sein, muss ein Gespür dafür haben, „was not und was an der Zeit ist“. Wie jeder

Demiurg muss er materialkundig sein, und die Geschichtlichkeit ist ein Bestandteil des menschlichen Materials. Aber die welthistorischen Individuen Hegels bringen die Geschichte nur darum voran, weil sie von dem Dämon ihres Ehrgeizes getrieben werden; sie haben keine Mission, keinen moralischen Auftrag; jede soteriologische Attitüde ist ihnen fremd. „Große Menschen haben gewollt, um sich, nicht um andere zu befriedigen.“ Im Treiben der großen Individuen waltet dieselbe Geschichtslist, die sich auch bei Kant der Borniertheit der Menschen bedient, um die Menschheit voranzubringen. Der *Législateur* ist jedoch nicht Bestandteil eines Planes, er ist der Planer. Geschichte handelt nicht durch ihn hindurch, sondern er prägt die Geschichte. Er ist nicht Geschäftsführer des Weltgeistes, sondern Geschäftsführer des Gemeinwohls.

b) Die Figur des Gesetzgebers bei Machiavelli

Die Vorstellung einer politischen Selbstkonstitution einer Menschenmenge, die den Kern des Kontraktualismus bildet, ist dem politischen Denken der Antike fremd. Sie hat statt des Vertrages die Figur des Gesetzgebers, des Religionsstifters entwickelt, ein empirisch-mythologisches Doppelwesen, das eine Menge ungebändigter Individuen unter einen Willen, unter ein Gesetz, unter einen Gott zwingt. Der Gesetzgeber ist dem Demiurgen nachgebildet, der die Welt als einheitliches Werk geschaffen hat. Er ist ein irdischer Demiurg, ein deus mortalis, der mit dem vorfindlichen Menschenmaterial arbeitet, es formt, gestaltet. Sein politisches Bildungswerk gipfelt in einer Verfassung, deren stabilitätspolitische und charakterbildende Qualität sich darin zeigt, dass sich das Volk unter ihrem Regiment von dem Nomotheten zu emanzipieren vermag und sein politisches Schicksal in die eigenen Hände zu nehmen lernt.

Die Figur des Gesetzgebers findet ihre eindrucksvollste Darstellung in den Schriften Machiavellis. Machiavelli ist freilich kein politischer Philosoph, sondern ein politischer Schriftsteller.[140] Er ist nicht an den Prinzipien des Staatsrechts interessiert, sondern an den Gesetzen der Macht. Er entwickelt keine normative Politiktheorie, sondern eine politische Handlungslehre, die den Erfolgs- und Misserfolgsbedingungen des politischen Handelns nachgeht. Gleichwohl gibt es eine interessante Gemeinsamkeit zwischen seiner politischen Praxeologie und den normativen Konzeptionen des neuzeitlichen Kontraktualismus. Machiavelli und die Kontraktualisten haben beide ein krisengeprägtes Politikverständnis; ihre Aufmerksamkeit gilt nicht der Normalität, der pragmatischen Prosa der konfliktfreien Kontinuierung, sondern der Krise und der dramatischen Krisenüberwindung. Die Krise ist für beide der archetypische Ort der Politikentstehung; und die Ordnungsstiftung, die krisenüberwindende Erneuerung gilt als die archetypische politische Handlung, als die politische Handlung kat’ exochen.

Im Kontext der kontraktualistischen Konzeption wird das Krisenprofil durch den Naturzustand bestimmt; der Naturzustand ist die radikalste Ausprägung der Krise, denn er wird durch die Abwesenheit aller politischen Sicherungsleistungen definiert. Und die politische Urhandlung ist die Staatsgründung. Machiavellis Krisenkonzept entstammt hingegen nicht der Theorie, sondern der Erfahrung: ein Gemeinwesen zerfällt, ein Herrschaftsgefüge bricht zusammen, eine Ordnung zerbricht. Eine Wiederherstellung der alten Gesetze ist nicht mehr möglich, weil der Verfall zu weit fortgeschritten ist, weil keine tragfähigen Fundamente mehr vorhanden sind. Auch kann mit den vorhandenen Menschen keine Ordnung aufgebaut werden. Sie sind verdorben, korrupt. Es ist nötig, von Grund auf neu anzufangen; und dieser Neuanfang muss mit der Formierung der Menschen beginnen.

Die politische Erneuerung – und hier treten die politischen Urhandlungen Machiavellis und der Kontraktualisten auseinander – ist aber notwendig das Werk eines Einzelnen, einer großen Persönlichkeit, eines Mannes, der in einem außergewöhnlichen Maße über politische Tüchtigkeit, über *virtù* verfügt, eines *uomo virtuoso*, denn „viele Köpfe sind nicht dazu geeignet, Ordnung in ein Staatswesen zu bringen“[141]. Gleichgültig, ob die politische Notlage durch einen inneren Zerfall des Gemeinwesens hervorgerufen wurde oder durch einen verlorenen Krieg oder durch den Einfall fremder Mächte entstanden ist, das Volk kann sich nicht selbst aus seinem Elend befreien, kann sich nicht selbst institutionell bändigen und politisch formen. Es bedarf der charismatischen Führerpersönlichkeit, die es anfangs streng zur Ordnung ruft und dann durch eigenes Beispiel politisch erzieht. Aber wie das heruntergekommene Gemeinwesen das hervorragende Individuum braucht, um sich aufrichten zu können, so benötigt der *uomo virtuoso* ein politisches und sittliches Trümmerfeld, um sein politisches Genie, seinen Machtwillen und seine konstruktive Begabung am besten entfalten und Ruhm bringend verwenden zu können. „Wenn ein Herrscher nach Weltruhm strebt, so müsste er wünschen, die Regierung in einem zerrütteten Staatswesen zu übernehmen, nicht um dieses vollends zugrunde zu richten wie Cäsar, sondern um es neu zu ordnen wie Romulus.“[142]

Der *uomo virtuoso* ist politischer Erneuerer, Ordnungsstifter, Gesetzgeber und politischer Erzieher durch Beispiel und Tat. Er nähert sich den Menschen, wie sich ein Künstler seinem Material nähert; er ist eine den Menschen äußere, sie formende Kraft. Wie Rousseaus *Législateur* ist er ein gottgleicher Schöpfer ihrer zweiten, politischen Natur. Die Menschen sind, wie Machiavelli selbst im *Principe* sagt, „leblose Materie“, die er nach seinen Ordnungsvorstellungen formt und politisch belebt, indem er ihnen seinen Odem einhaucht, seine *virtù* einflößt. Er befriedet und ordnet das

Gemeinwesen, indem er mit „unumschränkter und außerordentlicher Macht den übermäßigen Ehrgeiz und die Verderbtheit der Mächtigen bändigt", und erweckt dann in den Menschen *virtù* und politische Gesinnung.[143] Er zeichnet sich nicht nur durch die Fähigkeit zur rücksichtslosen Konsequenz bei der Gewinnung und ordnungspolitischen Verwendung der Machtmittel aus, er muss auch nomothetische Kompetenz und verfassungspolitische Phantasie beweisen. Außergewöhnlich ist an ihm aber vor allem, dass er selbst mit der institutionellen Befestigung der Herrschaftsordnung die uneingeschränkte Macht der Anfangsphase durch konstitutionelle Formen bindet, sie als Ausnahmesituation begreift, die der politischen Normalität des durch Gesetze, Einrichtungen und Bürgersinn stabilisierten Gemeinwesens weichen muss.

Im *uomo virtuoso* sind alle praxeologischen Tugenden, alle erfolgssichernden Eigenschaften in hervorragendem Maß ausgebildet. Er vereint Tatkraft, Situationsgespür, Entscheidungsfreudigkeit, Hartnäckigkeit, Konsequenz, Augenmaß, Zuversicht, Klugheit und Handlungsrationalität zu dem unwiderstehlichen Charakter des Siegers. Aber diese Ansammlung von Fähigkeiten macht ihn noch nicht zum politischen Innovator; auch nicht der von Machiavelli allen großen historischen Persönlichkeiten zugeschriebene Ehrgeiz nach Tatenruhm und geschichtlicher Größe. Alle diese Eigenschaften sind für ein Gelingen seines politischen Vorhabens unverzichtbar, aber sie verleihen dem *uomo virtuoso* noch nicht die ihn charakterisierende Vortrefflichkeit und Vollkommenheit. Diese kommen ihm zu aufgrund seiner politischen Zielsetzung, aufgrund der leidenschaftlichen Hingabe an sein politisches Werk, aufgrund der zielstrebigen Durchsetzung seiner Vorstellung von einem wohl geordneten, sich selbst erhaltenden Gemeinwesen.

In der Krise versagt die politische Routine, die „gewöhnlichen Mittel" werden erfolglos, die „gewöhnlichen Wege" sind nicht mehr begehbar. „Man muss vielmehr zu außerordentlichen Mitteln greifen, das heißt zur Gewalt und zu den Waffen. Vor allem aber muss man die unumschränkte Macht in einem solchen Gemeinwesen bekommen, um nach seinem eigenen Urteil handeln zu können."[144] Nach der Beendigung des Zustandes der Gesetzlosigkeit, nach erfolgter politischer Neuordnung muss der *uomo virtuoso*, muss der *prudente ordinatore d'una repubblica* (kluge Ordner eines Gemeinwesens) das eingerichtete Staatswesen den Menschen jedoch zurückgeben und die Macht klug auf die gesellschaftlichen Kräfte verteilen. Nur dann wird ihn sein politisches Werk überleben, wird das Gemeinwesen Festigkeit und Dauer und er geschichtlichen Ruhm gewinnen.

Der ordnungspolitische Tätigkeitsbogen des idealtypischen Innovators spannt sich also von der Herrschaft des *krátos* zur Herrschaft des *éthos*, von der Gewalt als außergewöhnlichem Machtmittel in Krisenzeiten bis zu den machtkontrollierenden republikanischen Institutionen, den *buoni ordini*. Ziel ist es, die geschaffene Ordnung so zu befestigen, dass sie selbsterhaltungsfähig wird. Für Machiavelli führt die politische Verbesserung eines Gemeinwesens von der Fremderhaltungsbedürftigkeit zur Selbsterhaltungsfähigkeit. Die Herrschaftsorganisation muss das Gemeinwesen von der außergewöhnlichen *virtù* der großen Gründerpersönlichkeit unabhängig machen. Die Verfassung muss so geartet sein, dass das Volk der Vormundschaft des Gründungsheros nicht mehr bedarf. Selbsterhaltungsfähig sind für Machiavelli in höchstem Maß Republiken, darum gibt er ihnen den Vorzug vor anderen Formen der Herrschaftsorganisation. In der Fähigkeit, ein Gemeinwesen republikfähig zu machen, manifestiert sich die innovatorische Qualität eines *uomo virtuoso*. Republiken sind selbstmächtig, auf Selbstkontinuierung ausgerichtet: Sie sind die objektivierte *virtù* ihres Gründungsheros. Die *fortuna* bezwingende Tüchtigkeit ihrer Gründer ist in Gestalt der von ihnen geschaffenen Gesetze und Einrichtungen einerseits und des Gemeinschaftssinns der Bürger andererseits an sie übergegangen, sodass die Republiken jetzt mit eigener Kraft und Tüchtigkeit sich gegen die Unbill des Schicksals behaupten können.

Eine Republik der Freiheit ist für Rousseau eine Republik des Allgemeinwillens, denn wenn der Allgemeinwille herrscht, dann herrscht ausschließlich das Gesetz. Kant hat diese These von dem engen Zusammenhang zwischen Allgemeinwillen, Gesetz und Freiheit aufgenommen. „Die ist die einzige bleibende Staatsverfassung, wo das Gesetz selbstherrschend ist und an keiner besonderen Person hängt“, so lautet das vernunftrechtliche republikanische Credo der Rechtslehre Kants.[145] Und genau dieser Gedanke klingt auch in Machiavellis republikanischem Credo an. Im 4. Buch der *Geschichte von Florenz* heißt es:

> „Wenn es einmal geschieht, was freilich selten der Fall ist, dass zum Glück einer [...] Stadt ein weiser, guter, einflussreicher Bürger aufsteht und Gesetze erlässt, die solchen Unfrieden zwischen Adel und Volk beilegen oder so lenken, dass kein Übel von ihnen kommen mag: dann wahrlich kann eine Stadt frei genannt, eine Verfassung für wohlbegründet erachtet werden. Denn wenn sie auf gute Gesetze sich stütze und auf eine gute Verfassung, bedarf sie nicht gleich andern der Kraft und Tugend eines Einzelnen, sich zu erhalten.“[146]

Ein so ausgezeichneter, politisch tüchtiger und nomothetisch begabter Mann ist selten, muss er doch gewöhnlich einander ausschließende Persönlichkeitsmerkmale, Charakterzüge und Fähigkeiten in sich vereinigen, muss er zugleich zu machtpolitischer Rücksichtslosigkeit fähig sein und eine feste konstitutionalistische Gesinnung besitzen, die durch keine erhaltungsnotwendige Schändlichkeit beschädigt werden kann. Er muss, wie Machiavelli mit entwaffnender Einfachheit und Offenheit sagt, zugleich gut und böse sein, sowohl zu skrupellosem Machterwerb als auch zu politisch konstruktiver Machtverwendung und letztlich zum Machtverzicht in der Lage sein. Nicht jeder, der sich in der Krise uneingeschränkte Macht zu verschaffen weiß, taugt zum Innovator, besitzt die spezifische Selbstlosigkeit, die nur aus der leidenschaftlichen Verfolgung des politischen Ziels erwächst und die ebenso selbstverständlich die individuelle moralische Integrität opfert, wenn die politische Klugheit Verwerfliches verlangt, wie auf die absolute Macht zugunsten der Einrichtung eines selbsterhaltungsfähigen Gemeinwesens verzichtet, wenn es an der Zeit und politisch geboten ist.

Die Ordnungsstifter und Gesetzgeber sind für Machiavelli die Heroen der Politik. Und es sind Sternstunden der Geschichte, wenn aus dem Zusammentreffen von *virtù* und Gelegenheit, einer großen individuellen Befähigung zur Politik und einer gesellschaftlichen Elendssituation, ein dauerhaftes und ruhmvolles politisches Werk entsteht, eine Ordnung, in die das politische Leben zurückkehren kann. Kein Mann wird „wegen irgendeiner Handlung so sehr gepriesen als es die werden, welche durch Gesetze und Einrichtungen die Republiken und Reiche reformiert haben. Diese Männer sind nächst den zu Göttern Erhobenen, den zuerst Gelobten. Da es aber wenige gibt, die es zu tun Gelegenheit hatten, und sehr wenige, die es zu tun verstanden, so ist die Zahl derer klein, die es taten."[147]

Es ist nicht verwunderlich, dass Machiavelli die erzieherische, die Menschen in Gemeinschaftswesen transformierende Tätigkeit des *uomo virtuoso* nicht erläutert. Die von einer charismatischen Herrscherpersönlichkeit und ihren nomothetischen Leistungen ausgehende Politisierungswirkung hat den theoretischen Status eines Postulats, das die Hoffnungen des Republikaners Machiavelli reflektiert. Mit ihm wird die Kluft zwischen der gewaltsam durchgesetzten Ordnung und der selbsterhaltungsfähigen Gemeinschaft der Bürger überbrückt. Dieser Politisierungsvorgang liegt auch jenseits der Reichweite Machiavelli'scher Politikberatung. Machiavelli hat immer wieder betont, dass den Staatengründern und Gesetzgebern der größte Ruhm gebührt, denen es gelingt, eine politische Bürgergemeinschaft zu formen; aber dieses, den zweiten Tätigkeitsbereich des *uomo virtuoso* definierende Republikanisierungsziel ist nicht in dem Maße operationalisierbar und pragmatisch aufzuklären, wie es das erste Tätigkeitsfeld der Ordnungsstiftung, das Ziel der politischen Selbstbehauptung des Herrschers ist. Machiavellis Politikberatung bezieht sich daher nur auf die ordnungspolitischen Anfänge der Karriere des *uomo virtuoso*. Ihr Adressat ist der neue Herrscher, der *principe nuovo*, dessen vordringliches Interesse darauf geht, sich an der Macht zu halten und seine neu errichtete Herrschaft zu festigen. Ihm hat Machiavelli seinen *Principe* auf den Leib geschrieben. Ihm soll die neue pragmatische, sich von moralischen Auflagen befreiende Lehre vom politischen Handeln dienen, die Machiavelli in diesem Buch entwickelt.[148] Ob jedoch der von ihm mit viel nützlichem herrschaftstechnischen Wissen ausgestattete *principe nuovo* das Format eines politischen Menschenformers hat und langfristig die Transformation in die Republik ansteuert oder zeitlebens in den machtpolitischen „Niederungen des Romulus“ verbleibt und sich im Geschäft der politischen Selbstbehauptung verschleißt, steht dahin.

c) Machtlosigkeit und ethische Exzellenz

Es besteht ein grundlegender Unterschied zwischen dem Machiavelli'schen Gründungsheros und dem Rousseau'schen *Législateur*. Rousseaus Gesetzgeber strebt nicht nach Macht und besitzt keine Macht. Er befriedet nicht den Naturzustand mit unwiderstehlicher Gewalt. Nicht Anarchie und Herrschaftskrise rufen ihn auf den Plan. Er ist auch keine verfassungsrechtliche Instanz. Denn es gibt nur eine Verfassung, nur ein Staatsrecht: das durch den einzig legitimen gesellschaftsvertraglichen Assoziationsakt festgelegte Prinzip der Volkssouveränität und der *volonté générale*. Und in dieser Verfassung ist ein Gesetzgeber von der Statur des Rousseau'schen *Législateur* nicht vorgesehen. Daher wird durch sein Wirken das Prinzip der Volkssouveränität rechtlich nicht angerührt. Die Bürger behalten die uneingeschränkte Herrschaft; allein ihre Stimme entscheidet, ob ein von der Regierung vorgelegter oder in der Diskussion vorgebrachter Vorschlag Gesetzesrang bekommt. Der *Législateur* tritt nicht als Herrscher und Gewalthaber auf, denn die Herrschaftsgewalt gebührt dem Volk. Ihm stehen keine Legionen und keine Bajonette zur Verfügung, um die Republik zu verwirklichen. Er geht sein Erziehungswerk ohne jede Unterstützung durch Macht oder Amt an. Er ist in die entstehende Ordnung der Republik nicht verfassungsrechtlich eingebunden; er ist ein Fremder, ein Außenseiter, der allein gewaltfrei wirkt, durch Charisma, Argument und List, eine mythische Figur, die nach erfolgreicher Verwandlung der Menschen verschwindet. Ihm fehlt daher gänzlich der politische Zuschnitt, den der Gründungsheros und Nomothet bei Machiavelli besitzt. Der Rousseau'sche *Législateur* steht jenseits der Geschichte der politischen Ordnungsstiftung. Weder ist er deren Ursprung, noch deren treibende Kraft. Er ist nicht mit dem Naturzustand zwischen den Menschen befasst, sondern mit dem Naturzustand in ihrem Seelenleben. Da er seine Karriere nicht als Gewaltnehmer und politischer Gründer beginnt, muss man annehmen, dass er in einer Situation auftaucht, in der bereits eine republikanische Verfassungsordnung existiert. Seine Aufgabe ist es dann, die äußere – staatsrechtliche – Republikanisierung der politischen Herrschaftsverhältnisse durch eine innere – ethische – Republikanisierung des Fühlens, Denkens und Handelns der Bürger zu vervollständigen. Er wird so zum Geburtshelfer und Erzieher des staatsrechtlich erzeugten, politisch werdenden Volkes (peuple naissant).

Dieser göttliche Seelenformer ist Gesetzgeber im Sinne der vierten Gesetzesart der Rousseau'schen Gesetzestypologie: Sie ist die „wichtigste von allen" und wird „weder in Erz noch in Marmor, sondern in die Herzen der Bürger eingegraben" (II.12; 394; 116). Wenn die Menschen dieses Gesetz in sich tragen, dann werden sie stets gewillt sein, sich unter die Gesetze der Gemeinschaft zu stellen, dann werden sie nicht danach trachten, sich die Gesetze zu unterwerfen, sich ihrer zu bedienen. Wenn das Gesetz des Gemeinsinns in den Menschen wirksam ist, dann besteht Hoffnung auf eine dauerhafte Herrschaft der *volonté générale*, dann ist die Aufgabe gelöst, die nach Rousseau „über die Kräfte selbst des vollkommensten Staatsmannes geht", die so schwierig ist wie die „Quadratur des Kreises", nämlich „das Gesetz über den Menschen zu stellen".[149] Der Gesetzgeber ist ein Volkserzieher, der in seinem Zögling ein Wir-Bewusstsein weckt, das *moi commun* der Republik. Dann ist sein Erziehungswerk vollbracht, wenn sein Zögling seiner Führung nicht mehr bedürftig ist, wenn das Volk mündig geworden ist. Wie der Machiavelli'sche Gründungsheros kann der Rousseau'sche Erzieher dann hinter sein Werk zurücktreten: das zur Selbstregierung berufene Volk ist jetzt zur Selbstregierung fähig. Der *Législateur* gibt den Menschen also keine Ordnung der äußeren Koexistenz, kein handlungskoordinierendes Rechtssystem, sondern eine in Verstand und Herz eingesenkte, die Menschen in Gemeinschaftswesen verwandelnde Verfassung. Durch seine Tugenderziehung werden die Menschen so geändert, dass mit ihnen genau das geschieht, was der Gesellschaftsvertrag von ihnen erwartet. Jetzt können sie als Souverän genauso agieren, wie sie es im Gesellschaftsvertrag selbst festgelegt haben. Der Gesetzgeber sichert somit den Vollzug des Gesellschaftsvertrages. Jetzt vermögen die Menschen dem ethischen Anspruch ihrer politischen Vereinigung zu genügen.

d) Rousseau und Schumpeter

Es ist verständlich, dass die Rousseau-Rezeption nicht nur der Diskursethik, sondern aller Demokratietheoretiker, die glauben, mit einer Prise Rousseauismus eine demokratische Qualitätsverbesserung der liberalen Massendemokratie erreichen zu können, um den Gesetzgeber einen großen Bogen gemacht hat. Denn an der „Notwendigkeit des Gesetzgebers" zerschellt der Glaube an die rationale Selbstoptimierungskraft des demokratischen Diskurses, werden alle prozeduralistischen Illusionen zuschanden, die durch eine Vermehrung plebiszitärer Elemente Politikverdrossenheit bekämpfen und dem Bürger neue Tätigkeitsanreize verschaffen wollen.

Im 21. Kapitel seines 1942 erschienenen Buches *Capitalism, Socialism, and Democracy* beschäftigt sich Joseph A. Schumpeter mit der „klassischen Lehre der Demokratie", die er folgendermaßen definiert: „Die demokratische Methode ist jene institutionelle Ordnung zur Erzielung politischer Entscheide, die das Gesamtwohl dadurch verwirklicht, dass sie das Volk selbst die Streitfragen entscheiden lässt, und zwar durch die Wahl von Personen, die zusammenzutreten haben, um seinen Willen auszuführen.“ Diese Demokratiekonzeption stützt sich auf drei Thesen: zum einen, „dass es ein Gemeinwohl als sichtbaren Leitstern der Politik gibt, das stets einfach zu definieren und jedem normalen Menschen mittels rationaler Argumente sichtbar gemacht werden kann“; zum anderen, dass alle politischen Streitfragen sich unter Rekurs auf das Gemeinwohlkonzept verstehen und entscheiden lassen; und drittens, dass jeder Bürger sich der Verbindlichkeit dieses höchsten politischen Gutes bewusst ist, die Forderungen des Gemeinwohls in Entscheidungssituationen klar erkennt und verantwortungsbewusst an ihrer Verwirklichung teilnimmt.[150]

Schumpeter weist alle drei Thesen zurück. Gemeinwohl und allgemeiner Wille sind für ihn Chimären. Aber selbst wenn es das Gemeinwohl gäbe, so der zweite Einwand, könnte man mit seiner Hilfe keinesfalls alle auftauchenden Entscheidungsprobleme einvernehmlich lösen. Entsprechendes gilt, dies der dritte, konsenskritische Einwand, auch vom allgemeinen Willen: Selbst wenn dieser aller Unwahrscheinlichkeit zum Trotz einmal aus dem kompetitiven Interessenwirrwarr heraus ins Leben treten würde, wäre damit keinesfalls die Gewähr für die Vernünftigkeit seines Inhalts gegeben. Das Rationalitätsschema der klassischen Demokratietheorie vermag also an allen drei Punkten des idealtypischen Prozesses der Allgemeinheitsgewinnung ausgehebelt zu werden: Weder ist die Rationalität der Eingangsgrößen gesichert, der individuelle Willen der Bürger; noch kann die Rationalität des Integrationsprozesses, der politischen Willensbildung garantiert werden; und die so entstandenen Ergebnisse vermögen schon gar nicht für ihre Vernünftigkeit einzustehen.

Die Fundamentalschwierigkeit dieser Konzeption liegt in der Unerfüllbarkeit des Rationalitätsideals des Bürgers. Jeder Rationalitätsoptimismus muss angesichts des von der Geschichte aufgetürmten Gebirges menschlicher Irrationalität kleinlaut werden. Das desillusionierende Beweismaterial ist überwältigend. Mag der Mensch in seinen vertrauten privaten und beruflichen Lebenskreisen durchaus Verständigkeit zeigen, so verliert er jedoch in Mengen und Massen stets und zuverlässig seinen letzten Rest an Vernunft. Und auch dann, wenn er als Bürger nur zu allgemeinen Dingen befragt wird, beweist er selten Sachverstand und Rationalität; immer dann, wenn der Horizont kurzfristiger Vorteilssicherung überschritten werden muss, fällt er als Bundesgenosse der Vernunft aus. Schumpeter gleicht die Normalrationalität des Bürgers dem Gefühl an: beides sind Nahbereichsphänomene, beide verlieren an verlässlicher Orientierungskraft, wenn der Kreis des Vertrauten verlassen wird: je weiter das Anwendungsfeld von dem Zentrum eigener Betroffenheit entfernt ist, je weiter die kalkulierende Vernunft in die Zukunft schauen muss, um die günstigste Handlungsoption zu ermitteln, desto geringer wird die bürgerliche Geistesstärke, desto schwächer wird der Wirklichkeitssinn, der Sinn für die politische Bedeutsamkeit der Entscheidung, das politische Verantwortungsgefühl. „So fällt der typische Bürger auf eine tiefere Stufe der gedanklichen Leistung, sobald er das politische Gebiet betritt. Er argumentiert und analysiert auf eine Art und Weise, die er innerhalb der Sphäre seiner wirklichen Interessen bereitwillig als infantil anerkennen würde. Er wird wieder zum Primitiven. Sein Denken wird assoziativ und affektmäßig."[151]

Der Bürger leistet sich im politischen Zusammenhang ein Ausmaß an Irrationalität, das er sich in seinem privaten Leben nie gestatten würde: Schumpeter spricht von „außerrationalen oder irrationalen Vorurteilen oder Trieben", von „dunklen Impulsen". Aber auch wenn den Bürger Ausbrüche „edler Entrüstung" in der Öffentlichkeit antreiben, ist damit der Vernunft keine verlässlichere Chance politischer Wirksamkeit gegeben. Eher steht zu erwarten, dass moralische Empörung die Trübung der Intelligenz noch vorantreibt und das Ausmaß an Verantwortungslosigkeit noch steigert. Eine weitere Folge der bürgerlichen Rationalitätsschwäche im Öffentlichen ist seine Instrumentalisierbarkeit durch Gruppen, Demagogen, Tribune. Der Bürger wird Material eines heteronom fabrizierten Willens. Die Wahrnehmung staatsbürgerlicher Autonomie ist ihm aus natürlichen Gründen nicht möglich, denn die Natur sorgt nicht nur für ein Verblassen der emotionalen Intensität mit zunehmender sozialer Entfernung, sie begründet auch ein unausgleichbares Rationalitätsgefälle zwischen dem Privaten und dem Öffentlichen. Der „rationalisierende Einfluss persönlicher Erfahrung und Verantwortlichkeit" verliert sich, je weiter sich die Individuen von ihren privaten Belangen entfernen, je mehr sie sich den Themen des Allgemeinen, den Interessen der Politik nähern. Der Wille des Volks ist ein Fabrikat, keine Triebkraft des politischen Prozesses; ein Fabrikat freilich, das nicht auf dem Wege rationaler Deliberation, sondern durch die Instrumente der Willenssteuerung und Willensbeeinflussung, durch die manipulativen Mittel der Werbung erstellt wird; er ist also ein durch und durch heteronom bestimmtes Produkt. Schumpeter widerspricht weder Lincoln noch Jefferson, die beide auf die Weisheit des Volkes setzen und es für unmöglich halten, dass das „ganze Volk ständig zum Narren" gehalten werden kann. Aber diese Konzession widerspricht nicht dem pessimistischen Befund: Denn auch wenn das ganze Volk nicht ständig zum Narren gehalten werden kann, so kann es doch häufig zum Narren gehalten werden, und je kurzfristiger die Entscheidungen angelegt sind, je schneller die Themen wechseln, je hektischer die Probleme aufgetischt werden, umso größer die Wahrscheinlichkeit, dass es immer wieder zum Narren gehalten wird. Es wird zu einer Legitimationsgeisel der Tagespolitik.

Offenkundig hat Schumpeter bei der Darstellung der „klassischen Lehre der Demokratie“ an Rousseau gedacht, obwohl der Autor des *Contrat social* darauf aufmerksam gemacht hätte, dass seiner Meinung nach das Volk nicht durch Deputierte repräsentiert werden darf. Ansonsten aber, das mag überraschen, hätte er Schumpeters Analyse nicht widersprochen. Es mag überraschen, aber nichts liegt Rousseau ferner, als das Volk zu mythologisieren. Rousseau macht sich nicht die geringsten Illusionen. Das Volk ist ungebildet, unfähig zu abstraktem Denken; Bilder liegen ihm näher als Begriffe; und der fasslichen Suggestion folgt es schneller als dem Argument. Langfristige Überlegungen werden durch ungestüme Affekte durchkreuzt. Wäre da nicht der *Législateur*, Rousseau hätte sich ebenfalls nach einer anderen Demokratietheorie umschauen müssen.

Der brillante Aufklärungskritiker Rousseau hat auch dem Grundgedanken der Aufklärung von der Gleichheit der natürlichen Menschenvernunft keinen Glauben schenken können. Dass sich ein Volk aus seiner Unmündigkeit befreien kann, dass es eine demokratische Gesellschaft geben kann, die jeden Versuch, sie hinters Licht zu führen, sie zu bevormunden, empfindlich bestraft, war für ihn unvorstellbar. Der Freund der kleinen Leute und der einfachen Verhältnisse war im Grunde ein Elitarist. Das Schicksal des Volkes darf nicht in die Hände des Volkes gelegt werden. Es bedarf der Bevormundung, des göttlichen Vaters, der ihm den Weg weist. Und ist dieser klug, wird er das Volk nicht überschätzen und überfordern. Er wird ihm die Begriffe und Bilder liefern, die es fassen kann; und wird seine Mission so vortragen, dass sie von den einfachen, kindlichen Seelen aufgenommen werden kann. Insbesondere wird er sich mit den Göttern verbünden und die disziplinierenden Kräfte der Religion für sich und sein Verfassungsvorhaben arbeiten lassen. Rousseau hat Machiavellis *Discorsi* sorgsam studiert.

„Die Väter aller Nationen haben sich zu allen Zeiten genötigt gesehen, die Vermittlung des Himmels anzurufen und den Göttern ihre eigene Weisheit zuzuschreiben, damit die Völker, die den Staatsgesetzen genauso unterworfen sind wie den Gesetzen der Natur, in der Erschaffung des Menschen die gleiche Macht erkennen wie in der Erschaffung des Staates, freiwillig gehorchen und gehorsam das Joch des Gemeinschaftsglücks ertragen. Diese hohe Einsicht, die die Fassungskraft der einfachen Menschen übersteigt, legt der Gesetzgeber in den Mund der Unsterblichen, um durch die göttliche Autorität jene mitzureißen, die sich durch die menschliche Klugheit nicht erschüttern lassen“ (II.7; 384; 103).

Aber diese Manipulationen stehen nur solchen Seelenführern zu, die über eine eigene Autorität verfügen und eine „erhabene Seele“ besitzen. Oder die, wie die platonischen Philosophen, sich aufgrund ihres Gerechtigkeitswissens verantwortlich fühlen, aber zugleich auch wissen, dass die Menschen ihr Wissen nicht teilen können. Platons *Politeia* ist der locus classicus der medizinischen Lüge, der wohlmeinenden Manipulation, deren sich auch die Gesetzgeber bei Machiavelli und Rousseau bedienen. Soll doch der platonische Philosoph eine Gerechtigkeitsordnung entwerfen und nach den geeigneten Maßnahmen suchen, um in den Bürgern eine dieser Ordnung zuarbeitende tugendhafte Gesinnung zu erwecken, ohne dabei jedoch im mindesten auf ein Gerechtigkeitswissen und eine wissensbegründete Einsichtigkeit der Bürger setzen zu können. Wie können die Bürger dazu gebracht werden, eine dem Bestand der Gerechtigkeitsordnung dienliche seelische Verfassung, ein den Erfordernissen der Gerechtigkeit entgegenkommendes Verhaltens- und Überzeugungsrepertoire auszubilden, wenn sie keinerlei Zugang zu den Gründen der ihnen abverlangten Disziplin und Mäßigung haben? Der platonische Philosoph steht also vor dem gleichen Problem wie der Gründungsheros und Religionsstifter bei Machiavelli und der *Législateur* bei Rousseau. Und seine funktionalistische, pragmatische Einstellung ist für die anderen Vorbild. Menschenformern und Psychagogen sind alle Mittel gestattet, die sie bei ihrer großen Aufgabe der Menschenbildung und Ordnungsstiftung voranbringen. Sie dürfen um der Wahrheit willen lügen; um der Vernunft willen die Affekte mobilisieren; um der Erkenntnis willen Glauben wecken und um der Autonomie willen ein subtiles Regiment der Bevormundung errichten.

Aber diese Manipulation ist nur darum wirksam, weil der Gesetzgeber sie durch seine erhabene Seele legitimiert. Würde sie nicht durch sein Charisma, seine unmittelbar spürbare Autorität beglaubigt, könnte sie nicht die noblen Effekte zeitigen, die sich der Menschenformer von ihr erwartet. Außerdem muss der Griff zu List und Manipulation immer eine Ausnahme bleiben. In der Regel wird das Erziehungswerk des Gesetzgebers durch seine sittlich-politische Beispielhaftigkeit getragen. Er gibt den Bürgern ein Beispiel bürgerlichen Verhaltens. Denn Charakterbildung, das ist eine wichtige Einsicht der Tugendethik, kann sich nicht aufs Prinzipienlernen stützen, sondern muss die Praxis benennen und zeigen, in der die von der Tugendethik angestrebte Kompetenz erworben wird. Sie kann nicht Entscheidungsregeln aufstellen, sondern muss auf die vorbildlichen Mitmenschen zeigen. Ein solches ethisches Musterexemplar, ein *spoudaios*, „hat in allen Fällen das richtige Urteil und in jedem Einzelfall zeigen sich ihm die Dinge so, wie sie wirklich sind". Er ist in den durch allgemeine Begriffe, Prinzipien und Regeln nicht erreichbaren Einzelfällen „Richtschnur und Maß des Guten"[152]. Die Möglichkeit des tugendethischen Fortschritts gründet sich also nicht auf die Erkenntnis des Guten und Gerechten, sondern auf das allgemeine und weit verbreitete Wissen davon, wer ein Guter und Gerechter ist. Sicherlich steht der Rousseau'sche *Législateur* in der Nachfolge des Machiavelli'schen *uomo virtuoso*, aber er gehört auch in die Traditionslinie des aristotelischen *spoudaios*. Wenn wir seine mythologische

Einkleidung als metaphorischen Hinweis auf die Schwierigkeit seines sittlich-politischen Bildungswerks lesen, dann taucht hinter dem übermenschlichen Demiurgen der Umriss eines hervorragenden Mitbürgers auf, der in der Volksversammlung kraft seiner ungewöhnlichen intellektuellen, moralischen und rhetorischen Qualitäten, auch kraft seiner pragmatischen Raffinesse das Abstimmungsverhalten der Bürgergemeinschaft mehrheitlich hinter seine gemeinwohldienlichen Vorstellungen zu bringen weiß.

e) Genie des Partikularen

Wie Rousseaus eigenes gesetzgeberisches Engagement beweist, ist es nicht notwendig, dass der Gesetzgeber ein Mitbürger ist.[153] Sicherlich hat der mitbürgerliche Legislateur den Vorteil der Zugehörigkeit; den Gemeinsinn-Lektionen eines Fremden wird man wohl erst einmal mit Skepsis begegnen; außerdem muss man ja auch Bürger sein, um zur Volksversammlung Zugang zu haben. Grundsätzlich ist jedoch die aus der gemeinsamen Zugehörigkeit erwachsende affektive Parteilichkeit nicht Voraussetzung des gesetzgeberischen Erfolgs. Es ist auch möglich, aus der Distanz guten Rat zu geben. Aber auch da reicht Prinzipienwissen nicht aus, denn eine republikanische Verfassung kann sich nicht mit der Aufzählung von Rechten begnügen. Die Moderne macht sie sehr zerbrechlich, sodass sie beträchtliche Aufmerksamkeit auf die Erfordernisse ihrer externen und internen Stabilisierung richten muss. Und diese Sorge bleibt abstrakt, wenn sie nicht durch ein genaues Wissen um die Lebensumstände des Volkes geleitet wird. Daher hat sich Rousseau mit den nötigen Informationen über Land und Leute versorgt, bevor er für die Korsen verfassungsgeberisch tätig werden wollte.[154]

Was muss der Gesetzgeber beachten, wenn er erfolgreich zu Werke gehen will? Zuerst muss er das Material prüfen, dem er seine Form aufprägen möchte. Denn nicht jedes Volk ist zu jedem Zeitpunkt reif für die Republik. Nur in ihrer Jugend sind Völker formbar und fügsam. Im Alter sind sie dagegen störrisch und unverbesserlich. Der Gesetzgeber muss auf den geeigneten Zeitpunkt achten und den Entwicklungsgrad des Volkes prüfen. „Ein Volk ist bildbar, wenn es entsteht, ein anderes nach zehn Jahrhunderten noch immer nicht. Die Russen werden nie wahrhaft gesittet sein, weil man zu früh damit begonnen hat. Peter war ein Genie der Nachahmung, aber er war kein wahres schöpferisches Genie, das alles aus dem Nichts erschafft" (II.8; 386; 106). Der Gesetzgeber hat nicht nur ein Gespür für den geeigneten Zeitpunkt, er vermag auch ein Werk zu schaffen, das der Beschaffenheit des Volksmaterials gerecht wird, das auf die Eigenart des Volkes abgestimmt ist, ihr politischen Ausdruck gibt. Er wird nicht ein Muster aus fremden kulturellen Kontexten exportieren und dem Domestischen gefühl- und instinktlos überstülpen, wie es nach Rousseaus Meinung

Peter der Große mit seinen Untertanen gemacht hat. „Er wollte Deutsche und Engländer aus ihnen machen, als es Not tat, Russen aus ihnen zu machen.“ Der Rousseau'sche Nomothet ist kein Universalist, der mit den Blaupausen des Ewig-Gültigen ausgestattet sich daranmacht, die Wirklichkeit zu formen und die Geschichte zur Vernunft zu bringen. Obwohl dem Rest der Menschheit so entrückt wie der platonische Philosoph, ist er doch anders als dieser kein Ideenwisser und Prinzipienkundiger. Er ist ein Herzenskundiger und ein Kenner des historischen Materials. *Der Rousseau'sche Nomothet ist ein Genie des Partikularen.* Es geht ihm nicht darum, Verschiedenes über den einen abstrakten Vernunftleisten zu schlagen, sondern in dem je Besonderen die Möglichkeiten zu suchen, die es zur ethischen Reife und politischen Selbstermächtigung führen. Die Wirklichkeit des Allgemeinwillens ist nicht die nivellierende Herrschaft des zeitlosen Prinzips, sondern die Wirklichkeit eines sich aus dem Partikularen einer bestimmten Gemeinschaft entwickelnden, der Besonderheit eines Volkes und seiner natürlichen Umwelt entwachsenden Allgemeinen, das immer die Färbung der Besonderheit des Volkes und seiner Lebensumstände, eine national-charakterliche und nationalgeographische Prägung behalten wird, nie anderes sein wird als Selbstausdruck eines sich im geographischen Raum und im Geschichtsverlauf selbst organisierenden Besonderen.

Diese Überlegungen Rousseaus über die Notwendigkeit einer passenden, die Lebensumstände spiegelnden Verfassungsgebung sind stark von Montesquieu beeinflusst. Denn die Lebensumstände eines Volkes, die ihrerseits maßgeblichen Einfluss auf die Ausprägung des Nationalcharakters haben, sind vor allem die klimatischen und geographischen Verhältnisse. Der Gesetzgeber muss aus den vorliegenden Lebensbedingungen das Leitmotiv herauslesen, das die Wirtschaft, die Kultur und Gesellschaft eines Volkes prägt, und ihm seine Gesetzgebung und seine Erziehungsmaximen anpassen. Es ist ein Unterschied, ob sich ein Volk durch Fischfang oder durch Ackerbau und Viehzucht ernährt, ob es Handel treibt oder autark sein kann, ob der Boden karg oder fruchtbar ist, ob das Volk von agrarischer Produktion sich ernährt und über das Land verteilt lebt oder ob die Bevölkerung das Land flieht und in die Städte zieht. Jedes Mal werden die Lebensverhältnisse von einem anderen Motiv regiert, auf das die Verfassung reagieren muss. Nur wenn die Verfassung in den Gegebenheiten der natürlichen Umwelt verankert ist, wenn sie sich dem Unveränderlichen anschmiegt, um das Veränderliche wirksam im Sinne der wenigen allgemein gültigen Grundsätze der Freiheit und Gleichheit zu verändern, wird die Verfassung von segensreicher Dauer sein können.

In diesem Kontext stoßen wir auf eine weitere Ambivalenz des Rousseau'schen Denkens. Denn offenkundig hat der Rechts-, Gesetzes- und

Verfassungsbegriff eine zweifache Bedeutung, je nachdem, ob er im Kontext des staatsrechtlichen Begründungsdiskurses betrachtet wird oder im Zusammenhang der Verwirklichungsproblematik gebraucht wird. Das Gesetz der *volonté générale* ist eine allgemeine Regel, von der Allgemeinheit für die Allgemeinheit um des Wohls der Allgemeinheit willen erlassen. Die situationskompetente Anwendung und Durchsetzung ist der Regierung überantwortet. Das Gesetzes- und Verfassungswerk, durch das der Gesetzgeber ein Volk formt, ist hingegen etwas ganz anderes; es beschreibt alle internen und externen Formierungen und Prägungen, durch die der Gesetzgeber das Volk bereit macht, seine Geschicke selbst in die Hand zu nehmen. Dieser Gesetzesbegriff umfasst die gesamte ethische und institutionelle Prägung der Denk- und Lebensverhältnisse eines Volkes, er formt die Herzen der Bürger ebenso wie ihre Wirtschaft, bestimmt die öffentliche Erziehung nicht weniger als die Kultur, den Rhythmus ihrer Arbeit nicht anders als den Rhythmus ihrer Feste. Im Wesentlichen verbindet das Gesetzgebungs- und Erziehungswerk drei Formierungsebenen: Da ist zum einen die ethische Formierung der Bürger; sodann die politische Formierung, die aus den Menschen ein Volk macht, mit dem Ziel, es zur Selbstregierung zu führen; drittens eine umweltliche Formierung, die darauf achtet, dass sich in der Kultur und den Einrichtungen, den Bräuchen und den Gesetzen die Besonderheit der natürlichen Lebensbedingungen der Menschen angemessen spiegeln. Diese letzte Komponente wendet Montesquieus protosoziologische Analysen der Verfassung in ein expressionistisches Verfassungskonzept: Eine gute Verfassung ist eine solche, in der sich das Leitmotiv der vorgegebenen natürlichen Lebensumstände zum Ausdruck bringt, die durch ein enges Passungsverhältnis zwischen dem Menschengemachten und dem Naturgegebenen bestimmt ist. Diese Sichtweise ist gegen den normativistischen Designer gerichtet, der glaubt, am Reißbrett der ewigen Gültigkeit allgemein anwendbare und zeitlos gültige Regeln und Prinzipien finden zu können. Wenn diese in die Wirklichkeit entlassen werden, ziehen sie eine Spur der Gewalt hinter sich her. Da sie nicht die Kooperation mit dem Besonderen suchen, richten sie das Besondere ab. Das derart ab- und zugerichtete Besondere wird dann irgendwann die allgemeine Verfassung wie ein gewebeunverträgliches Implantat abstoßen. Wenn die Verfassung das vermeiden will, muss sie zu unerlässlicher Gewaltanwendung bereit sein. Rousseau entwickelt hier ein geradezu ökologisches Verfassungsverständnis; das Genie des Partikularen, das der Gesetzgeber besitzen muss, zeigt sich vor allem als ökologische Sensitivität. Die Umwelt, die vorgegebene, muss in dem Verfassungswerk berücksichtigt werden, bestätigt werden; das Verfassungwerk muss sich in sie einfügen, mit ihr kooperieren, sich dem Leitmotiv der vorgegebenen Lebensumstände eines Volkes unterwerfen.

Aber es kommt nicht nur auf den geeigneten Zeitpunkt für die erfolgreiche politische Formung eines Volkes an. Es ist auch notwendig, auf die demographischen und territorialen Größenverhältnisse zu achten. „Wie die Natur dem Wuchs eines normalen Menschen Grenzen gesetzt hat, jenseits deren sie nur noch Riesen oder Zwerge erzeugt, so gibt es auch hinsichtlich der besten Verfassung eines Staates Grenzen der Ausdehnung, die er beachten sollte, um weder zu groß zu sein, um gut verwaltet werden zu können, noch zu klein, um sich selbst erhalten zu können" (II.9; 386; 106). Und die Subsistenzsicherung ist bei der Feststellung der erforderlichen Größe des Territoriums und der Bevölkerung ein zuverlässiges Kriterium. „Die Menschen bilden den Staat, und der Boden ernährt sie. Das Verhältnis zwischen beiden ist angemessen, wenn das Land ausreicht, seine Bewohner zu ernähren, und es so viele Menschen gibt, wie das Land ernähren kann" (II.10; 389; 109). Anders als Machiavelli vertritt Rousseau keinen Raubtierrepublikanismus. Imperiale Eroberungssucht ist schädlich für ein Gemeinwesen; Ruhmbegierde, die nach der Unterwerfung fremder Völker trachtet, ethisch verwerflich. Das Staatsgebiet einer Republik muss überschaubar sein, muss der Begrenztheit menschlicher Erfahrung, menschlicher Empfindung angepasst sein. Ist die Staatsfläche so groß, dass die Menschen einander Fremde sind, dann gibt es keine Gemeinsamkeit, die die Menschen einen könnte, dann zerfällt das Gemeinwesen: „Je weiter sich das soziale Band ausdehnt, umso lockerer wird es" (II.9; 386; 107). Mitbürgerlichkeit muss erlebbar sein, nur dann kann in den Beratungen über die besten Wege, dem Gemeinwesen zu dienen, der gemeinwohlkompetente Allgemeinwille in Erscheinung treten. Nur erlebte Mitbürgerlichkeit führt auch zu der für die Kohärenz des Gemeinwesens wichtigen sozialen Kontrolle; sind die Bürger einander unbekannt, dann „bleiben Talente unentdeckt, Tugenden ohne Anerkennung und Laster unbestraft" (II.9; 387; 108).

4. „Finanzsysteme machen die Seelen käuflich"

In der direkt-demokratisch organisierten Freiheitsrepublik umfasst die Sorge der Bürger um die allgemeinen Dinge freilich mehr als die Beteiligung an den gesetzgeberischen Volksversammlungen. Sie umfasst auch den Waffendienst in der Bürgerwehr und den Frondienst, den Arbeitseinsatz zur Errichtung von Straßen, Häfen, Schulen und öffentlichen Gebäuden. Denn alles, was die Allgemeinheit braucht, besorgen die Bürger unmittelbar, durch eigenen Willen, durch eigene Hand, durch Einsatz des eigenen Lebens. Der Bürger darf seinen Willen nicht durch Abgeordnete vertreten lassen; er darf aber auch nicht sich von dem Wehrdienst, von der Vaterlandsverteidigung freikaufen, etwa durch Einrichtung einer Berufsarmee oder durch das Anheuern von Söldnern; und schließlich darf er auch nicht Privatleute dafür bezahlen, dass sie die Infrastruktur der Republik aufbauen, Plätze anlegen, die Versammlungshalle für die Gesetzgebung und die Regierungsgebäude errichten. Nichts darf der Bürger zwischen sich und die Allgemeinheit treten lassen, weder Abgeordnete noch Soldaten, noch Geld. „Das Wort *Finanzen* ist ein Sklavenwort. Im Stadtstaat ist es unbekannt. In einem wirklich freien Staat machen die Bürger alles eigenhändig und nichts mit Geld [...] Ich glaube, dass Frondienste der Freiheit weniger widersprechen als Steuern“ (III.15; 429; 157). Daher empfiehlt Rousseau den Polen auch, dass der „Bau der Straßen, der Brücken, der öffentlichen Gebäude, der Dienst für den Fürsten und den Staat [...] durch Frondienste und nicht gegen Bezahlung“ zu vollbringen sei.[155]

Freilich darf dieses Plädoyer für eigenhändigen Bürgereinsatz nicht missverstanden werden. Rousseau denkt hier weniger an die positiven sozialpsychologischen Effekte erlebter, durch gemeinsames Schweißvergießen erhärteter Gemeinsamkeit. Zugegeben, die Grenze zwischen der ehrwürdigen Tugendrhetorik des Republikanismus und dem ideologischen Kollektivismuskitsch des modernen Totalitarismus ist fließend, doch auch für Rousseau macht gemeinsames Straßenbauen keine besseren Gesetze. Rousseaus Plädoyer für Frondienst ist nur die Kehrseite seiner Verteufelung des Geldes. Den verderblichen Einfluss des Geldes zurückzudrängen, ist sein ganzes Bestreben.

„Die Finanzsysteme sind neuzeitlich. Ich sehe nicht, dass etwas Gutes oder Großes aus ihnen hervorgegangen wäre. Die alten Regierungen kannten nicht einmal das Wort Finanzen, und was sie mit Menschen anrichteten, ist wunderbar. Das Geld ist höchstens Ersatz für die Menschen und der Ersatz ist nie die Sache selbst. Polen, lasst nur das ganze Geld den anderen oder begnügt euch mit dem, was sie euch nötigerweise geben müssen, weil sie euer Korn nötiger brauchen als ihr Gold [...] Euch frei und glücklich zu erhalten, braucht ihr Köpfe, Herzen, Arme: Sie sind es, die die Stärke eines Staates und den Wohlstand eines Volkes ausmachen. Die Finanzsysteme machen die Seelen käuflich; sobald man nur nach Gewinn trachtet, so gewinnt man immer mehr, wenn man ein Beutelschneider ist, als ein ehrlicher Mann. Die Verwendung des Geldes geht leicht aus dem Geleise und bleibt heimlich; es ist für eine Sache bestimmt und wird für eine andere verwandt. Die, durch deren Hände es geht, lernen bald, es umzuleiten, und was sonst sind alle Aufseher, die man über sie setzt, als andere Betrüger, die man schickt, mit ihnen zu teilen.“[156]

Und den verderblichen Einfluss des Geldes drängt man am wirkungsvollsten zurück, indem man die Menge des umlaufenden Geldes möglichst gering hält. Denn mit der Menge des Geldes erhöht sich die Käuflichkeit der Menschen, erhöht sich der Missbrauch der Macht. Selbst ein Liberaler wie Locke konnte nicht die Augen davor verschließen, dass sich mit der Erfindung des Geldes der *amor sceleratus habendi* ausgebreitet und den friedlichen Naturzustand in einen Kriegszustand verwandelt hat. Zwar war der Schutz der Grundrechte und vor allem des Eigentums das treibende Motiv für die Locke'schen Individuen, den vorstaatlichen Zustand zu verlassen und eine Regierung mit der wirksamen Durchsetzung ihrer Rechte zu beauftragen. Aber der unmittelbare Anlass für Vergesellschaftung und Verstaatlichung war die Erfindung des Geldes, weil erst mit der Erfindung des Geldes die menschliche Lasterhaftigkeit florieren konnte.

Das Geld verlangt höchste republikanische Wachsamkeit. Denn ihm eignen zwei Eigenschaften, die dem republikanischen Ethos diametral widersprechen. Zum einen – Rousseau wird nicht müde, es zu betonen – hat das Geld einen Hang zum Heimlichen. Es verschwindet aus der Öffentlichkeit, wandert verstohlen von Hand zu Hand; versickert in dunklen Kanälen, entzieht sich der sozialen Kontrolle, nimmt strukturell Partei für die Privatheit. Auf der anderen Seite ist es unüberbietbar universell, der Vertreter für alles, ein grenzenloser Vermittler. Es besitzt einen unbeschränkten Tauschwert, der an die Stelle alles anderen treten kann. Daher führt das Geld dazu, das Originale, Authentische zu entwerten. Es leitet eine Ära des Surrogats ein, das den Schein von Originalität erweckt, aber die Qualität des Ursprünglichen nicht erreichen kann. Als Vermittler ist es zugleich ein Entfremder. Es tritt zwischen die Menschen und zerstört die sozial-kommunikative Unmittelbarkeit, es tritt zwischen die Menschen und die Dinge, zwischen die Menschen und die Allgemeinheit. Aufgrund dieser Vermittlungs-, Vertretungs- und Nivellierungsfunktion stößt das Geld auf das Misstrauen des Republikaners. Es sind weniger die direkten Auswirkungen auf die Korruptionsanfälligkeit der Menschen im Regierungsapparat, der Bürger auf dem sich ausweitenden Tauschmarkt, die Rousseau alarmieren. Es ist vorwiegend die von dem Geld ausgehende Zerstörung der Unmittelbarkeit, die seinen republikanischen Argwohn heraufbeschwört. Geld ist strukturell unrepublikanisch. Es widerspricht der republikanischen Favorisierung des Einfachen und Authentischen, des Unmittelbaren und Echten, des Ungekünstelten und Direkten. Zusammen mit den Künsten und Wissenschaften ist es eine Produktivkraft der kulturellen Modernisierung.

Den Rousseau'schen Empfehlungen in seinen *Betrachtungen über die Regierung Polens* sind die Umrisse der Wirtschaftspolitik des *Législateur* zu entnehmen. Er wird darauf dringen, dass die Ökonomie der werdenden Freiheitsrepublik durch den Gebrauchswert, und nicht durch den Tauschwert geprägt wird, dass eine dem Ideal der inneren und äußeren Autarkie entsprechende Bedarfsdeckungsökonomie eingerichtet wird, dass die Finanzwirtschaft so gering wie möglich gehalten wird und nur die „am dringendsten notwendigen Manufakturen (les manufactures de première nécessité)" gegründet werden.[157] Er wird darauf achten, dass die Besteuerung der Bürger nicht als Einkommensquelle einer unersättlichen Regierung missbraucht wird, sondern nur zur Finanzierung des Unerlässlichen verwandt wird.[158]

5. Kleinstaatlichkeit und Konföderation

Nur in einem kleinen und überschaubaren Staatswesen, in dem jeder jeden kennt, lässt sich die Rousseau'sche Republik errichten. Denn direkte Herrschaftsausübung bedarf der schnellen Erreichbarkeit aller, erfordert ein unaufwendiges Zusammenkommen. Rousseaus Bürger sind keine Berufspolitiker, die ihre ganze Zeit der Politik widmen und davon gut leben. Rousseaus Bürger sind vor allem Bürger, die ein Arbeits-, Familien- und Gemeindeleben haben und als solche gelegentlich zusammenkommen, um sich um die Geschicke des Allgemeinen zu kümmern und gemeinwohldienliche Entscheidungen zu fällen. Daher darf der Ort der politischen Zusammenkunft nicht allzu weit von ihrem Lebensort entfernt sein. Dieser Versammlungsstätte will Rousseau gestatten, Stadt zu werden, nicht zuletzt auch darum, weil dort, wo die Bürger sich versammeln, praktischerweise auch der Regierungssitz sein sollte. Ansonsten sollte die Republik keine weiteren Städte besitzen. Und wenn es doch mehrere Städte geben sollte, dann ist darauf zu achten, dass sich unter diesen Städten keine Hauptstadt herausbildet.

Wenn Rousseau „Hauptstadt" sagt, meint er Paris. Sein Affekt gegen die Hauptstadt ist genährt durch seine Erfahrung mit Paris: In der französischen Kapitale konnte er die sittliche Erosionswirkung der zivilisatorischen Modernisierung genau beobachten. Rousseau wusste auch, dass die Moderne durch einen Verdrängungswettbewerb zwischen Stadt und Land geprägt ist, dass Modernisierung vor allem auch Verstädterung ist. „Erinnert euch", so ruft er pathetisch aus, „dass die Stadtmauern aus dem Schutt der Bauernhäuser erbaut wurden" (III.13; 427; 156). Der Republikanismus ist notwendig provinzialistisch; er ist für das Land, gegen die Stadt. Das Land ist der Ort der einfachen, überschaubaren Lebensverhältnisse; dort folgt der Lebensrhythmus dem immergleichen Takt der Natur. Das Land ist veränderungsimmun, konservativ. Der Fortschritt ist eine Sache der Städte. Die Moderne nistet sich immer zuerst in der Stadt ein, um dann das umliegende Land zu kolonisieren und die dort noch vorhandenen Widerstände der alten Sittlichkeit zu brechen.

Großflächige Staaten sind nicht nur mit einer direkt-demokratischen Organisation der Gesetzgebung unvereinbar, sie erfordern auch einen mehrstufigen, hierarchisch aufgebauten Regierungs- und Verwaltungsapparat, der nicht nur ungeheure Kosten verursacht, sondern zur Anonymisierung des politischen Lebens führt. Das Volk wird seinen Führern entfremdet, und diese verlieren das Volk aus den Augen. Es entsteht ein Willkürregime der kleinen Beamten vor Ort, die sich der Kontrolle durch die weit entfernte Zentrale geschickt entziehen. Politische Verantwortlichkeit kann nur im Rahmen eines gemeinsamen Lebens- und Erfahrungszusammenhangs von Bürgern und Amtsträgern gedeihen. Wird dieser Rahmen gesprengt, zerfällt der politisch-ethische Kontext, verabsolutiert sich die Bürokratie. Auch werden die Gesetze der zentralen Legislation nicht allen Eigenarten der verschiedenen Provinzen gerecht werden, die manchmal stärker voneinander unterschieden sein können als selbstständige kleine Staaten. Daher muss das Großreich den einzelnen Provinzen eigenständige legislatorische Kompetenzen einräumen. Wenn in einem Staat jedoch an unterschiedlichen Orten unterschiedliches Recht gilt, entsteht unter den miteinander verkehrenden Bürgern nur „Unruhe und Verwirrung".

Es ist evident, dass diese wenig originellen Überlegungen nicht nur für den Rousseau'schen Gesetzgeber von Wichtigkeit sind. Auch für einen Demokraten, der sich von der Extravaganz der *volonté générale* verabschiedet hat und mit der Repräsentation seines Willens durch gewählte Abgeordnete zufrieden ist, stellen politische Organisationsformen, die die Grenzen seiner Erfahrungswelt überschreiten, ein gewichtiges Problem dar. Es scheint so zu sein, dass auch die repräsentative Demokratie in ihrer Lebenskraft von der Existenz von Bürgern, zumindest von der Existenz einer hinreichend starken Bürgerlichkeitselite, abhängig ist, ein Bürgerbewusstsein aber ohne affirmative Zugehörigkeit, ohne akzeptierte geschichtliche und erlebte politische Gemeinsamkeit sich nicht entwickeln und erhalten kann. Aber genau diese Voraussetzungen sind nicht gegeben, wenn künstliche Großgebilde sich in politische Gemeinschaften verwandeln sollen. Wie kann Europa je eine politische Gemeinschaft werden, wenn es keine Bürger hat? Europabürger aber können die Bürger der Nationalstaaten nicht werden, weil Bürgerlichkeit nur in überschaubaren partikularen Kontexten gedeihen kann. Man muss kein Rousseauist sein, um zu bezweifeln, dass das künstliche verfassungslose, geschichtslose und bürgerlose Monstrum Europa je eine politische Einheit werden könnte, in der sich die Menschen Europas politisch zu Hause fühlen würden.

Freilich, auch dieser zweifelnde Nicht-Rousseauist ist insofern immer noch Rousseauist, als er die Möglichkeit politischer Gemeinschaften von einem hohen Grad an kulturell codierter Gemeinschaftlichkeit abhängig macht. Kulturell codierte Gemeinschaftlichkeit ist jedoch im Fortlauf der Modernisierung zu einem immer knapperen Gut geworden. Der moderne Bürger muss darum lernen, sein Homogenitätsbedürfnis zu bekämpfen und alteritätsfähig zu werden. Denn die für demokratische Friedlichkeit erforderlichen Gemeinsamkeiten müssen zunehmend mehr von einander Fremden erarbeitet, neu geschaffen werden. Worauf soll man sich denn bei der Entwicklung deliberativer Politik und demokratischer Entscheidungsfindung in einer Gesellschaft stützen, in der unterschiedliche Kulturen, Religionen, lebensethische Konzepte nebeneinander gleichberechtigt existieren? In der selbst eine gemeinsame Geschichte nicht mehr existiert, weil jeder Neuankömmling ja seine eigene Geschichte mitbringt und die des Immigrationslandes nicht teilen kann? Rousseaus homogenitätsobsessive Republikkonzeption war schon mit den Frühformen der liberalen, individualistischen Gesellschaft seiner Zeit nicht vereinbar. Wie viel weniger taugt sie als Begriffsangebot und Orientierungshilfe bei der Selbstverständigung gegenwärtiger moderner Gesellschaften!

Nimmt sich der Gesetzgeber Rousseaus Empfehlungen zu Herzen, dann wird er in Rousseaus Europa sicherlich wenig Gelegenheit finden, seine Reformpläne ins Werk zu setzen. Korsika, so können wir Rousseaus einschlägiger Schrift entnehmen, hätte eine geeignete Größe, wäre zudem wegen seiner Insellage auch gut gegen fremde Einflüsse abzuschirmen. Aber in Frankreich oder der Schweiz, in England, Italien oder dem deutschen Reich wird der Gesetzgeber vergeblich seine Tugendreform verwirklichen wollen. Auch Polen, für das Rousseau einen „Plan zur Neugestaltung der Regierung“[159] erarbeitet hat, wäre politisch nur zu retten, wenn es seine Gestalt preisgäbe und sich in eine Konföderation von 33 politisch autonomen Kleinstaaten verwandelte. Als Konföderation sei es dann stark genug, um sich gegen die bedrohlichen Nachbarn, das russische Zarenreich, das kaiserliche Österreich und die preußische Monarchie, behaupten zu können; zugleich aber komme es auch in den Genuss der nur in kleinen Republiken blühenden Freiheit. Nicht das imperiale Rom, sondern die griechischen Stadtstaaten bilden das historische, nicht Frankreich oder die Schweiz, sondern Genf bildet das zeitgenössische Beispiel eines republikanisierungsfähigen Gemeinwesens mit einer geeigneten, für die Reform des Gesetzgebers empfänglichen Größe. Rousseau hat immer nur den Kleinstaat vor Augen gehabt, damit die Anwendungsreichweite seiner politischen Philosophie a limine drastisch eingeschränkt. Der *Contrat social* liefert eine politische Philosophie für die kleinen, randständigen, von den Zentren des zivilisatorischen Fortschritts weit entfernten Gebiete. Rousseaus politische Philosophie ist Kleinstaatsphilosophie. Es ist eine politische Philosophie für die Peripherie, die der zivilisatorische Fortschritt übersehen hat. Es ist eine politische Philosophie, die Zurückgebliebenheit als Chance betrachtet.

Eine erfolgreiche Ausübung des Souveränitätsrechts, so hat Rousseau immer wieder betont, ist nur in kleinen, überschaubaren, sozial und kulturell homogenen und autarken Gemeinwesen möglich. Auch im *Contrat social* selbst hat er diese Überzeugung geäußert.[160] Wie aber sollen sich diese kleinen Staaten gegen stärkere Nachbarn behaupten können? Ist das republikanische Ideal nicht schon darum zum Scheitern verurteilt, weil keine Republik im Machtwettbewerb der Staaten überleben würde? Rousseau hat eine Antwort auf diese Frage gewusst, sie aber nicht gegeben. Er war der Überzeugung, dass man die an Kleinstaatlichkeit gebundenen Qualitäten einer republikanischen Freiheitsordnung und wirksamen Regierung mit den machtpolitischen Vorzügen eines Großstaates verbinden könnte, aber die Fortsetzung seines staatsrechtlichen Traktats, die sich dieses Themas annehmen sollte, hat er nicht mehr geschrieben. Wir können jedoch aus seinen *Betrachtungen über die Regierung Polens* etwa den Hinweis entnehmen, dass Rousseau an eine konföderative Lösung dachte. Damit sich die Republiken auch außenpolitisch behaupten können, müssen sie sich gegen die aggressiven Großmächte verbünden und zu einer Verteidigungsallianz zusammenschließen.

Rousseaus Äußerungen zu einem solchen internationalen und zwischenstaatlichen Bündniswesen sind äußerst spärlich.[161] Es scheint aber so zu sein, dass für ihn genauso wenig wie für Hobbes der Schritt ins Staatsrecht völkerrechtlich wiederholbar ist. Auch für Rousseau verbleibt das zwischenstaatliche Verhältnis generell ein Naturzustandsverhältnis. An eine Fortsetzung der rechtsverwirklichenden Republikanisierung auf zwischenstaatlicher Stufe ist im Kontext des Rousseau'schen Philosophierens nicht zu denken. Erst Kant hat diesen Gedanken gefasst und den globalen Rechtsfrieden als höchstes politisches Gut und notwendige Forderung des Vernunftrechts betrachtet. Da Rousseau jedoch den Übergang in den *status civilis* nicht ausschließlich als Verrechtlichungsprozess, sondern als emphatische Menschwerdung, Moralisierung und Verbürgerlichung begreift, ist seine Wiederholung auf zwischenstaatlicher Ebene ausgeschlossen. Wenn republikanische Freiheit nur im Besonderen gedeiht, Recht nur gesetzesförmiger Ausdruck des für die Erhaltung und Verbesserung des Gemeinwohls Notwendigen, dann fehlt dieser republikanischen Korrelation von Freiheit und Recht genau der universalistische Zuschnitt, dessen die Konzeption eines globalen Rechtsfriedens bedarf. Rousseaus normativer Partikularismus ist dazu verurteilt, mit dem Grenzübertritt auf das Niveau des Positivismus zurückzufallen: Mehr als die Allerweltsklugheit, die Vorkehrungen trifft und in Notlagen nach Verbündeten suchen lässt, vermag er nicht aufzubieten. Bei Rousseau kann es keine zweite Republikanisierungswelle geben, die den Naturzustand zwischen den Staaten beendet. Erst recht verbietet sein emphatischer Souveränitätsbegriff die Etablierung staatlichkeitsanaloger supranationaler Institutionen. Selbst Kant war durch seinen souveränitätstheoretischen Dogmatismus gehindert, geeignete institutionelle Strukturen für seine globale Rechts- und Friedensordnung ins Auge zu fassen.[162] Die Rousseau'schen Republiken sind Inseln in einem Ozean der Gewalt; sie können sich zu einem Archipel zusammenschließen und so ihre Verteidigungskraft erhöhen, aber mehr als ein gewalthemmendes Abschreckungsgleichgewicht ist nicht zu erzielen.

6. Zivilreligion

Dass die großen politischen Gründer zu allen Zeiten auf die Dienste der Religion zurückgegriffen haben, um ihrer Herrschaft Autorität und Legitimität und ihren Gesetzen Gehorsam zu verschaffen, diese Einsicht zeigt Rousseau sicherlich nicht als Vorläufer Feuerbach'scher Religionskritik[163]. Das abendländische Denken musste nicht auf Feuerbach warten, um über die nützliche politische Funktion der Religion aufgeklärt zu werden. Montaigne wusste das ebenso wie Hobbes und Spinoza. Und vor allem wusste es Machiavelli, den Rousseau sehr geschätzt und dessen *Discorsi* er sehr genau studiert hat.[164]

Das 11. Kapitel des 1. Buches der *Discorsi* handelt von der „Religion der Römer". In der Hauptsache berichtet es von Numa Pompilius, der „vorgab, vertrauten Umgang mit einer Nymphe zu haben, die empfahl, was er dem Volk anraten sollte: Dies alles geschah nur aus dem Grund, weil er in der Stadt Rom neue, ungewohnte Einrichtungen schaffen wollte und daran zweifelte, ob seine eigene Autorität ausreiche". Und wie er machte es „Lykurg, und Solon und viele andere, die dasselbe Ziel anstrebten". Machiavelli kommt daher zu dem Ergebnis, dass die Unterstützung der Religion bei politischer Ordnungsstiftung und Ordnungssicherung unverzichtbar sei.

> „Es gab tatsächlich noch nie einen außergewöhnlichen Gesetzgeber in irgendeinem Volk, der sich nicht auf Gott berufen hätte, weil seine Gesetze sonst nicht angenommen worden wären; denn es gibt viel Gutes, das zwar von einem klugen Mann erkannt wird, aber doch keine so in die Augen springenden Gründe in sich hat, um andere von seiner Richtigkeit überzeugen zu können. Kluge Männer nehmen daher zur Gottheit ihre Zuflucht, um dieser Schwierigkeit Herr zu werden."[165]

An der Wahrheit der Religion ist Machiavelli nicht interessiert, auch nicht an ihrer Bedeutung für die individuelle Lebensführung des Gläubigen. Er erblickt in ihr nur ein unerlässliches politisches Werkzeug. Durch geschickte Benutzung menschlicher Gottesfurcht lässt sich die Bindewirkung von Versprechen und Eiden erhöhen, kann man militärische Disziplin verstärken, Tapferkeit erhöhen, die Sterbensbereitschaft vergrößern, auch Vertrauen einflößen. Die legitimationsspendende Rückführung menschlicher Einrichtungen auf göttliche Willensakte und Ratschläge erlaubt eine risikolose Einführung von Institutionen und Gesetzen. Die Akzeptanz- und Gehorsamsbereitschaft der Bürger ist ohne jede Überzeugungsanstrengung gesichert. Die politische Klugheit darf daher auf den Schein der Transzendenz nicht verzichten. „Wer die römische Geschichte aufmerksam verfolgt, wird stets finden, wie viel die Religion dazu beigetragen hat, die Heere in Gehorsam, das Volk in Eintracht zu halten, die guten Menschen zu stärken und die schlechten zu beschämen.“[166] Dieses funktionalistische Religionsverständnis hat in der politischen Philosophie der Neuzeit Schule gemacht. „Schrecklich ist die große Menge, wenn sie sich nicht fürchtet“[167], heißt es beispielsweise bei Spinoza; notwendig seien daher „nicht sowohl wahre als fromme Dogmen […], solche, die den Sinn zum Gehorsam anhalten“[168]. Und auch Rousseau mag auf die politisch nützlichen Effekte religiöser Seelenformierung nicht verzichten. Im letzten Kapitel formuliert der *Gesellschaftsvertrag* ein bürgerliches Glaubensbekenntnis, das den Schlusspunkt der moralischen Verwandlung der Menschen bildet und der Bürgermoral ein Fundament in der Transzendenz verschafft. Der *Gesellschaftsvertrag* schlägt einen Bogen von der politischen Anthropologie des Bürgers bis zur politischen Theologie der Republik. Die versittlichende Denaturierung des Menschen kulminiert in einer wirkmächtigen Allianz des Souveräns mit dem Übernatürlichen.

Auch hier stellt Rousseau eine historische Skizze an den Anfang seiner Ausführungen, die auf knappem Raum seine Lesefrüchte über die Geschichte des Verhältnisses von Politik und Religion präsentiert. In der heidnischen Welt, so erfahren wir, herrschte das Prinzip der territorialen Religion, der Identität von Gott und Gesetz. „Die Machtsphären der Götter (départements de Dieux) waren sozusagen durch die Grenzen der Nationen festgelegt“ (IV.8; 460; 196). Und der Eroberer war zugleich Missionar; er nahm den Besiegten Land und brachte ihnen die eigenen Götter. Daher waren den Griechen und Römern Religionskriege unbekannt. Denn wenn man eigene und fremde Götter unterscheidet, der Autoritätsanspruch der eigenen Götter nicht über die Einflussgrenzen der eigenen Politik hinausgeht, kann sich nie die Politik in den Dienst der Religion stellen, steht die Religion von vornherein im Schatten der politischen Interessen. „Statt dass die Menschen für die Götter kämpften, kämpften die Götter […] für die Menschen“ (ebd.; 461; 197).

Mit der Entstehung des Christentums ging diese enge Korrelation zwischen Nation und Religion verloren. Der geistige Kosmopolitismus des Christentums war mit dem Prinzip der Nationalgötter nicht vereinbar. Das Christentum war keine Bürgerreligion mehr, es war eine Religion der Menschen. Unter seinem Einfluss traten darum Religion und Politik auseinander. Die Einheit des Staates ging verloren. Die Gesellschaft wurde durch Spaltungen und Sektenbildung auseinander gerissen. Auch der einzelne Mensch wurde zerrissen, war er doch sowohl Mitglied seines Gemeinwesens als auch Mitglied des ewigen, unsichtbaren göttlichen Reiches und aufgrund der einander widersprechenden Verpflichtungen gehindert, „gleichzeitig fromm und Bürger zu sein" (IV.8; 465; 201). Schon Machiavelli hatte im Christentum den Totengräber jeder Republik erblickt. Das Christentum nehme den Menschen mit seinem Demutsethos und seinem Lob der Wehrlosigkeit die Tapferkeit, die Leidenschaft, den Zorn. Mit seiner Jenseitsorientierung, seiner Herabwürdigung aller weltlichen Wichtigkeiten mache es die Menschen für die politische Welt untauglich. Rousseaus Charakterisierung des Christentums nimmt all diese Topoi republikanischer Christentumskritik auf.

Das Christentum hatte aber nicht nur schädliche Auswirkungen auf das Ethos der Bürger, es unterminierte auch die staatliche Souveränität. Es spaltet nicht nur den Einzelmenschen, es zerteilt auch die Macht des Gemeinwesens und zerstört darum seine politische Einheit. Denn der Katholizismus begnügte sich nicht mit der Stellvertretung Gottes, er begehrte auch irdische Macht und gab sich ein „sichtbares Oberhaupt". Die Religion meldete Herrschaftsansprüche an und geriet mit der weltlichen Macht in einen Dauerkonflikt, der die Politik lähmte. Im Schatten des Streites zwischen Souveränität und Suprematie wurde „in den christlichen Staaten jede vernünftige Staatsführung unmöglich gemacht" (IV.8; 462; 198). Rousseau erweist sich hier als überzeugter Hobbesianer. Hobbes hat sich in der zweiten Hälfte des *Leviathan* ausführlich mit dem Suprematieanspruch des Papstes auseinander gesetzt und ihn entschieden zurückgewiesen. Er hat sich der alten politischen Maxime: divide et impera erinnert und den römisch-katholischen Universalismus durch einen landeskirchlichen Partikularismus ersetzt, der zudem den jeweiligen Souverän in den Rang eines obersten Propheten, „alleinigen Interpreten des Gottesworts"[169] und Statthalter Gottes auf Erden erhob.[170] Die politische Macht, das war die Lektion der konfessionellen Bürgerkriege, muss an dem Interpretations- und Definitionsmonopol der Gesetzestexte und der Heiligen Schrift festhalten. Sie muss die Bedeutungen der Wörter festlegen und bestimmen, was als Wahrheit gilt und welche Lehren und Deutungen nicht zugelassen werden dürfen. Denn ein Religionskrieg ist ein Krieg der Ideologien, ein Kampf der Interpretationen und Bedeutungen. Das Ziel der Bürgerkriegsvermeidung und Sicherung der staatlich-gesellschaftlichen Einheit verlangt daher die absolute Verfügung über die Bedeutung handlungsrelevanter normativer und religiöser Begriffe. Hobbes ist für Rousseau „unter allen christlichen Autoren [...] der einzige, der das Übel und seine Heilmittel erkannt hatte; der es gewagt hatte, die beiden Köpfe des Adlers zu vereinen und alles auf eine politische Einheit zurückzuführen, ohne die weder der Staat noch die Regierung lebensfähig sind" (IV.8; 463; 200). Freilich habe sich

Hobbes' Lösung letztlich als nicht tragfähig erwiesen: Die Rezeptur des *Leviathan* heile den politischen Körper nicht von der Spaltung, da „der Anspruch des Priesters immer stärker ist als der des Staates". Ausdrücklich bekräftigt Rousseau die Hobbes'sche Strategie der staaatlichen Einheitssicherung durch Verstaatlichung der Religion. „Nicht so sehr das Schreckliche und Falsche in seiner Politik hat sie verhasst gemacht, als vielmehr das, was an Gutem und Wahren in ihr ist."

Was lernt der Republikaner nun aus alldem? Welchen Schluss zieht Rousseau aus der Geschichte des Verhältnisses von Staat und Religion im Allgemeinen und aus dem Schicksal der christlichen Staaten im Besonderen für seine Republik? Kann sie es sich politisch leisten, eine christliche Republik zu werden? Oder muss sie sich ausdrücklich zum Atheismus bekennen, den Atheismus gleichsam aus Staatsräson fordern? Oder kann sie das Verhältnis zwischen Religion und Politik so gestalten, dass die Sache der Republik gestärkt wird, dass die Religion nicht nur politisch unschädlich gemacht wird, sondern sogar eine politisch nützliche Funktion ausüben kann, sodass die Republikaner nicht nur zugleich fromm und Bürger sein können, sondern aufgrund ihrer Frömmigkeit sogar bessere Bürger werden? Eines ist von vornherein klar: Was immer die zivile Religion an Überzeugungen beinhalten mag, eine christliche Religion wird es nicht sein können. Denn wer von einer christlichen Republik redet, macht sich nach Rousseau einer *contradictio in adjecto* schuldig. „Diese beiden Wörter schließen einander aus. Das Christentum predigt immer nur Knechtschaft und Unterwerfung. Sein Geist begünstigt zu sehr die Tyrannei [...] Die wahren Christen sind die geborenen Sklaven" (IV.8; 467; 204). Vor allen Dingen, auch dies ein Gemeinplatz republikanischer Christentumskritik, taugen Christen nicht zu Soldaten. Tapferkeit kommt auf ihrer Tugendtafel nicht vor, denn sie schätzen das Wohl des Gemeinwesens gering, hängen ihr eigenes Schicksal nicht an das Schicksal des Vaterlandes. Einzig am Heil ihrer Seele interessiert, sind irdische Dinge für sie nicht von Belang. Nur der, der eine Sache liebt, sie für wichtiger erachtet als sich selbst, wird bereit sein, unter Einsatz seines Lebens für sie zu kämpfen und sich für sie aufzuopfern.

Eine politisch nützliche Funktion kann die Religion dann ausüben, wenn sich ihre Autorität zur Stärkung politisch erwünschter, wenn nicht gar unerlässlicher Einstellungen und Handlungsweisen einsetzen lässt, wenn sie den Verbindlichkeiten der Bürgermoral zusätzliche Festigkeit verleiht. Aber diese Effekte werden sich nur dann erzielen lassen, wenn der Dogmenbestand der Religion von allen dissensriskanten Glaubensstücken gereinigt wird. Auf umstrittene Wahrheiten lässt sich keine politische Theologie der Republik bauen. Die Religion muss von allen zwietrachtanfälligen Inhalten befreit und auf ein bürgerreligiöses Minimum reduziert werden. Alles, was den Test allgemeiner Zustimmungsfähigkeit nicht erfüllt, was unter Dissensverdacht steht, muss mit politischer Entschlossenheit aus dem öffentlichen Raum entfernt werden und dem Privatglauben der Bürger anheim gestellt bleiben. Obwohl Rousseaus Republikkonzeption alle Spaltungen und Trennungen perhorresziert, muss er hier einen Dualismus akzeptieren. Neben dem einen „rein bürgerlichen Glaubensbekenntnis" gibt es auch eine Pluralität von Privatreligionen (IV.8; 468; 206). Rousseaus Republik steht auf einer Zeitenschwelle: Sie ist einerseits ein modernes Gemeinwesen, das Glaube und Konfession subjektiviert und den Bürgern das Recht auf Religionsfreiheit einräumt. Obwohl die Republik in dem Gesetzgeber einen herzenskundigen Seelenführer besitzt, der das Denken und Fühlen der Menschen in eine gemeinwohldienliche Verfassung bringt, ist doch nicht die völlige Verstaatlichung des Innenlebens verlangt. Wie der Hobbes'sche Leviathan kennt auch die Rousseau'sche Republik Nischen des Privaten, in denen der Staat nichts zu suchen hat. Und wie der Leviathan muss auch die Republik strikt darauf bestehen, dass diese Grenze zwischen dem Öffentlichen und dem Privaten sorgfältig beachtet wird. Die privaten Religionsüberzeugungen dürfen nicht in die Domäne des Allgemeinen eindringen und kulturelle Hegemonieansprüche anmelden. Als Gegenleistung bietet der Staat Duldsamkeit gegenüber der ganzen Vielfalt religiöser Überzeugungen. Da die Konvergenz von Gott und Gesetz in der Moderne nicht mehr aufrechterhalten werden kann, muss sich der Staat mit dem Pluralismus privater Glaubensüberzeugungen abfinden. Solange sich aus dem religiösen Gewissen der Individuen heraus kein Widerstand gegen den zivilreligiösen Katechismus, insbesondere gegen die Divinisierung der gesellschaftsvertraglichen Grundordnung regt, übt sich der Staat in Toleranz. Hinsichtlich der Bürgerkonfession ist er jedoch unerbittlich. Die Politik darf nicht darauf verzichten, ihr zivilreligiöses Konzept gegen Widerstrebende durchzusetzen.

Die Religionsfreiheit ist in Rousseaus Republik also nur selektiver Natur. Die Republik des Gesellschaftsvertrags ist ein voraufklärerisches Gemeinwesen, das von seinen Bürgern ein Glaubensbekenntnis verlangt, dessen Inhalt vom Souverän verkündet wird. Dieser Inhalt umfasst das, was die Suche nach bürgerethisch verwertbaren religiösen Materialien aus der religiösen Überlieferung herausgefiltert hat. Und hier besteht ausdrücklich Bekenntniszwang.[171] Dieser Restglaube, dieses religiöse Residualbekenntnis wird von der Republik zur politischen Pflicht erhoben. Hier hat die Religionsfreiheit ihr Ende. Wer das Bekenntnis verweigert, verliert seinen Bürgerstatus und wird aus der Republik verbannt. Denn der im Sinne des bürgerlichen Glaubensbekenntnisses Ungläubige gibt sich als „Feind der Gesellschaft" zu erkennen, „der unfähig ist, die Gesetze und die Gerechtigkeit aufrichtig zu lieben und notfalls sein Leben für die Pflicht zu opfern". Wer seinen Bürgerglauben jedoch nur als Lippenbekenntnis äußert, Zustimmung nur heuchelt und in seinem Verhalten seinen zivilreligiösen Unglauben beweist, ist wie der schlimmste Verbrecher zu behandeln und mit dem Tode zu bestrafen.

Und was umfasst das zivilreligiöse Bekenntnis? Was ist hängen geblieben, nachdem Rousseau den Dogmenfundus der religiösen Überlieferung nach Unstrittigem und zugleich bürgerethisch Verwendbarem durchkämmt hat?

„Die Glaubenssätze der bürgerlichen Religion müssen einfach sein, gering an Zahl, klar im Ausdruck, ohne Erklärungen und Auslegungen. Diese positiven Sätze sind: die Existenz einer mächtigen, vernünftigen, wohltätigen, vorausschauenden und vorsorglichen Gottheit; das künftige Leben; die Belohnung der Gerechten; die Bestrafung der Bösen; die Heiligkeit des Gesellschaftsvertrags und der Gesetze" (IV.8; 468; 207).

Im Wesentlichen handelt es sich hier um eine fundamentale religiöse Syntax, um eine Grammatik des Glaubens, deren semantische Interpretation den einzelnen Konfessionen, den menschlichen Glaubenssystemen überlassen bleiben muss. Man stößt auf dieses abstrakte Religionsprogramm, wenn man die gemeinsame Struktur vorfindlicher ausgearbeiteter Religionsgestalten sucht. Keine Religion, jedenfalls keine aus dem Bereich der abendländischen Überlieferung, ohne eine theistische These; keine auch, die dem vorausgesetzten Gott nicht übermenschliche, alle menschlichen Grenzen in kognitiver wie praktischer Hinsicht überschreitende Kompetenzen zuschreibt. Und gemeinsam ist allen Religionen auch ein sanktionistisches Programm, das die gesellschaftliche Praxis des Handlungslobs und des Handlungstadels über das Grab hinaus verlängert und ein postmortales Gratifikations- und Sanktionssystem einrichtet. Dass dieses hinwiederum eine sowohl unsterbliche als auch empfindungsfähige, durch Belohnung und Bestrafung in ihrem Wohlbefinden beeinflussbare Seele voraussetzt, versteht sich von selbst. Es ist sicherlich kein Zufall, dass Rousseaus Bürgerbekenntnis im ersten, religionsbezogenen Teil inhaltlich weitgehend der Postulatentheologie gleicht, die Kant im Dialektikteil der *Kritik der praktischen Vernunft* entwickelt hat. In beiden Fällen haben wir es mit dem Produkt einer radikalen Abstraktion zu tun, die von der geschichtlichen Religionsgestalt nur die grammatische Grundstruktur, ein minimalistisches Definiens religiöser Überzeugung zurückbehält. Diese Abstraktion ist so weit getrieben, dass man sich kaum vorstellen kann, dass diese Programmsätze in der bürgerlichen Lebenswelt, jenseits philosophischer Diskurse die Qualität eines lebendigen, einstellungsprägenden und handlungsleitenden Bekenntnisses gewinnen können. In lebensweltlichen Kontexten begegnen solche Sätze immer in partikularisierter Gestalt, eingebettet in ausgearbeitete Überzeugungssysteme mit einer komplexen Semantik. Sie erhalten hier die Konkretheit, die die Vorstellungskraft braucht, um sich zu regen. Ohne die Bildkraft des lebendigen Vorstellungsvermögens werden die Affekte nicht gereizt, das Gemüt nicht bewegt, bleibt die von Rousseau gewünschte Motivationsverstärkung aus.

Hier genau haben aber auch die Unterschiede zwischen den einzelnen Religionsgestalten ihren Ort, hier ist der Herd der Zwietracht und der Konflikte. Indem sich das Bürgerbekenntnis auf die Suche nach dem unstrittigen Minimum religiöser Überzeugung macht, um die politische Einheit nicht durch den Kampf um die einzig wahre Religion zu gefährden, erzeugt es eine abstrakte Religion des Kopfes, die in reflexiver Distanz zu der Vielfalt der lebendigen Privatreligionen tritt, gleichzeitig aber auch mit jeder der vielen Privatreligionen vereinbar ist. So ist dafür gesorgt, dass zwischen Mensch und Bürger kein Keil getrieben wird. Die Bürgerreligion erweist sich damit als typisch modernes Konstrukt. Dieselbe Überlegung, die den Rechtfertigungssubstanzialismus der Tradition durch einen Rechtfertigungsprozeduralismus ersetzt hat, steht auch hinter dem Bürgerbekenntnis. Sobald die kulturelle Homogenität einem Pluralismus von Überzeugungen, Konfessionen und Lebenseinstellungen Platz macht, wird die Gemeinsamkeitsheuristik reflexiv und abstrakt. Die Konsenssicherung wird anspruchsvoller, da sie die Gemeinsamkeiten erst durch Reflexionsanstrengungen aus der Pluralität herauspräparieren muss. Die reflexiv ermittelte Gemeinsamkeit, das, worauf man eine pluralistische Gesellschaft verpflichten kann, liegt notwendigerweise immer auf einer höheren Reflexionsebene als die konfligierenden Überzeugungssysteme. So tritt die prozeduralistische Vernunft an die Stelle der substanziellen, der Verfassungspatriotismus an die Stelle des Patriotismus und das Bürgerbekenntnis an die Stelle der Nationalreligion.

Diese Überlegung macht auf einen weiteren Bruch in der Rousseau'schen Konzeption aufmerksam. Die Strategie, die zur Einführung des Bürgerbekenntnisses führte, hat Rousseau sonst nämlich mit aller Heftigkeit bekämpft. Seine Äußerungen über die bürgerbildende Kraft der Vaterlandsliebe legt die Vermutung nahe, dass er die Konzeption des Verfassungspatriotismus als hölzernes Eisen verworfen und als liberale Illusion verspottet hätte. Die Verfassung ist kein Vaterland. Aber, so müsste man ihm dann entgegnen: ein Gott ohne Geschichten, von dem wir nur wissen, dass er existiert und ein *ens perfectissimum* ist, ist auch nichts, woran man glauben kann. So plausibel es also scheint, die Zivilreligion mit dem Patriotismus zu verbinden, die in ihr verborgene politische Theologie als religiöse Selbsterhöhung der Republik zu deuten, es darf nicht übersehen werden, dass die beiden Konzepte in modernitätstheoretischer Hinsicht beträchtlich differieren. Ist der Patriotismus Ausdruck eines ethisch-politischen Partikularismus, der in einem polemischen Verhältnis zu den rechts-

und moraluniversalistischen Ordnungsprinzipien des modernen Liberalismus steht, so ist das Bürgerbekenntnis Ausdruck eines typisch modernen Pluralismusmanagements, das die nötigen Gemeinsamkeiten, die Ressourcen sozialer Kohärenz, auf einer höheren Abstraktionsebene lokalisieren muss.

Aber gleichwohl gilt, dass sich Rousseaus politische Philosophie durch die Einführung eines Bürgerbekenntnisses, wie modern auch immer sein Zuschnitt sein mag, als voraufklärerisch erweist. Wie minimalistisch die Staatsreligion auch immer sein mag, dass die *volonté générale* des republikanischen Gemeinwesens auf bürgerreligiöse Unterstützung nicht verzichten zu können glaubt, dass Rousseau bürgerliche Exzellenz zivilreligiös abstützt, besagt, dass seine politische Philosophie die aufklärungskonstitutive Trennung von Politik und Religion unterläuft. Zwar nicht auf der Rechtfertigungsebene: Die Begründung der ethischen Vorzugswürdigkeit eines Gemeinschaftslebens und einer Politik der *volonté générale* stützt sich allein auf die Begriffsrequisiten des modernen Vertrags und ist vollständig religionsunabhängig. Jedoch auf der Ebene der Verwirklichung: Die Zivilreligion dient als Motivationsverstärker. Rousseau vertraut nicht auf die Macht des republikanischen Ethos, vertraut nicht darauf, dass die Tugend den Gesetzen Gehorsam sichert und der Gemeinsinn die Bürger zur gemeinwohldienlichen Gesetzgebung befähigt. *Er kann den republikanischen Optimismus von der sich selbst belohnenden Tugend nicht teilen und spannt zusätzlich Himmel und Hölle für die Zwecke der Republik ein.* Damit das möglich ist, muss das Gesetz einem göttlichen Gebot gleichgestellt werden und der Gesellschaftsvertrag die Qualität eines heiligen Textes bekommen. Daher ist die „Heiligkeit des Gesellschaftsvertrages und der Gesetze" der wichtigste Glaubensartikel des Bürgerbekenntnisses. Er ist das Scharnier, das die politische Welt mit dem Übernatürlichen verbindet; jetzt kann die Gottesfurcht dort wirksam werden, wo die Furcht vor dem strafenden Staat nicht ausreicht, um gesetzestreues Verhalten zu erzwingen.

Abermals zeigt sich, dass in der politischen Philosophie Rousseaus der Begründungszusammenhang und der Verwirklichungszusammenhang auseinander klaffen; mehr noch, dass die im Verwirklichungskontext aufgebotenen institutionellen und motivationalen Elemente die im Rechtfertigungskontext herangezogenen begrifflichen Mittel konterkarieren, ja desavouieren. Denn wird der Gesellschaftsvertrag geheiligt, damit aller Kritik und Reflexion entrückt, dann kommt das einer Selbstdivinisierung der Republik gleich, durch die ihr im Begründungszusammenhang freigelegter rationaler Ursprung verstellt wird. Während die kontraktualistische Tradition davon ausging, dass die Einsicht in die rationalen Gründe staatlicher Existenz die Bürger zu einem gesetzestreuen Verhalten motivieren könnte, dass sich also der rationale Grund der Staatsentstehung in eine rationale

Ursache der Staatserhaltung ummünzen ließe, reinigt Rousseau den republikanischen Verwirklichungsdiskurs von allen rationalen Elementen. Aus der Konseqenz von Selbsterhaltungsinteresse und Freiheitswesen wird ein absolutes göttliches Ereignis. Die Republik ist nichts Gemachtes, sondern etwas Gestiftetes. Zum zweiten Mal greifen übermenschliche und außerweltliche Mächte ein, um der Republik zur Wirklichkeit zu verhelfen. Erst war es der menschenkundige, doch selbst allem Menschlichen fremde Gesetzgeber, der als bürgerbildender Demiurg dafür sorgte, dass aus den Menschen Patrioten wurden. Er dementierte die Rechtfertigungsfigur der menschlichen Selbsterschaffung durch Vergesellschaftung; mit dem Übergang in den Verwirklichungsdiskurs verwandelte sich der autonomiestolze Protagonist des Vertragsstaates in ein unmündiges und politisch inkompetentes Wesen, das nach ethischer Zucht und sittlicher Formung verlangte. Jetzt ist es der Gott der Zivilreligion, der die Menschen in Furcht versetzt, damit sie bessere Bürger werden. Alles, was aus der Perspektive der Rechtfertigung sich menschlicher Klugheit und menschlicher Selbstmächtigkeit verdankte, wird jetzt menschlicher Verfügung entzogen und Ergebnis göttlicher Setzung. Gott ist der Autor des Gesellschaftsvertrags, nicht der Mensch. Und da die Struktur des Gesellschaftsvertrags, der einzig denkbaren Grundlage legitimer Herrschaft, durch den *Gesellschaftsvertrag* überhaupt erst offenbart worden ist, impliziert die Heiligung des Gesellschaftsvertrags auch die Autosakrierung des *Contrat social*. In seinem allerletzten Kapitel gibt sich Rousseaus *Gesellschaftsvertrag* somit als heiliges Buch zu erkennen.

Freilich gibt es auch hierzu eine Kehrseite. Während die Einführung der Zivilreligion einerseits den rationalen Ursprung des politisch-gesellschaftlichen Zusammenlebens verhüllt und auf die verhaltensprägende Wirkung vorrationaler Empfindungslagen setzt, ist sie selbst ein rein rationales Konstrukt, das den Sanktionismus der Maschinerie des Jüngsten Gerichts benutzt, um Bürger abzurichten. Die Zivilreligion verdankt sich einem Kalkül auf die disziplinierenden Effekte der religiösen Gewissheit, dem Jüngsten Gericht nicht entkommen zu können. Rousseau ist genauso wenig wie Machiavelli am Seelenheil der Bürger interessiert. Er will ihre Loyalität, ihre Tugendhaftigkeit, ihr Engagement; er funktionalisiert die kulturell geprägte Empfänglichkeit für religiöse Deutungen, um dieses Ziel zu erreichen. Der Glaube ist nur insoweit von Interesse, wie er für die Begründung und Festigung der Bürgermoral unentbehrlich ist. *Es ist kein existenziell notwendiger Glaube, es ist ein politisch benötigter Glaube.* Er ist selbst ein rationales Konstrukt, ein Instrument, der Sache nach nicht verschieden von dem Staat der Vertragstheorie. Daher wird der konstruktive Rationalismus der modernen politischen Philosophie durch die zivilreligiöse Selbstdivinisierung der Rousseau'schen Republik keineswegs dementiert. Er erfährt vielmehr in der Rousseau'schen Religionspolitik eine Potenzierung: Selbst der *deus immortalis* verdankt sich dem Kalkül des Staatenbauers. Diese Überlegung macht auf einen interessanten Unterschied zwischen der Rousseau'schen Zivilreligion und dem heutigen Gebrauch dieses Terminus aufmerksam. Während unter „Zivilreligion" in der Gegenwart alle sozialmoralischen Voraussetzungen verstanden werden, ohne die die komplizierten Integrationsleistungen der modernen politischen Ordnungen des Liberalismus nicht möglich wären, die jedoch durch die Politik selbst nicht bereitgestellt und reproduziert werden können, erweist sich die Zivilreligion in der Rousseau'schen Republik als eine nicht minder notwendige Voraussetzung des Gelingens republikanischer Politik, die jedoch von der Politik selbst erschaffen wird.

Es scheint ein enger Zusammenhang zwischen Gesetzgeberkapitel und Zivilreligionskapitel zu bestehen. Beide verweisen aufeinander. Beide beweisen eine gründliche Lektüre der einschlägigen Passagen aus Machiavellis *Discorsi*. Die Ausführungen aus dem Zivilreligionskapitel über die Beziehung von Religion und Politik nehmen Äußerungen aus dem Gesetzgeberkapitel über die wichtige politisch Rolle der Religion insbesondere in der Gründungsphase von Staaten auf und setzen sie fort. Und wer, wenn nicht der Gesetzgeber, bringt denn die Republik auf die Idee, mit einem zivilreligiösen Glaubensbekenntnis die Bürgerloyalität zu verstärken? Schließlich zählen nicht nur Nomotheten und Staatsgründer, sondern auch Religionsstifter zu seinen Vorfahren. Die Vermutung ist keinesfalls abwegig, dass die Zivilreligion genau zu der Art von Werkzeugen gehört, mit der der charismatische Bürgerbildner die Seelen der Menschen bearbeitet.

Andererseits findet sich weder im Gesetzgeberkapitel ein Hinweis auf das bürgerliche Glaubensbekenntnis noch, was schwerer wiegt, im Zivilreligionskapitel ein Hinweis auf den Gesetzgeber. Der Grund für die Abwesenheit des Gesetzgebers im Zivilreligionskapitel könnte sein, dass in ihm etwas zur Sprache kommt, das von der Erziehungsarbeit des Gesetzgebers sachlich getrennt ist, das von eigener Art ist und eng mit der Besonderheit der Religion zusammengehört. Da sowohl die ethische Erziehung des Gesetzgebers als auch die religiöse Erziehung durch die Bürgerreligion auf die Erzeugung von Loyalität und Gemeinsinn zielen und dadurch Widerstände in den Einstellungen und dem Verhaltensrepertoire der Bürger beiseite räumen wollen, die für die Selbsterhaltung der Republik schädlich sind, muss sich die zivilreligiöse Erziehung auf einen politischen Funktionsbereich erstrecken, in dem ausschließlich religionsspezifische Motivationsunterstützung die erwünschten Bürgerleistungen sichern, wo also die natürlichen Widerstände in den Bürgern so groß sein können, dass ethische Erziehung nichts ausrichten kann. Rousseau hat den Handlungsbereich nicht explizit genannt, auf dem er sich von der Religion einen durchschlagenderen Erziehungserfolg verspricht als von der Gemeinwohlethik. Aber der Kontext erlaubt die Vermutung, dass es sich um den Kriegsdienst handelt.[172] Das wird zum einen durch den martialischen Hintergrund der religionsgeschichtlichen Ausführungen von Rousseau nahe gelegt, zum anderen durch den Umstand gestützt, dass die Überzeugung von der ethischen Vorzugswürdigkeit einer gemeinwohlorientierten Politik mit dem fundamentalen Selbsterhaltungszweck der Individuen normalerweise kompatibel ist, der Patriotismus jedoch schnell seine Attraktivität verliert, wenn das Gemeinwesen von seinen Bürgern verlangt, ihr Leben für die Allgemeinheit einzusetzen, da sie sich schließlich in die Gemeinschaft begeben haben, um ihr Leben zu schützen. Auch Hobbes sieht sich mit diesem Problem konfrontiert. Seine Lösung ist jedoch nicht befriedigend. Zwar räumt er konsequenterweise den Individuen das Recht ein – es ist das einzige den Vertragspartnern im Staat verbleibende, da aus logischen Gründen nicht zu veräußerlichende Recht –, sich im Fall einer staatlichen Gefährdung ihrer Selbsterhaltung, erst recht im Fall eines staatlichen Angriffs auf Leben, Leib und Gesundheit, den Vertrag für ungültig anzusehen und den Gehorsam aufzukündigen. Andererseits redet Hobbes aber von Krieg und Verteidigung, ohne erklären zu können, wie seine zentral vom Selbsterhaltungsmotiv gesteuerten Rationalegoisten überhaupt auf die Idee verfallen können, sich zu den Waffen zu melden.

Die Rousseau'sche Republik, wir haben es weiter vorne gesehen, gründet sich auf einen Entäußerungsvertrag, dessen Reichweite das Hobbes'sche Vorbild überschreitet. Rousseau lässt den Individuen noch nicht einmal mehr den Selbsterhaltungsvorbehalt. Das Gemeinwesen erhebt einen totalen Anspruch auf die Kraft, die Habe und das Leben seiner Bürger. Denn um die Einzelnen schützen zu können, muss es das Recht haben, Leben zu nehmen. „Um nicht das Opfer eines Mörders zu werden, ist man zu sterben bereit, wenn man Mörder wird“ (II.5; 376; 94). Diejenigen, die die Gesetze brechen, werden zu inneren Feinden des Gemeinwesens und müssen „als Vertragsbrüchige in die Verbannung oder als Staatsfeind in den Tod gehen“. Kein effektives Strafrecht ohne Todesstrafe. Daher muss dem Gemeinwesen das Recht zukommen, über das Leben seiner Bürger verfügen zu können, wenn das Gemeinwohl es gebietet. Ein Vertrag ist unsinnig, der eingegangen wird, um durch kollektive Anstrengungen das Leben eines jeden sicherer zu machen, bei dem jeder sich aber mit einem Selbsterhaltungsvorbehalt ausstattet, der jede selbsterhaltungsbedrohliche Handlung des Staates, somit auch alle Bestrafungen rechtswidrig macht.

Das Gemeinwesen muss sich aber nicht nur gegen innere Feinde schützen können, es muss sich auch gegen äußere Feinde zur Wehr setzen können. Es muss verteidigungsfähig sein und daher von seinen Bürgern verlangen, im Verteidigungsfall zu den Waffen zu greifen und im Notfall ihr

Leben für das Gemeinwesen zu opfern. Daher gehört der Kriegsdienst zu den Pflichten der Bürger und die Bereitschaft, für die Republik sein Leben zu opfern, zu den bürgerlichen Tugenden. Die Selbsterhaltung des Gemeinwesens verlangt, dass es über die Bürger, ihr Gut und ihr Leben verfügen darf, wenn eine Notlage eintritt. Und eine Theorie, die sich Gedanken über die Verwirklichung der Republikkonzeption macht, muss sich auch fragen, wie in den Bürgern diese bis zum Letzten gehende Pflichtbereitschaft geweckt werden kann, wie man den Bürgern eine Pflicht nahe bringen kann, die sich unmittelbar gegen ihr Selbstinteresse richtet, auch gegen das Selbstinteresse des denaturierten, zum Bürger konvertierten Naturmenschen. Denn auch der sich als Teil der Gemeinschaft definierende, seine Selbstwertschätzung wesentlich aus seiner Mitgliedschaft, seiner Zugehörigkeit zur Republik ziehende Bürger ist nicht minder selbsterhaltungsinteressiert als der Naturmensch oder der von seinem Partikularwillen geknechtete Bourgeois. Da also auch der wohlerzogene Bürger diese Selbsterhaltungsbarriere hat, kann das auf Bürgerkompetenz und Bürgerexzellenz ausgerichtete Erziehungsprogramm des Gesetzgebers nicht ausreichend sein. Es genügt, um aus Menschen Bürger zu machen. Es genügt nicht, um aus Bürgern Soldaten zu machen. Erst recht genügt es nicht, um in der Neuzeit aus Bürgern Milizionäre zu machen, denn in den Selbstverständigungsdiskursen der Neuzeit ist das Selbsterhaltungsmotiv so übermächtig, dass man nicht einfach republikanische Selbstverständlichkeiten wiederholen kann. Die Zeiten Spartas sind vorbei; auch Machiavellis Republikanismus kann nicht einfach umstandslos wieder belebt werden. Es bedarf ausdrücklicher und eigenständiger Anstrengungen, um eine Selbstaufopferungspflicht der Bürger gegen die Übermacht des Selbsterhaltungsmotivs durchzusetzen. Und hier kommt die religiöse Verheißung des ewigen Lebens ins Spiel. Denn zu welch Grauen erregender Selbstaufopferung Gläubige fähig sind, weiß Rousseau. Derjenige, der sich sicher ist, dass er im Jenseits für seine Wohltaten und seine gemeinwohldienlichen Opfer entschädigt wird, wird nicht zögern, auch sein Leben dreinzugeben, wenn es denn die Situation verlangt. Diese das eigene Leben nicht schonende, durch religiöse Überzeugungen getragene Pflichterfüllungskraft gilt es, in die richtigen Bahnen zu lenken, aus den religiösen Fanatikern zivilreligiöse Bürgersoldaten zu machen. „In jedem Staat, der von seinen Mitgliedern das Opfer des Lebens fordern kann, ist derjenige, der an kein zukünftiges Leben glaubt, notwendig entweder ein Feigling oder ein Narr. Man weiß aber nur zu gut, bis zu welchem Punkt die Hoffnung auf Unsterblichkeit einen Fanatiker in der Missachtung des diesseitigen Lebens führen kann. Nehmt diesem Fanatiker seine Visionen und gebt ihm die gleiche Hoffnung als Preis der Tugend – ihr werdet einen wahren Bürger aus ihm machen.“[173] Wahre Bürger machen, das will der Gesetzgeber, das will auch das bürgerliche Glaubensbekenntnis. Der Gesetzgeber zielt bei seiner Erziehungsarbeit auf den Bürger als Gesetzgeber; die Zivilreligion zielt bei ihrer Erziehungsarbeit auf den Bürger als Soldaten.

Aber natürlich ist diese rationale Verwendung religiöser Überzeugungen verallgemeinerbar. Es ist eher unwahrscheinlich, dass Rousseau nur daran gedacht hat, eine Motivationslücke für die republikanische Miliz zu schließen. Es ging ihm grundsätzlich darum, die religiösen Gewissheiten, insbesondere die Gewissheit, dem Jüngsten Gerichts nicht entkommen zu können, für die Festigung der Bürgertugend zu nutzen. Die Zivilreligion entstammt nicht der Sorge um das Seelenheil der Bürger; dieses ist Rousseau so gleichgültig wie Machiavelli. Die Einführung der Zivilreligion verdankt sich der Sorge um loyale, tugendhafte Bürger.

7. „Die menschliche Natur geht nicht rückwärts“

Rousseau hat sich nie sonderliche Illusionen hinsichtlich der Verwirklichung seines Republikanismuskonzepts gemacht. Er war sich über die Kluft, die seine Vorstellungen von der Wirklichkeit und die in ihr sichtbar waltenden Entwicklungstendenzen trennen, völlig im Klaren. Er warnt davor, „dass man meine Grundsätze über meine Absicht und über die Vernunft hinaus überspannen darf, dass es nicht mein Plan ist, den Umlauf des baren Geldes zu unterdrücken, sondern nur zu verlangsamen, und vor allem zu beweisen, wie wichtig es ist, dass ein gutes ökonomisches System nicht ein bloßes Finanz- und Geldsystem sei“[174]. Und was Rousseau hier über seine ökonomischen Anschauungen sagt, lässt sich getrost auf andere Bereiche seiner politischen Philosophie ausdehnen. In seiner autobiographischen Schrift *Rousseau juge de Jean-Jacques* heißt es:

> „Die menschliche Natur geht nicht rückwärts, und nie kommt man in die Zeiten der Unschuld und der Gleichheit zurück, wenn man sich einmal von ihnen entfernt hat. Dieses ist ein weiterer der Grundsätze, den er [nämlich Rousseau] immer wieder betont hat. Seine Absicht konnte es also nicht sein, die zahlreichen Völker und großen Staaten zu ihrer ursprünglichen Einfachheit zurückzuführen, sondern lediglich, wenn möglich, das Fortschreiten derer aufzuhalten, deren Kleinheit und Randlage sie vor einer so raschen Entwicklung zur Perfektion der Gesellschaft und zum Verfall der Gattung bewahrt hat. […] Er [Rousseau] hat für sein Vaterland und für die kleineren Staaten geschrieben, die konstruiert sind wie dieses. Wenn seine Lehre auch für andere von einigem Nutzen sein konnte, so dadurch, dass sie die Gegenstände ihrer Wertschätzung veränderte und dadurch vielleicht ihren Niedergang verzögerte, den sie durch ihre falschen Wertschätzungen beschleunigten.“[175]

Das Verhältnis normativer politischer Philosophie zur gesellschaftlichen und politischen Wirklichkeit kann vielfach sein. (1) Die normative Argumentation der politischen Philosophie transzendiert das Bestehende weder grundsätzlich noch akzidentiell. Das Sein vermag sich unverzerrt im Sollen zu spiegeln. Es gibt kein normatives Defizit der Wirklichkeit, das durch Veränderung des Bestehenden oder Intensivierung schon ergriffener Maßnahmen auszugleichen wäre. Die politische Philosophie liefert eine Legitimation des Gegebenen und mündet in eine Apotheose des Status quo. Staat und Gesellschaft sind nicht verbesserbar, weil sie gut sind. (2) Die normative Argumentation der politischen Philosophie bietet eine Legitimation der politischen Wirklichkeit im Grundsätzlichen. Sie macht jedoch darauf aufmerksam, dass die zeitgenössische politische und gesellschaftliche Realität hinter ihre eigenen normativen Überzeugungen zurückgefallen ist, dass die normativen Verheißungen der allseits geteilten Prinzipien der politisch-kulturellen Selbstverständigung noch nicht eingelöst sind. Staat und Gesellschaft sind verpflichtet, sich durch stete Anstrengung auf das Niveau ihrer eigenen normativen Überzeugungen zu bringen. (3) Die normative politische Philosophie entwirft ein Bild von legitimen politischen Verhältnissen, das sich zwar beträchtlich von der vorfindlichen politischen Wirklichkeit unterscheidet, dessen Realisierung jedoch von der Entwicklung der Moderne erwartet werden kann. Kants Rechtsphilosophie ist ein Beispiel einer solchen modernitätsverbundenen politischen Reformphilosophie. Ihr großformatiger Reformismus ist obsolet, wenn innerhalb der Entwicklung der Moderne Staat und Gesellschaft die Prinzipien des kantischen Vernunftrechts angenommen haben. Dann kann sich politische Philosophie mit einem kleinformatigen Reformismus begnügen, wie ihn die zeitgenössische politische Philosophie des Liberalismus entwickelt. (4) Die politische Philosophie entwirft eine Konzeption von Staat und Gesellschaft, deren Verwirklichung verlangt, die Entwicklungsdynamik der Moderne in eine alternative Richtung zu lenken. Nur dann kann die Moderne jedoch einen anderen Weg einschlagen, wenn die bestehenden Herrschaftsverhältnisse revolutionär zerschlagen werden und auf den Trümmern des Alten sich Neues entfalten kann. (5) Politische Philosophien der Revolution teilen mit politischen Philosophien der Reform eine billigende Einstellung zur Moderne. Glauben die Letzteren, dass eine bessere Moderne das Resultat der Verbesserung der bestehenden Modernitätsgestalt ist, so glauben die Ersteren, dass nur eine alternative Modernitätsgestalt eine verbesserte Moderne sein kann. Wenn man jedoch in der Moderne überhaupt nichts Gutes sieht, ihre Entwicklungsdynamik als sich stetig beschleunigenden Niedergang deutet, dann wird man sein normatives Programm nicht im Bündnis mit der Moderne entwickeln können. Dann bleibt nur, (6) sich in die Illusion zu verrennen, das Rad der Geschichte erst anhalten und dann zurückdrehen zu können, oder sich resignierend den Entscheidungen der Geschichte zu beugen und sich die Resthoffnung zu bewahren, das Modernisierungstempo zeitweilig ein wenig verlangsamen zu können.

Nie hat Rousseau geglaubt, das Rad der Geschichte anhalten zu können. „Die alten Völker können für die neuen kein Modell sein, sie sind ihnen in jeder Hinsicht zu fremd geworden." Wo Kapitalwirtschaft und Gewinnstreben Einzug gehalten haben, kann kein republikanisches Bürgertum mehr gedeihen. Wo das Repräsentationssystem herrscht, macht sich Unfreiheit breit. Politische und sittliche Korruptionsprozesse können nicht umgekehrt werden. Man kann ihrem Fortgang nur ohnmächtig zusehen. Daher ruft Rousseau den Genfer Bürgern im *9. Brief vom Berge* zu: „Bleibt an eurem Platz und jagt nicht nach den erhabenen Gegenständen, die man euch vorhält, damit ihr den Abgrund überseht, den man vor euren Füßen gräbt. Ihr seid weder Römer noch Spartaner, ja nicht einmal Athener. Lasst alle diese großen Namen, die euch nicht kleiden, ihr seid Kaufleute, Handwerker, Bürger (bourgeois), die ausschließlich mit ihrem Privatinteresse, ihrer Arbeit, ihrem Handel, ihrem Gewinn beschäftigt sind; ihr seid überhaupt Leute, für die die Freiheit selbst nur ein Mittel ist, ohne Hindernisse erwerben und in Sicherheit besitzen zu können."[176] Rousseaus fulminante Kritik der Moderne in den beiden Diskursen und in den Texten seiner republikanischen Philosophie ist nie von der Zuversicht begleitet gewesen, die überschaubaren Lebensverhältnisse der Antike wiederherstellen zu können. Weder gibt es einen Weg zurück in die unverfälschte, von den Versehrungen der Vergesellschaftung verschonte Natur, noch kann man sich aus der Gegenwart befreien und in die goldenen Jahre der Geschichte zurückkehren. Machiavelli konnte sich noch in der Hoffnung wiegen, durch Rückbesinnung den Republikanismus in der Gegenwart wieder heimisch zu machen. Rousseau wusste, dass der Republikanismus in der Moderne keine Zukunft hat. Er ist sich über die Unzeitgemäßheit seiner politischen Philosophie immer im Klaren gewesen. Er wusste, dass die Entwicklungsdynamik der gesellschaftlichen, kulturellen und politischen Moderne ihre Verwirklichung nicht zulässt. Ihm blieb nur die Hoffnung, diese Entwicklungsdynamik allenfalls ein wenig abbremsen zu können, die liberale Änderungsgeschwindigkeit durch republikanischen Traditionsschutz verlangsamen zu können. Der Sinn der politischen Philosophie Rousseaus ist nicht Konstruktion, sondern Kritik. Insofern liegt uns mit seiner ganzen Philosophie ein einheitliches Werk vor; insofern auch bilden die beiden Diskurse, der *Enzyklopädie*-Artikel und der *Contrat social*, eine Einheit. Sowohl der *homme naturel* als auch der *citoyen* bilden Gegenentwürfe zur Moderne, die im Gestus der Kritik verharren, die selbst keinen Weg zur Verbesserung des Kritisierten weisen. Rousseau ist der Erfinder der absoluten Gesellschaftskritik, die ihre Vergeblichkeit zum Zeugen ihrer Wahrheit macht.

Zusammenfassung

„Der Mensch wird frei geboren, aber überall liegt er in Ketten [...] Wie ist es zu diesem Wandel gekommen? Ich weiß es nicht. Was kann ihn rechtmäßig machen? Ich glaube, dass ich dieses Problem lösen kann“ (I.1; 351; 61). Rousseaus *Gesellschaftsvertrag* ist – wie Hobbes' *Leviathan*, wie Lockes *Abhandlungen über die Regierung* – der Behandlung des zentralen Problems der neuzeitlichen politischen Philosophie gewidmet, der Begründung politischer Herrschaft, der Rechtfertigung des Staates. Und wie bereits der Titel kenntlich macht, teilt er auch die rechtfertigungstheoretische Grundüberzeugung der Moderne, dass weder Natur noch Geschichte, noch Gott Herrschaft zu begründen vermögen, sondern nur menschliche Einwilligung Herrschaftsberechtigung verleihen kann. Nur dann gibt es einen legitimen Staat, wenn dieser sich auf einen Gesellschaftsvertrag gründet. Der Kern dieses voluntaristischen Legitimationskonzepts ist die Idee der Autorisierung und Herrschaftslegitimation durch freiwillige Selbstbeschränkung aus eigenem Interesse unter der Rationalitätsbedingung strikter Wechselseitigkeit.

Aber nicht jede Vereinbarung begründet eine legitime Ordnung. Auch in der Tradition der Vertragstheorie gibt es unzureichende Lösungen. Zwar gebührt der kontraktualistischen Rechtfertigungsmethode ein struktureller legitimationstheoretischer Vorzug gegenüber der kurzschlüssigen Machttheorie, jedoch droht dieser verspielt zu werden, wenn die vertraglichen Vereinbarungen ihrerseits rechtlich und sittlich unannehmbar sind. Es kommt also alles darauf an, in den Gedankenexperimenten des Kontraktualismus rechtlich zulässige Vereinbarungen von rechtlich unzulässigen Vereinbarungen zu unterscheiden. Die von seinen kontraktualistischen Vorgängern vorgeschlagenen Vertragsmodelle lehnt Rousseau allesamt als legitimationstheoretisch unzureichend ab. Seine Kritik gilt insbesondere dem kontraktualistischen Absolutismus, wie er in der Doppelvertragslehre von Grotius und Pufendorf und in der Staatsphilosophie von Thomas Hobbes entwickelt wird.

Im Zentrum seiner Kritik steht ein Freiheitsverständnis, das die Freiheit zur Wesensbestimmung des Menschen erklärt und damit in den Rang eines absoluten rechtfertigungstheoretischen Kriteriums erhebt. Nur das kann als gerechtfertigt gelten, was sich aus dem Begriff der Freiheit rechtfertigen lässt. Freiheit wird zur Quelle, zum Maß und zum Zweck des Rechts und der politischen Ordnung, und Verträge, die nicht Freiheit zum Inhalt haben, die nicht Freiheitssicherungsverträge sind, sind illegitim. Freilich umfasst das Freiheitsrecht der Menschen in den Augen Rousseaus nicht nur die Freiheit von der nötigenden Willkür anderer, nicht nur allgemeine Handlungsfreiheit, es umfasst auch einen unveräußerlichen und undeligierbaren Anspruch auf materiale Selbstbestimmung, auf Selbstherrschaft. Und diese Autonomie-ethische Bedeutungsdimension des Freiheitsrechts bereitet der Legitimationstheorie besondere Schwierigkeiten, fordert sie doch die Gründung einer politischen, gesetzgebenden und gewalthabenden Einheit, deren Mitglieder nach wie vor frei sind und ihre eigenen Herren bleiben, sodass sich ihr rechtlicher Status durch den Übergang vom *status naturalis* in den *status civilis* nicht im mindesten ändert. Es ist ersichtlich, dass in einer Herrschaftsordnung jedes Mitglied nur dann nach wie vor sich nur selbst gehorcht, wenn es auch nach wie vor über sich selbst herrscht, wenn die Gesetze, die Gehorsam verlangen, selbstgegebene Gesetze sind. Aber kann es unter der Voraussetzung eines derart radikalen, Autonomie-ethischen Freiheitskonzepts überhaupt legitime Herrschaft geben? Muss nicht jeder Versuch, dieses Legitimationsproblem aufzulösen, in eine ordnungspolitische Paradoxie münden? Wie ist eine gesellschaftsvertragliche Herrschaftserrichtung denkbar, die die materiale Selbstbestimmung der Individuen nicht schmälert?

Die Antwort auf diese Frage gibt der Rousseau'sche Gesellschaftsvertrag. Der Inhalt dieses Vertrages ist die „vollständige Entäußerung eines jeden Mitglieds mit all seinen Rechten an die Gemeinschaft". Es mag angesichts der heftigen Polemik Rousseaus gegen den kontraktualistischen Absolutismus überraschen, aber die Vertragslehre des *Contrat social* vertritt einen ungeschmälerten souveränitätstheoretischen Hobbesianismus. Die Syntax des Rousseau'schen Gesellschaftsvertrags unterscheidet sich nicht von der Syntax des Hobbes'schen Staatsvertrags. In beiden Fällen haben wir es mit einem Entäußerungsvertrag zu tun, in dem die Naturzustandsbewohner einander versprechen, auf alle Freiheit, alles Recht und alle Macht zu verzichten und sich rückhaltlos einer absoluten Gewalt zu unterwerfen. Das Recht, das die Individuen durch dieses vertragliche Versprechen erhalten, ist das Recht auf den absoluten politischen Gehorsam aller anderen. Der Entäußerungsakt ist sowohl bei Hobbes als auch bei Rousseau der Konstitutionsakt der politischen Herrschaft, die Geburtsstunde des Souveräns.

Die Besonderheit des Rousseau'schen Gesellschaftsvertrags besteht nun darin, dass allein die Gemeinschaft der Vertragsschließenden selbst die Position des Souveräns rechtmäßig einnehmen kann. Während bei Hobbes durch den Staatsvertrag zwar eine absolute herrschaftsrechtliche Machtposition geschaffen, aber noch kein materialer Souverän eingesetzt wird, da für Hobbes keinerlei notwendige Beziehung zwischen den absoluten herrschaftsrechtlichen Befugnissen und der materialen Besetzung der Souveränitätsposition besteht, fallen im Gesellschaftsvertrag Rousseaus die Erzeugung der absoluten Herrschaftsposition und deren materiale Besetzung durch die Gemeinschaft der Vertragschließenden selbst notwendig zusammen

Im Rahmen der staatsrechtlichen Chemie des *Contrat social* kommt dem Entäußerungsakt der Charakter einer Transformation der aggregativen, distributiv-allgemeinen Gemeinschaft der Vertragschließenden in eine kollektiv-allgemeine Willenseinheit zu. Aus dem Individuenaggregat der vielen einzelnen partikularen Willen wird eine politische Einheit mit einem einheitlichen allgemeinen Willen. *Populus est rex*: Der Rousseau'sche Gesellschaftsvertrag ist das Symbol der politischen Selbstermächtigung des Volkes. Indem er jedem die doppelte Rolle eines gleichberechtigten Herrschaftsteilhabers und eines gleichverpflichteten Herrschaftsunterworfenen zuteilt, bildet er die rechtliche Form einer herrschaftsrechtlichen Selbstorganisation der Gesellschaft.

Die durch den Rousseau'schen Vertrag der *aliénation totale* konstituierte Souveränität hat fünf charakteristische Eigenschaften: sie ist unveräußerlich; sie ist unvertretbar; sie ist unteilbar; sie ist unfehlbar; sie ist absolut. All diese Eigenschaften sind unmittelbare Konsequenzen des Vertrages und daher tautologische Bestimmungen, die nur den begrifflich festgelegten Bedeutungsgehalt der Volkssouveränität entfalten. Der Gesellschaftsvertrag muss selbst zur Verfassung und zur Verlaufsform gesellschaftlichen Lebens werden. Rousseaus Vertrag erlaubt nicht, als gründungsmythologische Figur in eine organisationspolitische Utopie vor der realen geschichtlichen Zeit abgeschoben zu werden, er verlangt gesellschaftsweite Realität und andauernde Präsenz. Er ist selbst das Muster der politischen Organisation der Gesellschaft; keine andere als die volkssouveränitäre Herrschaft kann legitim sein. Die Unveräußerlichkeit des Freiheitsrechts, die paradoxerweise die vollständige Entäußerung der Freiheit an die Gemeinschaft verlangt, um zu einer angemessenen politischen Organisationsform zu gelangen, bleibt bestehen und macht sich als Unveräußerlichkeit der Souveränität, als Unrepräsentierbarkeit des allgemeinen Willens und als Unvertretbarkeit der Herrschaftsteilhabe bemerkbar. Genauso wenig wie das natürliche Individuum, genauso wenig wie der Mensch seine Selbstbestimmung aufgeben oder sie sich gegen das Linsengericht der Sicherheit oder Bequemlichkeit abhandeln lassen darf, genauso wenig darf der politisierte Mensch, der bürgerliche Herrschaftsteilhaber sich seine politische Freiheit, seine politische Selbstbestimmung abhandeln lassen. Er darf sich weder vertreten noch enteignen lassen. Eine repräsentative Demokratie verletzt die Bedingung politischer Autonomie ebenso sehr wie eine autokratische oder oligarchische Herrschaftsordnung.

Rousseaus politische Philosophie erschöpft sich jedoch nicht in dieser staatsrechtlichen Eindimensionalität. Sie bürdet dem Vertrag zusätzliche Bedeutung auf, die mit den anthropologischen und rationalitätstheoretischen Voraussetzungen und Implikationen der modernen Vertragstheorie nicht vereinbar sind. In Rousseaus mehrdeutigem Kontraktualismus wird das Gesellschaftsvertragskonzept zum Sinnbild einer ethischen Metamorphose, einer Verwandlung der natürlichen Menschen in Gemeinschaftswesen. Und da erst mit dem Erreichen dieser Bestimmung der Mensch bei sich angekommen ist, wird der Vertrag geradezu zu einem Akt der Menschwerdung. Rousseau lässt keinen Zweifel daran, dass mit dem alten Menschen des Naturzustandes keine Gesellschaft und kein Staat zu machen ist. Und da er richtig beobachtet hat, dass in dem Menschenbild des Kontraktualismus das zeitgenössische moderne Individuum porträtiert wird, war ihm ebenfalls klar, dass auch mit seinen Zeitgenossen die von ihm entworfene Vertragsgemeinschaft nicht verwirklicht werden kann. Der Mensch muss sich ändern, seine Natur muss sich ändern. Das natürlich-instinktive Verhaltensprogramm muss durch eine vernünftige Lebensführung, durch ein verhaltensbestimmendes Gemeinschaftsethos ersetzt werden. Die Alienationsklausel des Rousseau'schen Gesellschaftsvertrages hat neben den rechtlich-politischen Konnotationen auch die fremde, das Vertragsparadigma sprengende Bedeutung einer Ethisierung, durch die der natürliche Triebegoismus der Menschen ethisch überformt wird. Und diese Überformung ist tief greifend, kommt einer Verwandlung gleich, in der alle Spuren der ersten Natur ausgelöscht werden. Es ist eine Merkwürdigkeit des Rousseau'schen Kontraktualismus, dass er den staatsrechtlichen Diskurs der politischen Philosophie der Neuzeit mit dem ethischen Diskurs der republikanischen Tradition vermischt, damit Motivations-, Erziehungs- und Integrationsfragen in die Argumentation einführt, die der auf Externalisierung aller Koordinationsprobleme ausgerichtete neuzeitliche Kontraktualismus glaubt aus dem Diskurs der politischen Philosophie ausklammern zu können.

Insbesondere von Diskursethikern wird der demokratische Absolutismus Rousseaus gern als Geburtsurkunde des kognitiven Prozeduralismus angesehen. Doch betont Rousseau immer wieder, dass nicht das Verfahren die Qualität der Gesetzgebung bestimmt, sondern dass die Tugend der Teilnehmer über die Qualität der Verfahrensergebnisse bestimmt. Die sich im demokratischen Verfahren der Selbstgesetzgebung ausdrückende politische Autonomie wird von Rousseau belehrt, dass Freiheit ihrerseits eine Voraussetzung machen muss, um die ihr angemessene Herrschaftsform verwirklichen zu können, um sich gegen ihre privatistisch-liberale Degeneration zu schützen. Und diese Voraussetzung ist die Tugend. Rousseau wendet sich entschieden gegen die These von der Priorität des Rechts. Der

Gerechtigkeit geht das Gute voran, denn Recht ist nur dann richtiges Recht, wenn sich in ihm das kollektive Gute, das Gemeinwohl ausdrückt. Rechtgeschützte Freiheit reicht weder aus, um ein Gemeinwesen zusammenzuhalten, noch ist sie hinreichend, um die Gerechtigkeitsqualität der Gesetze zu sichern. Rousseaus Republikanismus muss sich auf rechtsexterne Faktoren stützen, auf Gemeinsinn, große sozio-ökonomische Homogenität, auf die sozialintegrative Wirkung vormoderner Lebensformen. Eine eingelebte Gemeinwohlorientierung und eine annähernd egalitäre Verteilung gesellschaftlicher Güter sind die Hebamme der *volonté générale*; sie sollen die modernitätstypischen Individualisierungs- und Pluralisierungstendenzen verhindern und die für die Rousseau'sche Republik letalen Dissensrisiken abbauen.

Da mit den Menschen, wie sie sind, die Vertragsrepublik nicht realisierbar ist, versucht Rousseau im zweiten Teil des *Contrat social* die Bedingungen zu benennen, deren Erfüllung dafür sorgen könnte, dass die Menschen zu dem werden, was sie sein sollten und sein müssten, damit die sich selbst regierende Bürgergemeinschaft gelingt. Der Reigen dieser Verwirklichungsbedingungen der Republik reicht von dem erratischen Gesetzgeber über egalisierende, homogenitätssichernde sozial- und wirtschaftspolitische Maßnahmen bis zur Zivilreligion. Die Figur des Gesetzgebers entstammt der republikanischen Tradition. Republikaner sind anthropologische Pessimisten, nichts könnte ihnen ferner liegen, als das Volk zu vergöttlichen. Aus der Menge wird nur dann ein Volk, wenn die Menschen durch einen demiurgischen Menschenbildner, durch einen großen, charismatischen Einzelnen mit einer erhabenen Seele zu Bürgern erzogen werden. Damit dieses Erziehungswerk gelingt, muss der große Erzieher selbst frei von allen menschlichen Schwächen sein. Letztlich ist er eine mythische Figur, die eher das Problem der Nichtrealisierbarkeit einer republikanischen Lebensgemeinschaft unter den Bedingungen der individualistischen und pluralistischen Moderne illustriert als eine praktikable Lösung offeriert. Auch die äußeren Lebensumstände müssen dem Ziel der Verbürgerlichung der Menschen angepasst werden. Da Direktherrschaft nur in überschaubaren geographischen Räumen möglich ist, plädiert Rousseau für Kleinstaatlichkeit, ebenfalls für eine Ökonomie, die keinerlei Luxusproduktion erlaubt und jedes Auseinanderdriften der Gesellschaft verhindert. Zuletzt führt Rousseau noch die Zivilreligion zur Sicherung der sozialen Kohärenz und zur Beförderung des Gemeinsinns ein. Auch damit knüpft er an die republikanische Tradition an, die nie davor zurückgescheut war, die religiöse Empfänglichkeit des Volkes für politische Zwecke zu nutzen.

Im *Contrat social* begegnet uns eine Theorie, die versucht, mit den begrifflichen Mitteln moderner politischer Selbstverständigung eine politische Lebensform der Vormoderne zu modellieren und dem zeitgenössischen Liberalismus kritisch entgegenzuhalten. Es ist jedoch falsch, Rousseau den Vorwurf der Naivität zu machen. Nicht Konstruktion ist das Ziel der Rousseau'schen politischen Philosophie, sondern Kritik. Rousseau ist der Erfinder der absoluten Kritik, die ihre Vergeblichkeit zum Bürgen ihrer Wahrheit macht. Rousseau wusste durchaus, dass der Republikanismus in der Moderne keine Zukunft hat. Er war sich über die Unzeitgemäßheit seiner politischen Philosophie immer im Klaren. Er wusste, dass die Entwicklungsdynamik der gesellschaftlichen, kulturellen und politischen Moderne ihre Verwirklichung nicht zulässt. Ihm blieb nur die Hoffnung, diese Entwicklungsdynamik allenfalls ein wenig abbremsen zu können, die liberale Änderungsgeschwindigkeit durch republikanischen Traditionsschutz verlangsamen zu können.

Anmerkungen

[1] Aus stilistischen Gründen gebrauche ich die Titelbezeichnungen *Gesellschaftsvertrag* und *Contrat social* promiscue.

[2] Émile, OC IV, 837; 505.

[3] Vgl. W. Kersting: Die politische Philosophie des Gesellschaftsvertrags, Darmstadt 1994.

[4] Allgemein zur Naturzustandskonzeption in der politischen Philosophie der Neuzeit vgl. H. Hofmann: „Zur Lehre vom Naturzustand in der Rechtsphilosophie der Aufklärung", in: R. Brandt (Hg.): Rechtsphilosophie der Aufklärung, Berlin 1982, S. 12–46.

[5] Die aufwendigsten Naturzustandskonzeptionen finden sich nicht in den politikphilosophischen Werken von Hobbes und Locke, sondern in den Kompendien der Naturrechtsjuristen, die nach dem Vorbild Grotius' und Pufendorfs zumeist einem empirischen Aristotelismus anhängen und das *socialitas*-Prinzip zur Grundlage ihrer Argumentation machen. Ihre Naturzustandstheorien erzählen darum immer mehrphasige Vergesellschaftungsgeschichten. Die philosophisch-methodologische Radikalität, die den asozialen Individualismus des Hobbes'schen *status belli* erzeugt, findet sich bei ihnen nicht; vgl. W. Kersting: „Der Kontraktualismus im deutschen Naturrecht", in: O. Dann/D. Klippel (Hg.): Naturrecht–Spätaufklärung–Revolution, Hamburg 1995, S. 90–110

[6] Zur politischen Philosophie Hobbes' im Allgemeinen und dem Verhältnis von Naturzustand und Vertrag im *Leviathan* im Besonderen vgl. W. Kersting: Thomas Hobbes zur Einführung, Hamburg [2]2002; ders. (Hg.): Thomas Hobbes: Leviathan, Klassiker Auslegen Bd. 5, Berlin 1996.

[7] Vgl. Diskurs über die Wissenschaften und Künste, OC III, 7; 9.

[8] Zur Naturzustands- und Vertragskonzeption des Rousseau'schen Ungleichheitsdiskurses vgl. M. Forschner: Rousseau, Freiburg/München 1977, S. 43–55; I. Fetscher: Rousseaus politische Philosophie, Frankfurt/M. 1978, S. 49–61; B. Schmid: Sittliche Existenz in „Entfremdung", Düsseldorf 1983, S. 372 ff.; K. Herb, Rousseaus Theorie legitimer Herrschaft, Würzburg 1989, S. 73–107; zum Verhältnis von Moralphilosophie und vorgeschichtlichem Naturzustand vgl. A. M. Melzer: The Natural Goodness of Man. On the System of Rousseau's Thoughts, Chicago 1990.

[9] Diskurs über die Ungleichheit, OC III, 176; 211/213.

[10] Du contrat social ou Essai sur la forme de la republique. Première version, OC III, 288.

[11] Diskurs über die Ungleichheit, OC III, 132; 71.

[12] Ebd., OC III, 122; 43.

[13] Platon: Politeia 611d.

[14] Diskurs über die Ungleichheit, OC III, 123; 47/9.

[15] Diskurs über die Ungleichheit, OC III, 177/8; 215–219.

[16] Diskurs über die Ungleichheit, OC III, 180; 225.

[17] Diskurs über die Ungleichheit, OC III, 184; 243.

[18] Zu dieser Lehre von den zwei (und mehr) Verträgen vgl. W. Kersting: „Der Kontraktualismus im deutschen Naturrecht", a. a. O.

[19] Diskurs über die Ungleichheit, OC III, 191; 263.

[20] Abhandlung über die Politische Ökonomie, OC III, 273; 50/1.

[21] Dazu W. Kersting: Politische Philosophie des Gesellschaftsvertrags, a. a. O., S. 39–46.

[22] Mit diesem Argument etwa rechtfertigt Buchanan den Sklavenvertrag; vgl. J. M. Buchanan: Die Grenzen der Freiheit, Tübingen 1984, S. 85.

[23] Vgl. W. Kersting: Politische Philosophie des Gesellschaftsvertrags, a. a. O., S. 259–291; ders.: Theorien der sozialen Gerechtigkeit, Stuttgart 2000, S. 68–171; ders.: John Rawls zur Einführung, 2. Aufl. Hamburg 2001.

[24] Jean Starobinski spricht von einem „contrat mystificateur" in: ders.: „La Pensée politique de Jean-Jacques Rousseau", in: S. Baud-Bovy et al.: Jean-Jacques Rousseau, Neuchâtel 1962, S. 81–99; S. 92.

[25] „Wenn es keine höhere Gewalt gäbe, welche die Treue der Vertragsschließenden garantieren noch sie zwingen könnte, ihre gegenseitigen Verbindlichkeiten zu erfüllen, würden die Parteien alleinige Richter in ihrer eigenen Sache bleiben und jede von ihnen hätte stets das Recht, sich vom Vertrag loszusagen, sobald sie fände, dass die andere Partei seine Bedingungen verletzt, oder sobald diese aufhörten, ihr zu gefallen" (Diskurs über die Ungleichheit, OC III, 185; 245).

[26] Genau das aber haben die Pufendorfianer getan. Zum einen binden sie, voll antihobbesschen Eifer, den Souverän in die Verpflichtungswechselseitigkeit des Unterwerfungsvertrages ein; zum anderen jedoch entschärfen sie diese Verpflichtungsreziprozität durch eine nachträglich eingefügte Unkündbarkeitsklausel; damit wird der Pufendorf'sche Souverän durch *ein und denselben* Vertrag gebunden und freigestellt. Aufgrund der stabilitätspolitisch motivierten Unkündbarkeitsklausel verpufft die Revision des kontraktualistischen Absolutismus Hobbes'scher Provenienz durch die Doppelvertragstheorie wirkungslos: Der durch den Pufendorf'schen Doppelvertrag instituierte Souverän ist nicht minder absolut als der durch den Hobbes'schen Staatsvertrag ins Leben gerufene Leviathan.

[27] Vgl. D. Sternberger: Drei Wurzeln der Politik, Schriften II, 1, Frankfurt/M. 1978, S. 87–158.

[28] Abhandlung über die Politische Ökonomie, OC III, 241 f.; 11. Trotz dieses unüberbrückbaren Gegensatzes zwischen der naturbegründeten Gewalt des Vaters zum einen und der konventionsbegründeten, eingewilligten politischen Autorität zum anderen hat Rousseau, ganz anders als Aristoteles, bei der Beschreibung der männlichen Vormachtsstellung im Haus merkwürdigerweise auf staatsrechtliche Begriffe zurückgegriffen. „Die Autorität darf zwischen Vater und Mutter nicht gleich sein. Es darf nur eine Befehlsgewalt geben und bei Meinungsverschiedenheiten darf es nur eine Stimme geben, die entscheidet [...] Wenn das Gleichgewicht vollkommen ist, genügt ein Strohhalm, um es zu stören." Mit genau diesem Argument hat sich Hobbes, und mit ihm das ganze kontraktualistische Zeitalter, gegen die Teilung der Herrschaftsgewalt und für die absolute Souveränität des Staates ausgesprochen. Offenkundig sind für Rousseau hier Familienkonflikte und Staatskonflikte von glei-

cher Struktur, daher kann die Konfliktlösung resp. die Konfliktverhinderung auch der gleichen Grammatik folgen. Dass die unterschiedliche Sozialnatur von Familie und Staat nach einer unterschiedlichen Behandlung von auftauchenden Konflikten verlangen könnte, kommt dem Autor des *Émile* nicht in den Sinn. Keinerlei staatsrechtlichen Hintergrund hat freilich das folgende Argument für die Unerlässlichkeit der männlichen Vormachtstellung im Haus: „Außerdem muss der Ehemann die Kontrolle über das Verhalten seiner Frau haben: weil er die Versicherung braucht, dass die Kinder, die er anerkennen und ernähren muss, keinem anderen als ihm allein gehören. Die Frau, die nichts Ähnliches zu fürchten braucht, hat nicht das gleiche Recht über den Ehemann."

29 Abhandlung über die Politische Ökonomie, OC III, 243 f.; 13.

30 Leviathan 17, 134 f.

31 Leviathan: Einleitung, 5.

32 J. Locke: Zwei Abhandlungen über die Regierung, Frankfurt/M. 1977, § 87; S. 253.

33 Vgl. J. Locke: Zwei Abhandlungen über die Regierung, a. a. O., § 93. Freilich ist in Rousseaus Augen auch Locke selbst Adressat der Rationalitätskritik. Denn der Locke'sche Vertrag ähnelt dem Betrugsvertrag der Reichen, dient er doch wie dieser der Zementierung ungleicher Eigentumsverhältnisse. Was also könnte für Arme irrationaler sein, als dem Locke'schen Vertragsbündnis der *beati possidente*s beizutreten?

34 Diskurs über die Ungleichheit, OC III, 141; 99.

35 R. Brandt: Rousseaus Philosophie der Gesellschaft, Stuttgart 1973, S. 73.

36 Briefe vom Berge VIII, OC III, 841 f.

37 Zur Rechtsphilosophie Kants vgl. W. Kersting: Wohlgeordnete Freiheit. Immanuel Kants Rechts- und Staatsphilosophie, Frankfurt/M. 1993.

38 Contrat social. Première Version, OC III, 287.

39 Contrat social. Première Version, OC III, 290.

40 Vgl. W. Kersting: Wohlgeordnete Freiheit. Immanuel Kants Rechts- und Staatsphilosophie, a. a. O., S. 325–363; ders.: Politische Philosophie des Gesellschaftsvertrags, a. a. O., S. 180 ff.

41 Man darf jedoch annehmen, dass Rousseau ursprünglich durchaus daran gedacht hat, ein Völkerrecht zu entwickeln. Der *Gesellschaftsvertrag* ist ja nur ein Teil einer großen Untersuchung über die *Institutions politiques*, die neben der im *Contrat social* vorgetragenen Staatsrechtsbegründung auch eine Völkerrechtsbegründung umfassen sollte. Rousseau hat diesen anspruchsvollen Plan nicht verwirklicht. Zum Verhältnis von Staatsrecht und Völkerrecht bei Rousseau vgl. O. Asbach: „Staatsrecht und Völkerrecht bei Jean-Jacques Rousseau. Zur Frage der völkerrechtlichen Vollendung des *Contrat social*", in: R. Brandt/K. Herb (Hg.): Jean-Jacques Rousseau. Vom Gesellschaftsvertrag oder Prinzipien des Staatsrechts, Berlin 2000, S. 241–271.

42 Briefe vom Berge VI, OC III, 806; 146.

43 Émile, OC IV, 840; 507.

44 An anderer Stelle ist Rousseau genauer: Bürger zu sein bedeutet zugleich Herrscher und Beherrschter zu sein; vgl.: „Die Wörter *Untertan* und *Souverän* sind identische Korrelatbegriffe (corrélations identiques), deren Idee in dem einen Wort *Bürger* zusammenfällt" (III.13; 427; 155).

[45] Vgl. W. Kersting: Thomas Hobbes zur Einführung, a. a. O.; ders.: Die politische Philosophie des Gesellschaftsvertrags, a. a. O., S. 93 ff.

[46] Vgl.: „Der politische Körper, individuell genommen, kann als organisierter, lebender Körper genommen werden, der dem des Menschen ähnelt. Die souveräne Gewalt stellt den Kopf dar; die geschriebenen und ungeschriebenen Gesetze sind das Gehirn, Ursprung der Nerven und Sitz des Verstandes, des Willens und der Sinne, deren Organe die Richter und Magistratspersonen sind. Der Handel, das Gewerbe und die Advokaten sind der Mund und der Magen, welche die gemeinsame Nahrung zubereiten. Die öffentlichen Finanzen sind das Blut, das eine weise Ökonomie, die damit die Aufgabe des Herzens übernimmt, als Lebensnahrung durch den ganzen Körper verteilt. Die Bürger sind der Körper und die Glieder, welche bewirken, dass die Maschine sich bewegt, lebt und arbeitet und die man in keinem ihrer Teile verletzen kann, ohne dass der Schmerz zugleich im Gehirn gespürt wird, wenn das Tier nur gesund ist" (Abhandlung über die Politische Ökonomie, OC III, 244; 14 f.). Das Vorbild dieser Passage ist offensichtlich die machtvolle Einleitung zum *Leviathan*.

[47] Briefe vom Berge VI, OC III, 807, 146.

[48] Vgl. Émile OC IV, 840; 508.

[49] Vgl. W. Kersting: Recht, Gerechtigkeit und demokratische Tugend, Frankfurt/M. 1997, Kap. 11–13.

[50] Fetscher vergleicht diese Verwandlung treffend mit „der Transsubstantiation [...] die in der Eucharistie Ereignis wird" (I. Fetscher: Rousseaus politische Philosophie, a. a. O., S. 107).

[51] Thomas Hobbes: Leviathan, Hg. v. Richard Tuck, Cambridge 1996, S. 9/10.

[52] Man and Citizen.Thomas Hobbes's De Homine and De Cive, edited with an Introduction by Bernard Gert, Humanities Press 1972, chap. X, § 5, S. 40/1.

[53] Hobbes: Leviathan, a. a. O., chap. XXI, S. 150.

[54] Vgl. W. Kersting: „Positives Recht und Gerechtigkeit bei Thomas Hobbes", in: ders.: Recht und Politik, Weilerswist 2000, S. 275–302; ders.: „Der künstliche Mensch. Vertrag und Souveränität bei Hobbes", in: R. Voigt (Hg.): Thomas Hobbes' Staatsphilosophie, Baden-Baden 2000, S. 67–96.

[55] D. Diderot: „Naturrecht", in: ders.: Enzyklopädie. Philosophische und politische Texte aus der „Encyclopédie", München1969, S. 335–339.

[56] Abhandlung über die Politische Ökonomie, OC III, 245.

[57] Abhandlung über die Politische Ökonomie, OC III, 245; 15.

[58] Vgl. W. Kersting: Politische Philosophie des Gesellschaftsvertrags, a. a. O., S. 222 ff.

[59] Abhandlung über die Politische Ökonomie, OC III, 245; 16.

[60] Abhandlung über die Politische Ökonomie, OC III, 246; 16 f.

[61] „La volonté la plus générale est aussi toujours la plus juste; et ... la voix du peuple est en effet la voix de Dieu" (Abhandlung über die Politische Ökonomie, OC III, 246). Das ist eine der Ungenauigkeiten, die man so häufig in den Rousseau'schen Schriften findet. Aufgrund der Hierarchie der Gemeinwillen kann nur der oberste Allgemeinwille der Stimme Gottes gleichgesetzt werden, und das ist der Menschheitswille, nicht der Wille eines besonderen Volkes. Die Erklärung dieses Lapsus ist wohl, dass Rousseau in seinem Artikel ausschließlich an dem politischen

Kontext interessiert ist und die *volonté générale* allein als staatliche Gerechtigkeitsnorm betrachtet.

[62] Leviathan 18, 142; vgl. W. Kersting: Thomas Hobbes zur Einführung, a. a. O., S. 159–174.

[63] Hobbes gibt zu bedenken, dass Machtteilung Konflikte heraufbeschwört, die aufgrund der Abwesenheit eines kompetenten und allmächtigen Schlichters nicht gelöst werden könnten, sodass durch Machtteilung genau der Zivilisationsfortschritt widerrufen wird, der mit der Etablierung von Staatlichkeit erreicht werden sollte; vgl. Leviathan 29, 248.

[64] Vgl. W. Kersting: Wohlgeordnete Freiheit. Immanuel Kants Rechts- und Staatsphilosophie, a. a. O., S. 393–412.

[65] Briefe vom Berge VI, OC III, 808; 147.

[66] Leviathan 18, 139.

[67] Leviathan 30, 264.

[68] Kant: Gemeinspruchaufsatz, AA VIII, 304.

[69] Vgl. J. D. Talmon: The Rise of Totalitarian Democracy, Boston 1952.

[70] Zum Strafrecht bei Rousseau siehe Contrat social II.5; 376 f.; 93–95; vgl. R. Brandt: Rousseaus Philosophie der Gesellschaft, a. a. O., S. 86–88.

[71] Das einzige individuelle Grundrecht, das Rousseau den Bürgern zubilligt, ist das Recht, mit Beginn der Volljährigkeit zu entscheiden, ob man dem Gesellschaftsvertrag beitreten oder das Land verlassen wolle. Dabei findet die Lehre vom stillschweigenden, konkludenten Vertrag Anwendung: Derjenige, der sein Entscheidungs- und Freizügigkeitsrecht nicht wahrgenommen hat und geblieben ist, hat sich damit stillschweigend dem Vertrag angeschlossen; vgl. Émile V, OC IV, 833; 502; Contrat social IV.2, OC III, 440; 171.

[72] Diese systematische Vorrangigkeit des Demokratieprinzips vor dem Rechtsstaatlichkeitsprinzip, die in einer prozeduralistischen Auflösung des Menschenrechtskonzepts kulminiert, ist auch kennzeichnend für die Diskursethik; vgl. J. Habermas: Faktizität und Geltung. Frankfurt/M. 1992.

[73] Vgl. W. Kersting: „Positives Recht und Gerechigkeit bei Thomas Hobbes", in: ders.: Recht und Politik. Abhandlungen zur politischen Philosophie der Gegenwart und zur neuzeitlichen Rechtsphilosophie, Weilerswist 2000, S. 275–303.

[74] Natürlich gibt es auch in der Rousseau-Forschung eine starke Fraktion, die dem Antimodernisten Rousseau selbst diesen Modernismus streitig machen möchte und ihn zu einem Naturrechtsdenker macht. Was Warrender und Taylor für Hobbes (vgl. die einschlägigen Textstücke in: W. Kersting (Hg.), Hobbes: Leviathan, Klassiker Auslegen Bd. 5, Berlin 1996) sind, sind Derathé und Haymann für Rousseau; vgl. hierzu K. Herb: Rousseaus Theorie legitimer Herrschaft, a. a. O., S. 185 ff.

[75] Briefe vom Berge VII, OC III, 826; 171.

[76] Contrat social. Première Version, III 296.

[77] Vgl. II.12; 393; 115.

[78] Siehe dazu oben Kap. II.6.

[79] Vgl. W. Kersting: Wohlgeordnete Freiheit, a. a. O., S. 350 ff.

[80] Émile OC IV, 249; 12.

[81] Carl Schmitt: „Der Gegensatz von Parlamentarismus und moderner Massendemokratie", in: ders.: Positionen und Begriffe im Kampf mit Weimar–Genf–Ver-

sailles 1923–1939, Berlin 1988, S. 63; vgl. ders.: Die geistesgeschichtliche Lage des heutigen Parlamentarismus, 5. Auflage Berlin 1988. Wenn Schmitt freilich damit fortfährt, sich darüber zu wundern, dass Rousseau überhaupt die Republik auf einem Vertrag errichtet, da der Gedanke des Vertrages doch Differenz und gegensätzliche Interessen voraussetzt, dann beweist das nur, dass er die rechtfertigungstheoretische Vertragskonzeption nicht begriffen hat. Natürlich sind alle Verträge der neuzeitlichen Staatsphilosophie gerade keine interessendifferenten, sondern notwendigerweise interessenidentische Verträge; wie sollte sonst die erforderliche Einmütigkeit gesichert werden können?

[82] Vgl. E. Fraenkel: Deutschland und die westlichen Demokratien, Frankfurt/M. 1990, S. 297 ff.

[83] Platon: Politeia 421 b.

[84] E. Kaufmann: „Zur Problematik des Volkswillens", in: ders., Rechtsidee und Recht, Gesammelte Schriften Band III, Göttingen 1960, S. 272–284; S. 274–276.

[85] Vgl. W. Kersting: „Aristoteles' Ethik", in: ders.: Kritik der Gleichheit, Weilerswist 2002.

[86] J. Habermas: Faktizität und Geltung, a. a. O., S. 611.

[87] Émile OC IV, 249; 12

[88] Contrat social. Première Version, OC III, 310.

[89] „… ohne Gesetze ist der eingerichtete Staat nur ein Körper ohne Seele, er existiert nur, aber er kann nicht handeln, denn es ist nicht ausreichend, dass jeder dem Allgemeinwillen unterworfen ist; um ihm zu folgen, muss man ihn kennen" (ebd.).

[90] Kant: Gemeinspruchaufsatz, AA VIII, 297.

[91] Contrat social. Première Version, OC III, 327.

[92] Abhandlungen über die Politische Ökonomie, OC III, 247 f.; 19 f.

[93] Abhandlungen über die Politische Ökonomie, OC III, 252; 24.

[94] Abhandlungen über die Politische Ökonomie, OC III, 255; 29.

[95] M. Forschner: Rousseau, a. a. O., S. 120; vgl.: „Der Gemeinwille ist also der Inbegriff der Teilinteressen, in dem sich alle Einzelwillen treffen, der Partikularwille im engeren Sinn ist der Wille, in dem der eine sich vom anderen unterscheidet" (S. 121). Hier ist deutlich, dass der Wille aller als Definiens der *volonté générale* verstanden wird; das ist aber gegen Buchstabe und Geist der Rousseau'schen Republiktheorie.

[96] J. Locke: Zwei Abhandlungen über die Regierung, a. a. O., § 98; S. 261.

[97] Ebd., § 99; S. 262.

[98] Zum Unterschied eines A-priori-Gemeinwohls von einem A-posteriori-Gemeinwohl vgl. E. Fraenkel: Deutschland und die westlichen Demokratien, a. a. O., S. 261 ff.

[99] Diskurs über die Ungleichheit, OC III, 164; 173.

[100] Vgl. I.9; OC III, 365–367; 79–83.

[101] Vgl. W. Kersting: „Transzendentalphilosophische Eigentumsbegründung", in: ders.: Recht, Gerechtigkeit und demokratische Tugend, Frankfurt/M. 1997, S. 58 ff.

[102] Vgl. R. Brandt: Eigentumstheorien von Grotius bis Kant, Stuttgart-Bad Cannstatt 1974, S. 145–166.

[103] Hans Dölle: „Das bürgerliche Recht im nationalsozialistischen deutschen

Staat", Schmollers Jahrbuch für Gesetzgebung, Verwaltung und Volkswirtschaft 57/1933, S. 656; zit. n. Peter Thoss: Das subjektive Recht in der gliedschaftlichen Bindung. Zum Verhältnis von Nationalsozialismus und Privatrecht, Frankfurt/M. 1968, S. 86.

[104] Vgl. Émile, OC IV, 841; 509

[105] A. L. Schlözer: Allgemeines StatsRecht und StatsVerfassungsLere, Göttingen 1763, S. 76.

[106] Leviathan 18, 136.

[107] Leviathan 19, 146.

[108] J. Locke: Zwei Abhandlungen über die Regierung, a. a. O., § 171; S. 308/9.

[109] Vgl. Cicero: De officiis I § 33 (proverbium iam tritum sermone).

[110] OC III, 247; 18.

[111] Abhandlung über die Politische Ökonomie, OC III, 250; 21.

[112] Abhandlung über die Politische Ökonomie, OC III, 250; 22.

[113] Abhandlung über die Politische Ökonomie, OC III, 252; 24.

[114] Abhandlung über die Politische Ökonomie, OC III, 251, 23.

[115] Abhandlung über die Politische Ökonomie, OC III, 251; 23.

[116] Abhandlung über die Politische Ökonomie, OC III, 259; 33.

[117] Abhandlung über die Politische Ökonomie, OC III, 259; 33.

[118] Abhandlung über die Politische Ökonomie, OC III, 259; 34.

[119] Abhandlung über die Politische Ökonomie, OC III, 260; 36; vgl. auch das Erziehungskapitel in Rousseaus *Betrachtungen über die Regierung Polens* (OC III, 966–970). Es beginnt folgendermaßen: „Dies hier ist der entscheidende Abschnitt. Die Erziehung ist es, die den Seelen die nationale Kraft geben und ihre Meinungen und ihren Geschmack so lenken muss, dass sie Patrioten aus Neigung, Leidenschaft und Notwendigkeit werden. Ein Kind muss, sobald es die Augen öffnet, das Vaterland sehen und bis zum Tode nichts anderes sehen als das Vaterland. Jeder wahre Republikaner hat die Liebe zu seinem Vaterland, das heißt: zu den Gesetzen und zur Freiheit mit der Muttermilch eingesogen. Diese Liebe macht sein ganzes Sein aus; er sieht nur das Vaterland, lebt nur dem Vaterland; sobald er allein ist, ist er nichts, sobald er kein Vaterland mehr hat, hört er auf zu sein; und ist er dann nicht tot, so ist es noch schlimmer für ihn" (OC III, 966; 578).

[120] Abhandlung über die Politische Ökonomie, OC III, 252; 24.

[121] Abhandlung über die Politische Ökonomie, OC III, 253; 25.

[122] Abhandlung über die Politische Ökonomie, OC III, 262; 38.

[123] Émile OC IV, 470; 193.

[124] Abhandlung über die Politische Ökonomie, OC III, 263; 38.

[125] Abhandlung über die Politische Ökonomie, OC III, 269; 47.

[126] Abhandlung über die Politische Ökonomie, OC III, 271; 48.

[127] Abhandlung über die Politische Ökonomie, OC III, 276; 54.

[128] Abhandlung über die Politische Ökonomie, OC III, 276 f.; 55.

[129] Abhandlung über die Politische Ökonomie, OC III, 258/277; 32/56.

[130] Abhandlung über die Politische Ökonomie, OC III, 258; 32.

[131] Vgl. III.3; 402 f.; 126 f.

[132] OC III, 309–311.

[133] Abhandlung über die Politische Ökonomie, OC III, 251; 23.

[134] Vgl. W. Kersting: Recht, Gerechtigkeit und demokratische Tugend, a. a. O., Kap. 11–13.

[135] Kant: Zum ewigen Frieden, AA VIII, 366.

[136] Montesquieu: Vom Geist der Gesetze III,5; Montesquieu bildet in seinem Monarchieporträt den modernen rationalen Staat der allgemeinen Gesetze ab, gegen den sein ständestaatliches System der alten Freiheiten und unterschiedlichen Rechtskreise gerichtet ist.

[137] Die Parallelstelle aus dem Genfer Manuskript spricht gar von „entstellen", „verstümmeln" (mutiler) (OC III, 313).

[138] Kant: Ideen zu einer allgemeinen Geschichte, AA VIII, 24.

[139] G. W. F. Hegel: Vorlesungen über die Philosophie der Geschichte, Werke in zwanzig Bänden, Bd. 12, Frankfurt/M. 1970, S. 46.

[140] Zum Politikverständnis Machiavellis vgl. W. Kersting: Niccolò Machiavelli. Leben–Werk–Wirkung, 2. Auflage München 1998.

[141] N. Machiavelli: Discorsi. Gedanken über Politik und Staatsführung, 2. Auflage Stuttgart 1977; I.9; S. 37.

[142] Ebd., I.10; S. 42.

[143] Ebd., I.55; S. 143.

[144] Ebd., I.18; S. 67.

[145] Kant: Metaphysik der Sitten, AA VI, 341.

[146] Machiavelli: Geschichte von Florenz, Zürich 1986, S. 219.

[147] Niccolò Machiavelli: Reformdenkschrift, Gesammelte Schriften in fünf Bänden, hg. v. Hanns Floerke, München 1925, Bd. II, S. 244.

[148] Vgl. W. Kersting: „Handlungsmächtigkeit. Machiavellis Lehre vom politischen Handeln", in: Philosophisches Jahrbuch 95/1988, S. 235–255.

[149] „Mettre la loi au-dessus de l'homme est un problème en politique, que je compare à celui de la quadrature du cercle en géometrie" (Betrachtungen über die Regierung Polens OC III, 955; 567).

[150] J. A. Schumpeter: Kapitalismus, Sozialismus und Demokratie, 4. Aufl. München 1975, S. 397.

[151] Ebd., S. 416.

[152] Aristoteles: Nikomachische Ethik 1113 a 30.

[153] Vgl. sein *Projet de constitution pour la Corse* und seine *Considerations sur le gouvernement de Pologne* (OC III, 900–950/951–1041); eine deutsche Übersetzung beider Texte findet sich in: Rousseau. Sozialphilosophische und Politische Schriften, München 1981, 509–564/565–658.

[154] Vgl. Bernard Gagnebin: „Die Rolle des Gesetzgebers", in: R. Brandt/K. Herb: Jean-Jacques Rousseau. Vom Gesellschaftsvertrag oder Prinzipien des Staatsrechts, a. a. O., S. 145.

[155] Betrachtungen über die Regierung Polens, OC III, 1009; 622

[156] Betrachtungen über die Regierung Polens, OC III, 1004 f.; 618.

[157] Betrachtungen über die Regierung Polens, OC III, 1008; 621.

[158] Zur Wirtschaftspolitik der Republik vgl. I. Fetscher: Rousseaus politische Philosophie, a. a. O., S. 211–253.

[159] Betrachtungen über die Regierung Polens, OC III, 953; 565.

[160] OC III, 431; 161; vgl. OC III, 470.

[161] Vgl. O. Asbach: „Staatsrecht und Völkerrecht bei Jean-Jacques Rousseau. Zur Frage der völkerrechtlichen Vollendung des *Contrat social*", a. a. O.

[162] Vgl. W. Kersting: Recht, Gerechtigkeit und demokratische Tugend, a. a. O., S. 264 ff.

[163] So I. Fetscher: Rousseaus politische Philosophie, a. a. O., S. 148.

[164] Zu Religion und Politik bei Machiavelli vgl. W. Kersting: Niccolò Machiavelli. Leben–Werk–Wirkung, a. a. O., S. 147 ff.

[165] Machiavelli: Discorsi. Gedanken über Politik und Staatsführung, a. a. O., S. 44 f.

[166] Ebd., S. 44.

[167] Spinoza: Ethica IV, Lehrsatz 54, Anm.

[168] Spinoza: Theologisch-politischer Traktat, Hamburg 1976, S. 216.

[169] Leviathan 40, 42; 360, 362, 396.

[170] Vgl. M. Großheim: „Religion und Politik. Die Teile III und IV des *Leviathan*", in: W. Kersting (Hg.): Thomas Hobbes – Leviathan, Berlin 1996, S. 83–316.

[171] Das macht den Unterschied zum heutigen Verständnis von Zivilreligion aus: Eine voraufklärerische Verpflichtung zu einem aufklärerisch minimalisierten Schrumpfbekenntnis ist mit dem Recht auf Religionsfreiheit nicht vereinbar. Der Begriff der Zivilreligion wird heute nicht mehr normativ verwendet. Seine funktionalistisch-stabilitätspolitische Färbung hat er jedoch behalten. Heute werden die sei es spezifisch religiösen, sei es allgemein kulturellen Überzeugungsinhalte als zivilreligiöse Bestände identifiziert, in denen die unterschiedlichen Überzeugungssysteme moderner, pluralistischer Gesellschaften konvergieren, auf die sich darum Politik und Gesellschaft bei der Suche nach allgemein anerkennungsfähigen Regeln konzentrieren müssen. Gemeinsam ist diesen geteilten Meinungen – und darum ist hier der Ausdruck „Zivilreligion" einschlägig geworden –, dass sie Lebensvoraussetzungen und Sinnfundamente benennen, die der politischen Disposition entzogen sind und als unverfügbar anerkannt werden wollen; einen guten Überblick über die gegenwärtige Verwendung des Konzepts der Zivilreligion bieten H. Kleger/A. Müller (Hg.): Religion des Bürgers. Zur Zivilreligion in Amerika und Europa, München/Mainz 1986.

[172] Vgl. R. Brandt: Rousseaus Philosophie der Gesellschaft, a. a. O., S. 130.

[173] Contrat social. Première Version, OC III, 336.

[174] Betrachtungen über die Regierung Polens, OC III, 1007; 621.

[175] Jean-Jacques Rousseau: Schriften, hg. v. Henning Ritter, München 1978, Bd. 2, S. 570.

[176] Briefe vom Berge IX, OC III, 881; 232 f.

Literaturverzeichnis

1. Ausgaben und Übersetzungen des „Contrat social“ und anderer politischer Schriften Rousseaus

Du Contrat social, hg. v. B. de Jouvenel, Genf 1947.

The Political Writings of Jean-Jacques Rousseau. 2 Bde., hg. v. Ch. E. Vaughan, Oxford 1962.

Du Contrat social. Écrits politiques, Œuvres complètes de Jean-Jacques Rousseau, Bd. III, hg. v. B. Gagnebin und M. Raymond, Paris 1964.

Du Contrat social, hg. v. R. Derathé, Paris 1964.

Politische Schriften. Band 1, Paderborn 1977.

Vom Gesellschaftsvertrag oder die Grundzüge des Staatsrechts, hg. v. H. Brockard, Stuttgart 1977.

Sozialphilosophische und Politische Schriften, München 1981.

Kulturkritische und politische Schriften in zwei Bänden, hg. v. M. Fontius, Berlin 1989.

Vom Gesellschaftsvertrag oder Grundlagen des politischen Rechts, hg. v. E. W. Skwara, Frankfurt/M. 1996.

Der Gesellschaftsvertrag, hg. v. A. Heine, Essen 1997.

2. Forschungsliteratur

Bibliographien, Sammelbände

Bibliographie und Rezensionen in: Annales de la Société Jean-Jacques Rousseau, Genf 1905 ff.

Brandt, R./Herb, K. (Hg.): Jean-Jacques Rousseau. Vom Gesellschaftsvertrag oder Prinzipien des Staatsrechts, Berlin 2001.

Cranston, M./Peters, R. S. (Hg.): Hobbes and Rousseau. A collection of critical essays, New York 1972.

Cress, D. A. (Hg.): On the Social Contract: Jean-Jacques Rousseau, Indianapolis 1987.

Dent, N.: A Rousseau Dictionary, Oxford 1992.

Études sur le „Contrat social“ de Jean-Jacques Rousseau. Actes des journées d'étude organisées à Dijon, Paris 1964.

Kersting, W. (Hg.): Rousseaus Vertragsrepublik, Baden-Baden (in Vorbereitung).

O'Hagan, T. (Hg.): Jean-Jacques Rousseau and the Sources of the Self, Avebury 1997.

Sénelier, J.: Bibliographie générale de l'œuvres de Jean-Jacques Rousseau, Paris 1950.

Soetard, M.: Jean-Jaques Rousseau: Philosoph – Pädagoge – Zerstörer der alten Ordnung. Eine Bibliographie, Zürich 1989.
Wokler, R. (Hg.): Rousseau and Liberty, Manchester 1995.

Literatur zur Politischen Philosophie Rousseaus

Brandt, R.: Rousseaus Philosophie der Gesellschaft, Stuttgart 1973.
Bronislaw, B.: Rousseau. Einsamkeit und Gemeinschaft, Wien 1970.
Broome, J. H.: Roussau. A Study of His Thought, London 1963
Caspar, J.: Wille und Norm. Die zivilisationskritische Rechts- und Staatskonzeption J.-J. Rousseaus, Baden-Baden 1993.
Cassirer, E.: Das Problem Jean-Jacques Rousseau, Darmstadt 1970.
Crocker, L. G.: Rousseau's Social Contract: An Interpretative Essay, Cleveland 1968.
Cullen, D. E.: Freedom In Rousseau's Political Philosophy, DeKalb 1993.
Derathé, R.: Le rationalisme de Jean-Jacques Rousseau, Paris 1948.
Derathé, R.: Jean-Jacques Rousseau et la science politique de son temps, Paris 1950.
Dobinson, C. H.: Jean-Jacques Rousseau. His Thought and His Relevance Today, London 1969.
Ferrara, A.: Modernity and Authenticity: A Study of the Social and Ethical Thought of Jean-Jacques Rousseau, Albany 1992.
Fetscher, I.: Rousseaus politische Philosophie. Zur Geschichte des demokratischen Freiheitsbegriffs, Frankfurt/M. [3]1978.
Forschner, M.: Rousseau, Freiburg/München 1977.
Gildin, H.: Rousseau's Social Contract: The Design of the Argument, Chicago 1983.
Glum, F.: Rousseau. Religion und Staat, 1956.
Grant, R. W.: Hypocrisy and Integrity. Machiavelli, Rousseau, and the Ethics of Politics, Chicago 1997.
Haegi, K.: Die politische Freiheit im Werk von Jean-Jacques Rousseau, Winterthur 1963.
Herb, K.: Rousseaus Theorie legitimer Herrschaft. Voraussetzungen und Begründungen, Würzburg 1989.
Holmsten, G.: Jean-Jacques Rousseau: mit Selbstzeugnissen und Bilddokumenten, Reinbek bei Hamburg 1996.
Horowitz, A.: Rousseau. Nature and History, Toronto 1987
Imboden, M.: Rousseau und die Demokratie, Tübingen 1963.
Johnston, St.: Encountering Tragedy. Rousseau and the Project of Democratic Order, Ithaca 1999.
Kersting, W.: Die politische Philosophie des Gesellschaftsvertrags, Darmstadt 1994.
Lemos, R. M.: Rousseaus's Political Philosophy: An Exposition and Interpretation, Athens 1977.
Levine, A.: The Politics of Autonomy: A Kantian Reading of Rousseau's Social Contract, Amherst 1976.
Masters, R. D.: The Political Philosophy of Rousseau, Princeton 1968.

Melzer, A. M.: The Natural Goodness of Man. On the System of Rousseau's Thought, Chicago 1990.
Müller, R.: Anthropologie und Geschichte. Rousseaus frühe Schriften und die antike Tradition, Berlin 1997.
O'Hagan, T.: Rousseau, London 1999.
Philonenko, A.: Jean-Jacques Rousseau et la pensée du malheur, 3 Bde., Paris 1984.
Reich, K.: Rousseau und Kant, Tübingen 1936.
Riley, P.: Will and Political Legitimacy, Cambridge 1982.
Ritzel, W.: Jean-Jacques Rousseau, Stuttgart 1959.
Rosenblatt, H.: Rousseau And Geneva. From The First Discourse To The Social Contract, 1749–1762, Cambridge 1997.
Schmidt, B.: Sittliche Existenz in „Entfremdung", Düsseldorf 1983.
Shklar, J.: Men and Citizens: A Study of Rousseau's Social Theory, London 1969.
Spaemann, R.: Rousseau – Bürger ohne Vaterland, München 1980.
Starobinski, J.: Rousseau. Eine Welt von Widerständen, München 1988.
Strong, T. B.: Jean-Jacques Rousseau. The Politics of the Ordinary, Thousand Oaks/London 1994.
Sturma, D.: Jean-Jacques Rousseau, München 2000.
Talmon, J. L.: The Rise of Totalitarian Democracy, Boston 1952.
Trachtenberg, Z.: Making Citizens. Rousseau's Political Theory of Culture, London 1993.
Viroli, M.: Jean-Jacques Rousseau and the „Well-Ordered Society", New York 1988.
Volpe, G. della: Rousseau und Marx. Beiträge zur Dialektik geschichtlicher Strukturen, Darmstadt 1975.
Vossler, O.: Rousseaus Freiheitslehre, Göttingen 1963.
Wingrove, E. R.: Rousseau's Republican Romance, Princeton 2000.
Wokler, R.: Rousseau, New York 1995.
Wolgin, W. P.: Die Gesellschaftstheorien der französischen Aufklärung, Berlin 1965.

Namen- und Sachregister

Absolutismus 31. 45–46. 49. 59. 64. 104
demokratischer 207
kontraktualistischer 39. 44–46. 62. 104. 204–205
theologischer 36
Akrasía 111
Aliénation totale 79–80. 206
Allgemeine 55. 68. 76–78. 84. 90. 98. 102–103. 105–107. 111. 115–116. 123. 139. 145. 149. 156. 158. 176. 179. 184. 192
distributives 122
kollektives 78. 111. 122
Allgemeinheitskonzepte, -modelle 75. 101
Allgemeinwille (Gemeinwille) (s. a. *volonté générale*) 12. 14. 27. 55. 59. 74–78. 81–82. 89. 91–92. 97. 103–104. 109. 111–112. 116–124. 131. 133–137. 147. 149. 156. 158–159. 170. 179. 181
Antike 12. 167. 202
Antimodernismus 90. 108. 215
Aristoteles 34. 66. 85. 113. 146. 149
Aristotelismus 50. 112. 211
Autonomie 46–47. 50. 60–61. 64. 70. 80. 83–84. 91. 94. 96. 115. 120. 122. 133. 162. 166. 175. 177. 205–207

Billigkeit 146
Bíos politikós 86. 107
Brecht, B. 91
Bürger 11. 17. 39. 50. 57. 59–60. 62. 65–66. 68. 72. 77–78. 83–86. 90–93. 97–100. 102–108. 112–122. 126–127. 130–136. 138–142. 145. 148–152. 154. 157–159. 161–166. 169–175. 177–178. 180. 182. 184–186. 189–200. 202. 206. 208. 213. 215
Bürgererziehung 115. 148–149. 151–152
Bürgersinn 106. 133–134. 169
Bürgertugend 107. 150. 200

Christentum 190–191
Cicero, M. T. 146. 217
Citoyen 50. 59. 65. 86. 123. 150. 203
Demokratie, Demokratieprinzip 11. 60. 64–56. 84–85. 92. 98–99. 105–106. 112. 114. 133. 142. 157–158. 164. 174. 176. 185. 206. 215
Diderot, D. 14. 74–79. 82. 151. 214
Diskursethik 82. 98. 103. 114–115. 174. 207. 215
Doppelvertragslehre 26. 31. 44. 144. 204. 215

Egalitarismus 11. 37–38. 40. 64. 68. 79. 84. 129. 153
Egoismus 75. 83. 101–103. 123–124. 126. 161. 165
Eigentum 23. 42. 137–139. 145. 151
Einheit 27. 39–42. 47. 52. 54. 57–59. 61. 64–65. 76–77. 84. 88. 104. 110. 117. 123. 125–126. 129. 186. 190–191. 194. 203. 205–206
Einstimmigkeit; Einstimmigkeitskriterium 105. 115. 126. 128. 130. 135
Erziehung 11. 99. 115. 121. 148–149. 158. 167. 180. 198. 218

Feuerbach, L. 188
Filmer, R. 33
Freiheit, Freiheitskonzept 15–17. 20. 26. 30. 32. 41. 43–45. 48–51. 53–54. 56. 63–64. 79–80. 82–83. 85. 88. 91.

93–97. 99. 102–103. 107–108. 120–121. 131. 133. 136. 144. 151. 156. 159–160. 164. 170. 180. 182. 186. 188. 202. 204–207. 217
Freiheitsrecht 46. 49–50. 52. 54. 59. 95. 97. 138. 204

Gemeinschaft 12. 30. 34. 37. 42. 44. 53. 55–56. 58–59. 65–66. 77–81. 97. 102–104. 106–107. 116–117. 121–123. 126. 128. 132–133. 135. 138–139. 144–145. 152. 158–159. 162. 171. 173. 179. 186. 198–199. 205–206
Gemeinwohl 59. 78. 81–82. 87. 91. 98. 100. 107. 112. 114–115. 117. 119. 121. 123–124. 126–127
Gemeinwohlinterpretation 132–134
Geschichte 15–16. 20–21. 23. 32. 41. 52. 66. 70–72. 137. 164–167. 170–171. 173. 175. 179. 186. 189. 191. 202. 204
Geschichtsphilosophie 13. 20. 22–23. 71. 167
Gesellschaft 12. 16. 21. 23. 25–27. 31–32. 38–39. 42–43. 45. 52–54. 57. 61. 63. 65. 67. 69. 78–81. 83. 85. 87–88. 101. 103. 110. 123. 126. 128–129. 132. 137. 140–141. 143–145. 149. 151–152. 155–156. 161. 176. 180. 186. 190. 193–194. 201. 206–208
Gesetz 12. 18. 26–27. 34. 42–43. 48. 84. 89. 91. 93–95. 97. 103. 117–119. 121. 127. 130–132. 142. 146–147. 150. 156. 167. 170. 173. 180. 189. 192. 195
Gesetzgeber 12. 84. 87. 94. 111–112. 115. 118. 121–122. 134. 140. 142. 144. 146. 158–160. 162. 167. 169. 171–174. 177–181. 185–186. 188. 192. 196–198. 200. 208
Gewaltenteilung 87–88. 142
Glück 20. 77. 107–108. 163. 170
Gott 31. 40. 70. 90. 94. 176. 188–189. 192–193. 195. 196. 204
Grotius, H. 44–45. 129. 137. 204
Güter 17. 53. 58. 93. 120. 124–125. 138. 151. 153. 158. 208

Habermas, J. 115
Handlung, Handlungsfreiheit 39. 41. 46. 50. 54. 72. 90. 119. 129–130. 138. 166. 168. 171. 199. 204
Hegel, G. W. F. 91. 103. 109. 111. 167. 168
Herrschaft 15–21. 27. 32–33. 35–36. 39. 43–49. 52–53. 55. 57. 59–61. 64–65. 70. 72. 76. 80–82. 84. 87. 90. 92–94. 97. 99. 102. 104. 109–110. 113. 120–122. 124. 128. 133. 135–137. 149. 158–159. 163. 165. 166. 170. 172–173. 179. 188. 196. 204–205
Hitler, A. 91
Hobbes, Th. 14. 15. 17. 20. 23. 25. 26. 28. 31. 33. 39–42. 44–46. 47–49. 52. 53. 54. 57. 58. 60–62. 63. 64. 67. 68. 69. 70. 76–77. 79. 81. 84. 87–88. 90–92. 96. 103. 104. 116. 121. 124. 142. 143. 144. 161. 162. 166. 187–188. 191. 192. 198. 204–205

Jefferson, Th. 176

Kant, I. 12. 19. 22. 39. 41. 49. 50. 56. 64. 76. 87–88. 89. 90. 92. 96. 98. 113. 115. 117–121. 161. 165. 166–167. 170. 187. 188. 194. 198. 201
Kaufmann, E. 108. 110. 111
Konsens 101. 115. 123. 125. 129
Kontraktualismus 12. 17. 18. 21. 22. 27. 28–29. 32. 36. 37–39. 41. 44. 45. 50. 51. 55. 56. 57. 62. 63–66. 68. 70–71. 75. 76. 92. 98. 99–102. 121. 125–126. 129. 141. 160–161. 163. 167. 168. 204. 207

Législateur 14. 68. 109. 111. 112. 148. 159. 163. 165–167. 169. 172–173. 176. 177. 178. 184

Legitimation, Legitimationstheorien 17. 32–33. 35. 36. 50. 53. 57. 95. 99. 110. 151. 201. 205
Lincoln, A. 176
Locke, J. 14. 17. 25. 28. 33. 41–44. 45. 46. 47. 49–50. 54. 56. 63. 65. 92. 104–105. 116. 124. 131. 137. 138. 143–144. 151. 152. 153–154. 161. 162. 183. 204

Machiavelli, N. 12. 14. 48. 112. 167–173. 177. 178. 181. 188. 189. 190. 197. 199. 200. 202
Mehrheit 87. 112. 123. 128–129. 131–132. 134. 136. 142
Mehrheitsprinzip/Majoritätsprinzip 47. 84. 128. 129–132. 143
Menschenrechte 17. 38. 41. 44. 45. 46. 115. 116. 117
Moderne, Modernismus, Modernität 11. 12. 13. 16. 36. 68–69. 82. 92. 99. 100. 105. 106. 178. 184. 185. 192. 201–204. 208. 209. 215
Montaigne, M. de 189
Montesquieu, Ch. 87. 88. 161. 179. 180. 218
Moral, Moralität 38. 44. 46. 50. 59. 61. 69. 74. 75. 76. 78. 163. 187

Natur 15–16. 20. 21. 23. 24. 34. 35. 37. 39. 44. 46. 51. 52. 55. 60. 66–67. 69. 70–72. 76. 81. 83. 85. 86. 93. 96. 104. 117. 130. 143. 157. 158. 162. 163. 165–166. 169. 175. 177. 181. 185. 193. 200. 202. 204. 207
Naturrecht 36. 75. 76. 82. 93
Naturzustand 17. 18. 19. 20–22. 24. 25. 26. 27–28. 32. 38. 39. 40. 42. 51. 54–56. 57. 61. 66–67. 71. 92. 94. 96–97. 101. 124. 128. 130. 135. 143. 144. 166. 168. 172. 173. 183. 188
Naturzustandstheorie 18. 32. 102
Neuzeit 11. 15. 16. 17. 32. 68. 76. 114. 189. 199. 207
Nietzsche, F. 104
Nomothet 17. 167. 173. 179. 197

Öffentlichkeit 69. 103. 110. 113. 114. 139. 175. 183

Pactum subjectionis 27. 141
Pactum unionis 27. 51. 141
Partikularismus 68. 77. 106. 120. 188. 190. 195
Platon 24. 106. 133–134. 146. 149. 150. 177. 179
Pluralismus, Pluralität 192. 194
Politische Philosophie 13. 15–16. 38. 41. 86. 146. 151. 152. 153. 159. 162. 164. 187. 195. 201. 202. 206
Protagoras 52
Prozeduralismus 36. 82. 98. 99. 114. 134. 136. 207
Pufendorf, S. 14. 26. 28. 31. 33. 44–46. 52. 87. 88. 92. 96. 137. 140. 141. 204. 211. 212. 213

Rationalität 17. 30. 45. 46. 65. 66. 67. 75. 103. 111. 112. 149. 169. 174–175. 204. 206. 213
Rawls, J. 29. 30
Recht 19. 22. 23. 26. 30. 35. 37. 39. 40–42. 45. 48. 50. 53. 55. 56. 58. 64–66. 69. 75. 76. 80. 85. 89. 91. 93–97. 100. 106. 109. 114. 115. 121. 127. 129. 130. 133. 137. 139. 141. 142. 144. 146. 150. 154. 155. 159. 161. 185. 188. 192. 198–199. 205. 207. 212. 215
Rechtfertigung 15. 37. 129. 196. 204
Regierung 89. 129. 140–146. 147–152. 154. 155–157. 168. 172. 180. 183. 184. 186. 187. 191. 204
Repräsentation 86. 109. 112. 185
Republik 12. 49. 55. 57. 59–60. 61. 62. 75. 76. 83. 86. 88–89. 92. 93. 95. 96. 97. 102. 103. 105. 106–107. 112–114. 119. 120. 132. 133–134. 138. 140. 144. 145. 147. 149–150. 156. 157–158. 160. 162. 164–166. 170. 172–173. 181. 182. 184. 187. 189. 190. 191–193. 195. 196–199. 208
Republikanismus 12. 98. 99. 100. 101. 104. 105. 106. 107. 113. 114. 116.

149. 150. 151–155. 182. 185. 199. 202. 207. 208

Savonarola, G. M. 155
Schmitt, C. 105
Schumpeter, A. 174–177
Sittlichkeit 103. 104. 106. 148. 151. 185
Sokrates 107
Souveränität 39. 40. 41. 61. 80–81. 83. 84. 87–89. 92. 93. 94. 95. 97. 100. 110. 140. 141–143. 190. 206
Spinoza, B. 103. 188–189
Stalin, J. 91

Tugend, Tugendhaftigkeit 23. 100. 115. 121. 127. 128. 134–135. 150. 151. 158. 161–162. 171. 195. 197. 200. 207
Tugenderziehung 98. 148. 151. 154. 173

Unfehlbarkeit 89. 90–91. 100
Universalismus 68. 77. 190
Untertan 74. 84. 89. 90. 98. 151. 213
Unveräußerlichkeit 80. 81. 83. 87. 100. 206

Verbürgerlichung 36. 187. 208
Vereinigung 26. 43. 47. 51. 52. 53. 54. 55. 56. 57. 63. 71. 110. 145. 154. 173
Vereinigungsvertrag 47
Verfassung 12. 30. 32. 41. 46. 60. 80. 84. 92. 95. 101. 112. 116. 129. 136. 141. 143. 144. 150. 157. 160. 163. 167. 170. 171–173. 177. 178. 179. 180–182. 194. 195. 206
Verfassungsgeber 14. 179
Vergesellschaftung 15. 20. 21–24. 26–28. 32. 39. 52–54. 62. 67. 71. 96. 102. 107. 110. 130. 141. 159. 163. 165. 166. 183. 196. 202. 211
Vernunft 12. 19. 30. 34. 37. 48. 49. 59. 66. 71. 76. 82. 90. 98. 110. 113–114. 118. 121. 126. 135. 164. 165–166. 175. 177. 179. 187. 194. 200. 201
Vertrag 12. 14. 17. 19. 21. 22. 26. 27. 28–30. 36. 37–47. 51. 52. 53. 56. 58. 60. 62. 63–66. 68. 69. 70. 71–72. 75. 79–80. 83. 84. 90. 95. 97. 98. 102. 104. 105. 114. 118. 124. 128. 130–131. 140. 141–144. 162. 163. 195. 198. 199. 206–207. 212. 213. 215
Vertragslehre, Vertragstheorie 17. 21. 22. 27. 28. 31. 32. 35. 58. 71. 197. 204. 205. 206
Vertragsmodell 13. 38. 112. 147. 204
Vertragsstaat 12. 18. 28. 41. 162. 196
Volkssouveränität 11. 13. 47. 74. 81. 82. 83. 84. 86. 94. 110. 115. 136. 172. 206
Volksversammlung 98. 128. 130. 131. 178. 182
Volkswille 108–109. 111–112
Volonté générale 14. 74–79. 82. 90. 91. 92. 93. 98. 99–100. 103–106. 108. 113. 114. 115–116. 122–127. 128. 131. 133. 134. 138. 139. 140. 147. 157. 162. 172. 173. 180. 185. 195. 208. 215
Volonté de tous 82. 99. 122–125. 127. 131
Voluntarismus 19. 92. 97. 99. 100
Vormoderne 13. 76. 105. 208

Wille 17. 26. 27. 30. 35. 36. 39–41. 44. 45. 48–52. 54. 57–61. 69. 74. 75. 76–77. 79. 80. 81–84. 87. 88. 89. 91. 93. 94. 95–96. 99. 100. 102–103. 108–112. 113. 114. 115. 116. 117–118. 119. 122–127. 130–131. 133. 134. 135. 139. 140. 141–143. 144. 146. 147. 148. 160. 167. 174–176. 182. 185. 189. 206. 214. 216

Zivilisation 11. 27. 67. 92. 113
Zivilisationsprozess 27. 214
Zivilreligion 162. 188. 195–196. 197. 198. 200. 208. 219